Halle
Leipzig
Lützen
Bautzen
Zittau
Jena
Chemnitz
Zwickau
Aue
Plauen
Hof
Kulmbach
Eger
Rakonitz
Pilsen
TSCHECHIEN
BAYERN
Regensburg
Straubing
Landshut
Freising
München
Wir haben, um die Orientierung zu erleichtern, keine historische, sondern eine aktuelle Karte zugrunde gelegt.

Leonie Bilharz

Dörte Damm

Die Els und ich

Zwei Mädchen in den Wirren des Dreißigjährigen Krieges

UEBERREUTER

Die Deutsche Bibliothek – CIP-Einheitsaufnahme

Damm, Dörte:
Die Els und ich : zwei Mädchen in den Wirren des Dreißigjährigen Krieges /
Dörte Damm. – Wien : Ueberreuter, 2002
ISBN 3-8000-2862-X

J 2569/1

Umschlaggestaltung von Zembsch' Werkstatt, München,
unter Verwendung einer Illustration von Hauke Kock

Druck: Ueberreuter Print
7 6 5 4 3 2 1

Ueberreuter im Internet: www.ueberreuter.de

Die Els kommt ins Haus

»Wo bleibt denn bloß die Bas?«, sagt die Großmutter und zieht ein Gesicht, als ob die Bas jeden Sonntag zu spät zum Mittagsmahl käme.

Die Kathrine steht am Herd und weiß nicht, ob sie die Hafergrütze austeilen soll. Alle sehen den Großvater an.

»Keine neuen Sitten«, murmelt er. »In meinem Haus wird pünktlich gegessen.«

»Trag auf«, sagt die Großmutter.

Kathrine füllt die Näpfe. Der Großvater brockt Brot in seine Grütze. Er will gerade den Segen sprechen, da bimmelt die Türglocke.

Es ist die Bas. Ich höre, wie sie mit flinken Schritten durch die *Led* geht. Aber es ist noch ein anderer Schritt dabei. Sie ist nicht allein, jemand kommt hinter ihr her.

»Was! Schon so spät?«, ruft sie, als sie in die Küche kommt und die dampfenden Näpfe sieht. »Das da ist die Els. Hat seit Tagen nix zu beißen gekriegt. Wir haben doch noch ein Maul voll übrig für das Kind?«

»Was fällt dir ein?«, fragt die Großmutter. »Sollen wir in Kriegszeiten auch noch Bettelmäuler füttern?«

Sie mustert die Els von oben bis unten. Wahrhaftig, sie ist gar schmutzig. An ihren nackten Beinen kleben Dreck und Strohhalme. Nicht einmal Holzschuhe hat sie an. Sie hat sich Stroh um die Füße gewickelt und Lumpen darum gebunden. Wahrscheinlich hält nur der getrocknete Schlamm die Lumpen fest. Sie hat nichts weiter an als einen viel zu weiten Bauernkittel und um Kopf und Schultern ein zerrissenes Wolltuch. Ihr Gesicht ist blau von der Kälte. Es muss arg sein, wenn eine so arm ist.

»Anna«, sagt der Großvater streng – sonst sagt er immer

Mutter zur Großmutter –, »Anna, für das Mädgen wird es wohl noch reichen.«

Die Großmutter wirft der Kathrine einen Blick zu und deutet mit dem Kinn auf das Bord. Die steht widerwillig auf, nimmt einen Napf vom Bord und füllt ihn mit Grütze.

»Rück zur Seite, Mariezebill«, sagt die Bas zu mir, »dann hat die Els neben dir Platz.«

Ich sitze beim Essen immer auf dem Schemel neben der Tür, weil am Tisch nicht genug Platz ist für mich. Wir haben zwei Bänke. Auf der einen sitzen Albrecht, Heiner und Kathrine, auf der Bank gegenüber der Großvater, die Großmutter und die Bas. Die Bas ist ganz dürr, aber die Großmutter macht sich immer so behäbig, dass die Bas auf der *Schnäpp* sitzen muss.

Ich rutsche und mache der Els Platz. Die nimmt ihr Tuch ab, faltet es zusammen und legt es neben dem Schemel auf den Boden. Die Kathrine hält ihr den Napf mit Hafergrütze hin, die Els fasst ihn mit beiden Händen.

»Vergelts Gott heißt das«, sagt die Großmutter.

»Vergelts Gott«, sagt die Els.

Keiner außer mir merkt, dass die Els sofort den Löffel in die Grütze tunkt und gierig zu essen beginnt. Der Großvater vergisst das Gebet und fängt auch an. Keiner wagt ihn an den Segen zu erinnern. Alle fangen wir jetzt an zu löffeln.

Sonst duldet der Großvater nicht, dass bei Tisch gesprochen wird. Heute macht er eine Ausnahme.

»Wo ist das Mädgen her, Bille?«, fragt er.

Die Bas ist des Großvaters Schwester. Sie heißt Sibylle. Außer dem Großvater sagen alle Bas zu ihr. Wenn der Großvater Bille sagt, könnte man denken, er meint ein junges Mädgen. Die Bas ist aber bald siebzig und hat keinen einzigen Zahn mehr im Mund. Sie ist klein und dünn, ihre Haut hat feine Falten und sieht aus wie Pergament. Dabei ist sie hurtig und flink wie ein Wiesel. Und oft macht sie so spaßige

Sprüch, dass ich darüber lachen muss. Aber in Wirklichkeit ist die Bas gar gescheit. Das weiß auch der Großvater, er fragt sie oft um Rat. Deswegen kann die Großmutter sie nicht recht leiden.

Ich, ich hab die Bas gern, ich hab sie am allerliebsten von allen. Den Großvater kann ich auch gut leiden, obwohl er so streng ist. Dann kommt lange nix, dann die Großmutter. Nein – vor der Großmutter kommt noch der Heiner. Er ist unser Lehrbub und will ein Zinngießer werden wie der Großvater, aber da ist noch lange hin. Er ist ja erst dreizehn Jahre, ein Jahr älter als ich. Wenn eines von uns etwas angestellt hat, hilft ihm das andere. Und wenn die Buben auf der Gass mich ärgern, steht mir der Heiner bei.

Am wenigsten von allen kann ich den Albrecht leiden. Er ist mein Onkel, der Bruder meiner Mutter, die in St. Leonhard begraben liegt. Ha, der und ein Onkel! Der ist so frech und nichtsnutzig, wie wenn er auch erst dreizehn wäre. Und ist doch schon Geselle. Gar oft ärgert er die Bas. Und die Großmutter gibt ihm dabei auch noch Recht. Der Großvater darf es aber nicht merken, der Albrecht ärgert sie bloß hinter des Großvaters Rücken.

Die Bas kaut erst zu Ende und schluckt runter, ehe sie den Mund aufmacht und dem Großvater antwortet.

»Vor der Kirchentür ist sie gestanden, unter dem Bettelvolk. Weiß nit wohin, das arme Ding. Sie kommt aus Riedweiler, ihr Vater war dort Bauer. Letzte Woche haben die Soldaten ihn mitsamt seinen Buben kassiert.«

»Wo ist denn deine Mutter? Hast noch mehr Geschwister? Sind sie auch alle in der Stadt?«, fragt der Großvater die Els.

»Meine Mutter ist letztes Jahr im Kindbett gestorben, das Kleine ist gleich tot auf die Welt gekommen. Die Brüder haben müssen mit den Soldaten ziehen, andere Geschwister hab ich nit.«

»So, so, dein Vater soll ein Bauer sein?«, sagt die Großmutter. »Und du willst uns erzählen, er hätte Hof und Vieh im Stich gelassen?«

Die Els lässt den Napf sinken. Sie reißt die Augen auf und guckt ins Leere.

Ich stupse sie an. »Musst der Großmutter Antwort geben«, flüstere ich.

Sie guckt ganz verwirrt, aber sie fasst sich. »Der Vater ist nit freiwillig mit, sie haben ihn gezwungen. Die Küh haben sie gemetzelt und den Gaul mitgenommen. Und das Haus verbrennt.«

Die Els redet so, als wäre das anderen Leuten passiert und nicht ihr. Sie isst aber nicht weiter, sie guckt bloß ins Leere.

»Und dir, dir haben sie nix getan?«, fragt die Großmutter. Ich merke ihr an, dass sie der Els kein Wort glaubt.

»Ich – ich hab mich die ganze Zeit am Weiher versteckt, im Schilf.«

»Waren es die Unsrigen oder Kaiserliche?«, fragt der Großvater.

»Weiß nit, die sehen doch alle gleich aus«, sagt die Els.

»Erzähl du mir nicht, da wär kein Unterschied«, sagt die Großmutter. »So hausen die Unseren nit.«

»Lass das Mädgen zufrieden, Mutter«, sagt der Großvater. »Wir wissen doch alle, wie sie es treiben – Kaiserliche, Franzosen, der Schwed –, da ist doch wahrlich kein Unterschied.«

Mit der Grütze sind wir fertig. Die Kathrine schöpft jetzt Bohnen in die Näpfe und legt jedem eine Scheibe gekochten Speck darauf. Als Letzte hält die Els der Kathrine ihren Napf hin.

»Soll ich der auch Speck auftun?« Kathrine guckt die Großmutter an.

»Soll sie vielleicht zugucken, wie wir Speck fressen?«, ruft der Großvater. »Sofort gibst du dem Mädgen eine extradicke Scheibe.«

Kathrine kriegt einen knallroten Kopf. Und die Großmutter seufzt.

Nach dem Essen sagt die Bas: »Wolltest du nit immer noch eine junge Magd in Dienst nehmen, Anna? Ich meine, wir sollten die Els behalten. Was hältst du davon, Jakob?«

Ich halte die Luft an. Bevor noch die Großmutter den Mund aufmachen kann, sagt der Großvater:

»Das ist kein schlechter Einfall, Bille. Das Mädgen soll bleiben.«

»Hab ich hier gar nit mehr mitzureden?« Die Großmutter klappert mit dem Schlüsselbund. »Guckt sie euch an: verlaust und verdreckt. Von wegen Bauerntochter. Bettelgesindel ist das, Landstreicherpack.«

Der Großvater schüttelt den Kopf. »Hast du nit gesehen, Anna, wie ordentlich sie vorhin ihr Tuch zusammengelegt hat? Gesindel geht nit so sorgsam um mit den Sachen. Sie ist ein braves Mädgen. Sie bleibt.«

»Und wo soll sie schlafen? Wir haben gar keinen Platz.«

»Sie mag bei der Kathrine im *Alkoven* schlafen«, entscheidet der Großvater.

»Das dreckig Mensch?« Die Kathrine springt auf. »Wenn ich mit der in einem Bett schlafen muss, verlass ich den Dienst!«

Es gehört sich nicht, dass die Kathrine mit dem Großvater murrt. Es ist auf einmal ganz still geworden. Man könnte eine Nadel fallen hören, so still.

»Sie kann bei mir schlafen«, sage ich in die Stille hinein. Es ist mir ganz plötzlich herausgefahren. Ich will nämlich so gern, dass sie bleibt. Sie muss ungefähr so alt sein wie ich. Vielleicht wird sie meine Freundin?

»Gleich und Gleich gesellt sich gern«, sagt die Großmutter. »Du willst wohl Läus und Flöhe haben?«

»Schluss damit!« Der Großvater zieht den Beutel und holt ein paar Batzen heraus: »Da hast einen Badpfennig, Kathrine.

Geh mit dem Mädgen in die Badstub, damit es den Dreck ausschwitzt. Dir schadet ein Bad auch nit.«

»Ich will mit, bitte, ich will mit ins Badhaus«, rufe ich. Aber niemand achtet darauf, denn die Großmutter sagt zornig:

»Hat der Bader seinen Sündenpfuhl jetzt auch am heiligen Sonntag offen? Man fragt sich wirklich, woher der Hurenbock das Holz nimmt in diesen Zeiten. Die anständigen Badhäuser haben alle schließen müssen.« Dann guckt die Großmutter dem Großvater voll ins Gesicht: »Was ich dir jetzt sage, Jakob, ist mein voller Ernst. Aus unserem Haus geht keine Frauensperson in dem Andres sein Badhaus. Das leid ich nit.«

Fast immer muss die Großmutter machen, was der Großvater will. Aber heute redet sie so bestimmt, dass der Großvater nicht dagegen ankommt.

»Mutter«, sagt er, »du siehst das falsch. An dem Gerede ist nix dran. Männer und Weiber baden ja zu getrennten Zeiten.«

»Nit immer, Jakob, nit immer.« Die Bas kichert.

»Woher willst du das wissen, Bille? Warst seit Jahr und Tag nicht in der Badstub. Und du auch nit, Mutter. Baden stärkt die Gesundheit, besonders das Schwitzen. Und der Andres versteht sein Handwerk – so wie der mir die Schröpfköpf setzt, fühl ich mich hinterher wie neugeboren. Im Ernst, es würde euch Weibern auch wohl tun, wenn ihr –«

»Mach mir nix vor«, sagt die Großmutter aufgebracht. »Nit für die Gesundheit gehst du jeden Samstag zum Bader. Du gehst wegen der Wollust. Ach was, Bader – zu seinen Reiberinnen gehst du! In deinem Alter! Der Herrgott wird dich strafen.«

»Du redest, wie du es verstehst«, sagt der Großvater milde und schiebt die Badpfennige zu Albrecht und Heiner hinüber.

»Geht mir aber nit auf den Sonntag, wartet bis zum Samstagabend«, sagt er.

Wie schade! Ich wäre gar zu gern mit in die Badstub gegangen. Es ist schon lange her, da hatten wir eine lustige

Magd, Lisbeth geheißen. Die hat mich ein paar Mal mitgenommen ins Badhaus. Da durfte ich dann im Zuber sitzen und im warmen Wasser plantschen. Ich weiß noch, wie ich die nackichten Mägde nass gespritzt hab. Aber sie haben bloß gejuchzt. Und hinterher haben sie mich mit kaltem Wasser abgegossen, dass ich hab kreischen müssen vor Vergnügen.

Wie der Großvater vorhin gesagt hat, die Bas und die Großmutter sollen auch baden gehen, hab ich mir einen Augenblick vorgestellt, wir gehen alle miteinander. Dann könnte ich die Bas und die Großmutter nackicht sehen, mit nix an als der *Badehr*. Die Bas so dünn, die Großmutter so fett. Oh, wäre das eine Posse!

»Wie kriegen wir denn nun die Els sauber?«, fragt die Bas.

»Wenn es Sommer wäre, könnt ich ja in den Weiher gehen mich waschen«, sagt die Els.

»Bist du närrisch? Versaufen würdest du im Weiher«, sagt die Großmutter.

»Ich nit. Ich kann schwimmen.«

»Waaas kannst du, du Lügenmaul?«

»Und doch kann ich schwimmen. Die Brüder habens mir beigebracht.«

»Schwimmen! Hat man je gehört, dass ein Mädgen schwimmen kann?«

»Warum nit?«, sagt die Bas. »Wenn die Mannsleut es lernen, warum sollten Weibsleut es nit auch lernen können?«

»Wenn das Mensch wahrhaftig schwimmen kann, ist es eine Hex«, meint die Kathrine.

»In meinem Haus will ich das törichte Gerede über Hexen nit hören«, sagt der Großvater streng. »Es ist gegen die Vernunft.«

»Haben die hohen Herren in Würzburg keine Vernunft, dass sie all die Hexenmenscher verbrennen und darunter so viele schlimme Kinder?«

Die Kathrine hat es bloß gewispert, aber der Großvater hat es gehört.

»Solche Herren haben wir hier zum Glück nit. Mögen die Würzburger ins Säckel greifen und ihre *Nachrichter* und Büttel mästen … Einem bösen Weib soll man ins Gewissen reden. Und wenn das nit hilft, so soll man sie vors Tor führen und der Stadt verweisen.«

Der Großvater und die Bas wollen einfach nicht glauben, dass es Hexen gibt, die auf dem Besen fliegen und sich in Tiere verwandeln können. Die Bas hat der Kathrine sogar verboten, mir von Hexen und Zauberern zu erzählen. Aber ich höre sie so gern, die Hexenmärlein. Hu, wie sind sie grauslich. Die Hexen fangen sogar kleine Kinder und schlachten sie. Das Herz pocht mir, wenn die Kathrine mir heimlich davon ins Ohr flüstert. Ich kann gar nicht genug davon kriegen.

Ob die Geschichten aber wahr sind? Die Kathrine schwört, es hat sich so zugetragen. Und dann glaube ich ihr. Aber im Dunkeln, wenn ich allein im Bett liege, will ich lieber nicht daran glauben.

Dass die Els keine Hex ist, das ist gewiss. Sie sieht recht gewöhnlich aus, nicht schön und nicht hässlich. Sie hat keine roten Haare und auch keinen Buckel. Und wenn sie guckt, guckt sie ganz gerade, kein bisschen scheel.

Wenn ich doch auch so gerade gucken könnte. Aber ich – ich bin leider scheel. Und eigentlich ist das doch der Beweis, dass es keine Hexen gibt. Denn dass ich keine bin, das weiß ich ja nun gewiss.

»So, jetzt heizen wir gut ein und machen Wasser heiß für ein Bad im Waschzuber«, sagt die Bas.

»Schöne Holzverschwendung«, murmelt die Großmutter, aber sie erhebt weiter keine Einwände.

Sie und der Großvater gehen hinauf in die Stube, um sich

aufs Ohr zu legen. Heiner zieht die Mütze über den Kopf, er will auf die Gass zu seinen Freunden. Und auch der Albrecht verschwindet ins Freie.

Die Bas und die Kathrine scheuern die Näpfe und Pfannen. »Holt Wasser, ihr zwei«, sagt die Bas.

Die Els und ich nehmen die ledernen Eimer und gehen zum Brunnen.

»Ist es weit zum Brunnen?«, fragt die Els.

»Nein, bloß die Gass hinunter zum Platz.«

Die Els guckt sich um, als würde sie was suchen.

»Das Schlimmste an der Stadt ist, dass man hier so schwer ein Versteck findet, wo man in Ruhe brunzen kann«, sagt sie.

»Musst du?«

»Und wie!«

»Du brauchst nit auf die Gass zu machen«, sage ich, »wir haben eine *Heymlichkeit* hinten im Hof. Kannst du noch so lange anhalten, bis wir Wasser geholt haben? Dann zeig ichs dir.«

Die Els nickt.

»Oh, was für ein wunderbarer Brunnen«, sagt sie.

Wir haben nämlich einen Röhrenbrunnen, aus dem das Wasser immer herausfließt. Wir brauchen den Eimer nicht hinunterzulassen und umständlich heraufzuwinden. Wir stellen ihn auf das Gitter unter der Röhre und warten, bis er voll gelaufen ist.

»Ihr Stadtmenschen habt es leicht«, sagt die Els.

Jede von uns trägt einen vollen Eimer. Wie ich die Buben kommen sehe, gehe ich schneller. Aber nicht schnell genug. Sie holen uns ein.

»Die scheele Mariezebill«, kreischen sie. Und dann singen sie wieder das schlimme Lied:

Die scheele Mariezebill
guck-guckt,
als ob sie brüten will,
scheele Gluck, Gluck, Gluck.

Und ausgerechnet die Els muss es hören. Mir wird ganz heiß, ich glaube, ich hab einen feuerroten Kopp gekriegt. Und dann gibt der Kunze Otto meinem Eimer einen Tritt, dass fast das ganze Wasser herausschwappt.

Aber jetzt hebt die Els ihren Eimer und kippt ihn mit Schwung über die Buben. Die reißen die Mäuler auf und glotzen wie die Ochsen. Und das Wasser platscht ihnen auf die Köpp und läuft ihnen den Hals hinunter.

Wir nehmen uns an der Hand und rennen ins Haus.

»Wo bleibt denn das Wasser?«, ruft die Bas.

»Gleich!« Ich stelle die leeren Eimer neben die Tür. »Die Els muss erst mal, ich zeig ihr bloß den Abtritt.«

Wir huschen durch die Küche, aus der Hintertür in den Hof. Rechts ist der Geißenstall und links das Häuschen mit den zwei Türen, die eine führt zum Schuppen, die andere in die Heymlichkeit. Ich zeige der Els die Tür mit dem Herz.

»So fürnehm hab ich noch nie gekackt«, sagt sie, als sie herauskommt. »Sogar mit einem Deckel zum Zudecken.«

»Hattet ihr keinen Abtritt?«, frage ich, obwohl ich weiß, dass die Leute in der Stadt oft auch keinen haben und in die Winkel zwischen den Häusern gehen. Oder ihre Nachthäfen dort ausleeren.

»Wo denkst du hin? Dafür hatten wir den Misthaufen.«

Ich zeige ihr auch gleich den Schuppen, in dem wir die Karre und das Gartengerät und die Waschzuber aufbewahren.

»Oh, wo ist denn euer Garten?«

»In der Neustadt, an der Mauer. Hier ist es zu eng, hier gibt es keinen Platz für Gärten.«

Zuletzt gucken wir in den Geißenstall. Die Els streichelt unsere zwei Geißen.

»Dürfen die nie raus? Sind die immer hier eingesperrt in dem dunklen Stall?«

»Der Magistrat hat verboten, dass Tiere auf den Gassen rumlaufen. Weil sie zu viel Dreck machen. Manche lassen ihre Schweine trotzdem raus. Aber wenn sie erwischt werden, müssen sie Strafe zahlen. Die Leut – nit die Schweine. Im Sommer führen wir die Geißen manchmal am Strick zum Garten oder in die Gemeindewiesen, der Heiner und ich.«

»Sonst habt ihr keine Tiere?«

»Bloß noch eine Katze für die Mäus. Die Geißen haben wir auch noch nit lange. Der Großvater meint, wenn die Zeiten wieder schlechter werden, wäre es gut, wenigstens die Milch von den Geißen zu haben.«

»Aber zu Mittag hattet ihr Speck. Wo habt ihr den her?«

»Oh, Speck und Schinken kauft die Bas im Speckgässgen. Manchmal, zu Feiertagen, kaufen wir auch anderes Fleisch in der Metzgergass.«

»Müsst ihr reich sein«, sagt die Els und schüttelt bewundernd den Kopf.

Wir wollen ins Haus zurück, aber die Els bleibt an der Treppe stehen.

»Was für eine schöne Treppe! Wo führt die hin?«

»In die Kammern hinauf und in die Prunkstube.«

»Was – eine Prunkstub habt ihr? Darf ich sie sehen?«

»Ja, nachher –« Ich gucke auf ihre Füße. »– nach dem Baden. Auch halten die Großeltern dort Mittagsruh. Aber du musst nit glauben, dass wir so einen Prunk haben wie im Römer. Wir *sagen* nur Prunkstube dazu, weil – sie ist trotzdem schön.«

Wir gehen in die Küche.

»Jetzt sputet euch aber mit dem Wasser«, sagt die Bas. »Wo wart ihr vorhin so lange? Ihr hättet schon dreimal Wasser holen können.«

»Wir hatten ja schon geholt –« Der Els sollte einer den Mund zuhalten. »– aber dann sind so fürwitzige Buben hergerannt, die haben die Mariezebill ›scheele Gluck‹ gescholten und haben an ihren Eimer getreten, dass das ganze Wasser rausgeschwappt ist.«

»Was haben die zur Mariezebill gesagt? Scheele Gluck? Denen werd ich helfen! Wer war das, Mariezebill, sag mir sofort die Namen. Die werd ich mir vorknöpfen.«

Das fehlt noch. Hinterher treiben sie es noch schlimmer.

»Weiß nit, hab nit gesehen, wer sie waren.«

»Aber sie waren ganz dicht vor uns, du musst sie doch gesehen haben«, sagt die Els.

»Die Mariezebill sieht schwach«, sagt die Bas.

Ja, aber nicht so schwach, dass ich den Kunze-Otto, den Meier-Hans und den Stumpfe-Peter nicht erkannt hätte.

»Haben die dir schon öfter nachgerufen, Mariezebill?«, fragt die Bas.

Ich zucke die Achseln.

»Das brauchst du dir nit gefallen lassen. Wenn ich weiß, wer es ist, geh ich zu den Eltern. Oder noch besser, der Großvater geht hin.«

Bloß das nicht. Dann fangen wieder alle an über mich zu reden. Zeigen mit den Fingern auf mich, wenn ich durch die Gassen gehe, und tuscheln: Das ist die Enkeltochter vom Kannengießer Hitzig. Seht mal, wie die guckt. Sie ist scheel. Am End hat der Teufel sie geküsst …

»Wir haben es uns nit gefallen lassen, Bas«, sagt die Els, »ich hab den anderen Eimer über sie ausgekippt.«

»Das geschieht ihnen recht, hihi.« Die Bas kichert. »Musst der Mariezebill beistehen, Els. Sie kann sich nit so gut wehren.«

Die Bas stellt sich unter die Tür und guckt die Gass hinunter, bis wir mit unseren vollen Eimern wieder zurück sind. Aber von den Buben lässt keiner sich blicken.

Mein linkes Auge

»Wo ist deine Maske, Mariezebill? Wie lange ist es her, dass du sie nit getragen hast?«, fragt die Bas streng.

Und ich hatte gedacht, sie hätten sie endlich vergessen. Sie nutzt ja sowieso nix, die dumme Maske. Aber Widerworte darf ich der Bas nicht geben.

Ich gehe also über den Hof, die Treppe hinauf in die Kammer, in der die Bas und ich schlafen, und hole die Maske aus der Truhe. Sie ist aus dünnem Leder und wie eine Kappe, bloß dass man sie über den ganzen Kopf zieht. Für die Augen sind zwei Löcher darin und ein größeres Loch für den Mund und die Nasenlöcher zum Atmen. Sie ist furchtbar eng und ich kann sie nur mit Mühe über den Kopf zerren. In letzter Zeit muss mein Kopf viel dicker geworden sein, denn heute muss ich mich verzweifelt anstrengen, kann sie immer nur ein winziges Stück weiter herunterziehen. Ich denke, ich kriege keine Luft mehr, so drückt sie mir die Nase zu, obwohl ich ja noch durch den Mund atmen kann. Und mein Kopf wird so arg zusammengepresst, dass ich Angst habe, das Hirn wird mir zur Nase hinausgequetscht.

Und sehen kann ich durch die Löcher noch schlechter als ohne *Maske*. Obwohl ich sie ja eigens tragen muss, damit mein linkes Auge sich daran gewöhnt, ganz gerade durch den Schlitz zu gucken und nicht an die Nase zu schielen. Aber das blöde Auge will einfach nicht durch das Loch gucken. Und keiner glaubt mir das. »Guck durch das Loch«, rufen sie. Und das will ich ja. Aber es geht doch nicht.

Es ist schon ganz lange her, dass der Großvater mir die Maske hat machen lassen. Damals war ich froh darüber. Ich habe ja fest daran geglaubt, dass sie hilft.

Zuerst war der Großvater mit mir beim Brillenmacher, weil

die Bas gemerkt hatte, dass ich schwach sehe. Der Brillenmacher hat mich durch alle möglichen Gläser gucken lassen, aber durch alle seine Gläser habe ich noch schlechter gesehen als ohne Glas. Da hat er gesagt, es gibt keine Brille für meine Art von Schwachsichtigkeit. Aber lesen und schreiben, hat er gesagt, könnte ich wohl lernen. Weil ich alles gut sehe, was dicht vor meinen Augen ist. Da durfte ich dann Gott sei Dank in die Schulstub von Magister Piesold. Und habe mit den anderen Mädgen bei der Frau Piesoldin lesen und schreiben und sogar ein bisschen rechnen gelernt. Aber letzten Herbst bin ich zwölf Jahre geworden, zu alt für die Schul. Und die Großmutter meint, es ist höchste Zeit, dass ich ihr im Haus an die Hand gehe und was Rechtes lerne. Lieber ginge ich weiter in die Schul.

Der Großvater hatte dazumal den Brillenmacher gefragt, ob man nichts machen kann wegen des scheelen Auges. Da hat er ein Buch aufgeschlagen und uns das Bild gezeigt von der Maske.

»Die noblen Herren in Paris«, hat er gesagt, »lassen ihre Kinder solche Masken tragen, so sie schielen.«

Dann hat er meinen Kopf genau vermessen, auch den Abstand zwischen den Augen, und hat eine Zeichnung gemacht. Und mit dieser Zeichnung ist der Großvater zum Futteralmacher. Der hat meinen Kopf auch noch mal vermessen und dann aus feinem Leder die Maske für mich gemacht, Und der Großvater hat müssen ein schönes Stück Geld dafür hinlegen.

Anfangs war es gar nicht schlimm, sie aufzuhaben. Vielleicht weil mein Kopf noch nicht so dick war. Und weil ich selber so gern wollte, dass das Auge richtig guckt. Dann hätte keiner mehr hinter mir hergetuschelt. Deswegen habe ich alle Tage, wenn ich aus der Schul gekommen bin, die Maske aufgesetzt bis zum Schlafengehen.

Aber das blöde Auge wollte und wollte sich nicht bessern.

Und jetzt glaub ich nicht mehr daran, dass es noch besser werden kann. In der Bibel steht, man soll sein Auge ausreißen, wenn es einen ärgert. Meines ärgert mich gar sehr. Aber wie reiße ich es aus? Ich habe es probiert, aber ich kann es nicht. Das Einzige, was ich kann, ist draufschlagen und sagen: blödes, blödes Auge. Und sogar dann mache ich es vorher noch schnell zu.

Wie ich mit der Maske über dem Kopf in die Küche komme, kreischt die Els wie närrisch und ruft: »Heilige Mutter Gottes!«

»Hab keine Angst, das bin bloß ich, die Mariezebill.«

»Huuh, warum hast du so ein grausliches Gesicht auf? Man muss sich ja vor dir fürchten.«

»Ich hab die Maske auf, damit ich lerne gerade zu gucken.«

»Kannst du nit von allein gerade gucken?«

»Wenn ich es könnte – glaubst du, ich würde freiwillig das Ding über meinen Kopp zwängen und mir alles zusammenquetschen lassen?«

»Es muss die schiere Qual sein«, sagt die Els. Und ist die Erste, die das merkt. »Du redest ja so komisch, ich kann dich kaum verstehen. Und deine Nas ist ganz platt gedrückt. Wie hältst du das aus? Wird es denn wenigstens helfen?«

»Nein, da glaub ich nimmer dran. Die Kathrine sagt, jemand hat mein Auge verhext. Und wenn sie bös auf mich ist, sagt sie, ich wär selber eine Hex und eines Tages müsst ich brennen.«

»Die Kathrine ist ein bös Mensch, wenn sie so was zu dir sagt.«

Die Kathrine ist nicht mehr da, sie geht jeden Sonntagmittag, wenn die Küche sauber ist, heim zu ihren Leuten. Aber die Bas ist da, sie sitzt neben dem Herd auf dem Schemel und ist eingenickt. Sie hört nicht, was wir reden.

»Hast du das schon lang?«

»Seit meiner Geburt. Zuerst hab ich gar nit gewusst, was sie meinen, wenn sie immer gesagt haben: Guck gerade! Bis der Brillenmacher mir den Spiegel vorgehalten und mir gezeigt hat, dass mein Auge an die Nase guckt.«

Die Luft geht mir aus, ich hab zu viel geredet, gleich muss ich ersticken.

»Ich glaub nit, dass dein Auge verhext ist«, sagt die Els. »Vielleicht hat die Mutter Gottes dir ein Opfer auferlegt. Weil du so reich bist und in einem so schönen Haus wohnst und so gut zu essen hast.«

Was redet sie da von der Mutter Gottes? Ist sie am Ende katholisch?

Auf einmal regt sich die Bas, rappelt sich hoch. Ich habe gemeint, sie schläft. Hoffentlich hat sie nicht alles gehört, was die Els und ich miteinander geredet haben.

Sie kommt zu mir herüber und befühlt meinen Kopf.

»Nix als Qual«, sagt sie. »Und wahrscheinlich hast du Recht, es ist alles für die Katz.«

Sie versucht das Leder hochzurollen und mir die Maske vom Kopf zu ziehen. Ich kreische, so weh tut es. Ich denke, sie reißt mir die Haare aus dem Kopp. Die Bas lässt von mir ab, ich will die Maske lieber selber hochschieben. Zuerst denke ich, ich kriege sie nicht mehr herunter, so eng ist sie. Aber dann geht es doch. Tut das gut, wieder richtig Luft zu holen!

»Schluss damit, ein für alle Mal. Du brauchst dich nit mehr damit plagen. Wir müssen einen anderen Weg finden.«

Die Bas denkt einen Augenblick nach, dann sagt sie:

»Leg sie zurück in die Truhe. Und bring mir den Kamm und meine Schere mit herunter. Ach ja, die Leintücher zum Trockenreiben kannst du auch gleich mitbringen.«

Was will die Bas mit der Schere? Und was meint sie damit, wir müssten einen anderen Weg finden?

Beinahe hätte ich die leinenen Tücher vergessen. Beim Kramen in der Truhe finde ich die Badehr. Ich freue mich darüber. Die brauchen wir ja auch zum Baden.

Wie ich leise in die Küche zurückkomme, höre ich die Bas mit der Els reden.

»Pass auf, Els. Du bist jetzt in einem gut lutherischen Haus. Es ist hier nit angebracht, die Mutter Gottes anzurufen. Es könnt einer gar denken, du wärst eine Katholische. Zwar haben wir alle nur einen Herrgott – die einen dienen ihm auf die Weise vom Herrn Doktor Luther, die anderen auf die alte Weis. Mir ist es einerlei. Doch nit jeder denkt wie ich. Deshalb darfst du nit die Mutter Gottes anrufen, wenn du in diesem Haus dein Brot essen willst. Falte deine Hände und senke den Kopp, wenn wir beten. Wirst sie bald gelernt haben, unsere Gebete. Soll keiner denken, du wärst papistisch, wo du doch gut lutherisch bist, gell?« Die Bas kneift dabei ein Auge zu und die Els nickt.

Was bedeutet das? Ist die Els insgeheim katholisch?

Ich gebe der Bas Kamm und Schere. Sie heißt mich hinsetzen, macht mir die Zöpf auf und kämmt mich. Dann nimmt sie die Schere.

»Bas, was willst du mit mir machen? Willst du mir das Auge herausschneiden?«

»Mariezebill, du närrisches Ding, was denkst du bloß? Traust du der Bas so was zu? Bin doch kein Chirurgus nit und auch kein Landsknecht.«

Sie verwuschelt mir das Haar mit den Händen und streicht mir die Locken ins Gesicht.

»Man sieht gar nit, was du für schöne Locken hast, wenn sie immer unter der Haube versteckt sind«, sagt sie. »Heutzutag ist es doch Mode, die Locken frei zu tragen.«

Sie legt mir eine Strähne über das linke Auge und schneidet sie unterhalb des Auges ab. Die anderen Haare kämmt sie zurück und setzt mir die Haube darüber.

»Wenn bloß eine Locke aus der Haube guckt«, ruft die Els, »ist das viel zu auffällig. Es müssen mehr sein.«

»Naseweis bist du. Aber du hast Recht«, sagt die Bas, holt noch mehr Haare aus der Haube hervor und schneidet sie ab. Aber kürzer, damit ich mit meinem rechten Auge sehen kann.

»Mädgen, mach dir Locken,
da bleibst du auch nit hocken«, singt die Bas.

»Oh, oh, siehst du schön aus!«, ruft die Els, »wie ein fürnehmes Fräulein!«

»Was wird aber der Großvater sagen?«

Er war gar böse geworden mit dem Albrecht, weil der die Haare bis lang auf die Schultern hat wachsen lassen. »Sieht so ein ehrbarer Geselle aus? Wie ein verlotterter Landsknecht kommst du daher. Noch heute gehst du zum Bader und lässt dir die Wolle scheren«, hat er gedonnert.

Der Albrecht ist aber nicht zum Bader, er hat sich vorne dünne Zöpflein geflochten, hinten hat er weiter die Haare lang hängen lassen.

»Geleckt und geschleckt wie ein Junkersöhnchen«, hat der Großvater gehöhnt. »Willst du dich den Leuten zum Gespött machen?«

Der Albrecht hat die Zöpflein wieder weggemacht, aber zu des Großvaters Verdruss trägt er noch immer die Haare lang.

»Lass das meine Sorge sein, ich werde mit dem Großvater reden«, sagt die Bas.

»Ich muss unbedingt in den Spiegel gucken«, sage ich.

»Was, ihr habt einen Spiegel? Ich auch, ich will auch hineingucken.« Die Els will hinter mir her.

»Hier geblieben«, sagt die Bas und zieht die Els wieder in die Küche. »Du darfst in den Spiegel gucken, aber nach dem Baden.«

Wirklich, ich sehe ganz anders aus mit den Locken im Gesicht. Wie eine erwachsene Jungfer. Und mein scheeles Auge sieht man überhaupt nicht. Ich bin so froh, so froh, dass ich tanze, rundum tanze, bis die Kammer sich dreht und ich über die Truhe falle. Der Großvater pocht an die Wand und ruft:

»Was ist das für ein Lärm am heiligen Sonntag?«

»Verzeiht, Großvater, es kommt nit mehr vor«, rufe ich und hüpfe die Treppe hinunter und bin immer noch froh, obwohl der Großvater gescholten hat.

In der Küche dampft es und es herrscht eine gewaltige Hitze. Die Bas hat mit Hilfe der Els den großen Holzzuber aus dem Schuppen geholt und den ersten Kessel kochendes Wasser hineingeschüttet.

»Es ist noch nit genug, wir müssen warten, bis der nächste Kessel kocht«, sagt die Bas, »du kannst der Els in der Zeit die Led zeigen.«

»Dürfen wir nachher zusammen in den Zuber?«

»Du badest zuerst, dann die Els.«

»Warum nit mit der Els zusammen?«

»Weil ich zu dreckig bin«, sagt die Els und lacht.

Ich gehe mit ihr in die Werkstatt und zeige ihr den Schmelzofen, in dem das Zinn flüssig gemacht wird. Und die Formen aus Schiefer, in die man es hineingießt. Und ich zeige ihr, wie viele Formen der Großvater für eine große Deckelkanne braucht, und erkläre, wie er die einzelnen Teile mit dem Lötkolben zusammenfügt.

Die Els kommt aus dem Staunen nicht heraus.

»Meinst du, ich darf dabei einmal zugucken?«

»Ganz gewiss. Wenn der Großvater viel zu tun hat, müssen wir sowieso beim Schleifen und Polieren helfen. Guck, das sind die Achatsteine. Sie sind gar wertvoll. Damit wird das Zinngerät glatt geschliffen. Und mit der Wolle wird poliert.«

»Sind das echte Edelsteine?«

»Halbedelsteine. Aber trotzdem sind sie wertvoll.«

»Oh, oh, wie freu ich mich, wenn ich dabei helfen darf.«

»Freu dich nit zu früh. Uns lässt man bloß polieren. Polieren und polieren. Der Großvater sagt immer: ›Mein Zinn muss blinken und blitzen wie ein Spiegel.‹ Man kann es ihm nit gut genug machen. Ich sag dir, es wird dir noch langweilig werden, wenn du Stunden und Stunden dasitzt und polierst.«

»Darfst du nix anderes helfen?«

Die Wahrheit ist, ich stelle mich recht täppisch an. Deswegen liegt mir ganz und gar nix daran, in der Led zu helfen. Lieber sitze ich vor dem Buch mit den Kalendergeschichten und lese. Oder spiele Mühle oder Dame mit dem Heiner, manchmal sogar mit dem Großvater. Aber das ist nur am Feierabend erlaubt. Die Els braucht aber nicht zu wissen, dass ich so täppisch bin. Ich sage:

»Die Bas kann alles, was zum Handwerk gehört. Sogar mit dem Schwungrad kann sie umgehen. Der Großvater sagt immer, wenn eine Frau in die Zunft dürfte, hätte sie einen tüchtigen Kannengießer abgegeben.«

Die Els steht am Fenster und guckt durch die Butzenscheiben.

»Man sieht alles ganz merkwürdig«, ruft sie. »Ist euer Fenster verhext?«

»Sei nit dumm. Die Scheiben haben doch einen Knubbel, deswegen siehst du alles verzerrt.«

»Guck mal, der Mann dort drüben ist ganz klein und breit. Und wenn du von der Seite her guckst, wird er lang und hat einen Eierkopp.«

»Ja, ja«, sage ich ungeduldig, »aber du kannst sicher sein, niemand hat das Glas verhext. Es kommt bloß von der Erhebung.«

»Man wird sich ja noch wundern dürfen«, sagt die Els. »Ich hab in meinem ganzen Leben noch nit durch ein gläsernes Fenster geguckt.«

»Hattet ihr Papier in den Fenstern?«

»Ölpapier. Was meinst du, wie da der Wind durchpfeift. Wir hatten es nit so schön warm wie ihr.«

Plötzlich sieht sie ganz seltsam aus und guckt weit weg ins Leere.

»Ist dir eine Laus über die Leber gekrochen, Els?«

Die Els gibt keine Antwort. Ihre Augen sind starr.

»Hab ich was Verkehrtes gesagt, Els?« Ich stupse sie vorsichtig an. Was hat sie bloß?

»Hopp, hopp, ihr zwei, das Wasser ist warm, kommt baden.«

Die Els schüttelt sich ein wenig und guckt auf einmal wieder wie immer.

Die Bas macht die Tür zur Led zu, hängt ein Tuch vor das Guckloch und stellt eine Bank vor die Tür. Vor die Hintertür schiebt sie den Riegel.

Die Küche ist so voller Dampf, dass wir einander kaum noch sehen können. Ich ziehe mich aus und hänge mir die Badehr um. Die Bas lacht mich aus. »Was willst du denn mit der Badehr? Bist ja noch so flach wie ein Brett.«

»Ach, bitte, Bas, ich will sie umhaben. Zum Baden gehört doch die Badehr.«

Da lässt sie mir meinen Willen.

Oh, tut es wohl, in dem warmen Wasser zu sitzen. Die Bas seift mich ein und rubbelt mich mit der Bürste, dass es kitzelt. Die Haare wäscht sie mir mit Kleie. Gewiss denkt die Els, dass das eine arge Verschwendung ist. Zum Schluss gießt sie mir eine Kanne kaltes Wasser über den Kopp. Ich kreische und hupfe schnell aus dem Zuber.

Jetzt geht die Els hinein. Die Bas schüttet einen Kessel voll Heißes nach, weil das Bad schon recht abgekühlt ist.

Während die Bas mir beim Trockenreiben hilft, frage ich die Els: »Kannst du wirklich schwimmen?«

»Freilich. Ich kann es dir beibringen im Sommer.«

»Das werden die Großeltern nit dulden«, sagt die Bas. »Es ist auch viel zu gefährlich. Denkt mal, zwei Mädgen allein im Wasser! Wenn nun Soldaten vorbeikommen. Oder andere Mannsleut.«

»Du kannst doch mitgehen, Bas«, schlägt die Els vor.

»Schlagts euch aus dem Kopp. Ich alte Frau könnt euch nit schützen. Außerdem gehört es sich einfach nit.«

Wir werden schon einen Weg finden, dass wir schwimmen gehen. Warum sollten ausgerechnet dann Landsknechte vorbeikommen, wenn die Els und ich schwimmen? Aber laut sage ich das nicht.

»Wenn du noch jung wärst, Bas, würdest du nit auch im Wasser schwimmen wollen?«, fragt die Els.

»Wenn man jung ist, will man viel ... Verzähl nit so viel vom Schwimmen, Els. Die unvernünftigen Leut meinen, bloß Hexen könnten schwimmen. An deiner Stell würd ich fein mein Maul halten und gar nit über das Schwimmen reden.«

»Potztausend, so ein sauberes Mädgen«, sagt die Bas.

Die Els hat eines von meinen reinen Hemden an und meinen braunen Rock, der mir zu kurz ist. Und mein altes Mieder. Die Holzschuhe und die Strümpfe sind von der Bas. Sie hat so kleine Füß, dass sie der Els passen. Die Els ist ganz närrisch vor Freude.

»Strümpf«, sagt sie, »Strümpf. Und so schöne Holzschuh. Jetzt bin ich ein Stadtfräulein. Darf ich in euren Spiegel gucken?«

»Erst muss der Zuber ausgeleert werden«, sagt die Bas und wirft das Fußstroh und die Lumpen ins Feuer. Den Kittel und das Tuch wirft sie hinterher.

»Halt, halt«, ruft die Els. Aber es ist zu spät.

»Es muss fort, mitsamt dem Ungeziefer«, sagt die Bas. »Kriegst ein wollen Umschlagtuch von mir.«

Mit Eimern schöpfen wir den Zuber aus, tragen das Wasser vor das Haus und schütten es in die Gosse. Als der Zuber fast leer ist, tragen wir ihn auch hinaus und kippen den Rest weg.

Wie wir mit dem Zuber zurückkommen, sind der Großvater und die Großmutter in der Küche. Sie sind schon für die Andacht gekleidet, der Großvater sieht gar stattlich aus mit der gestärkten *Kräuse* um den Hals. Auch wenn der Albrecht insgeheim den Kopp schüttelt und sagt, die Kräuse gehört zur spanischen Tracht und ist altmodern.

»Was habt ihr denn für ein heidnisch Spektakel angestellt hier unten?«, fragt die Großmutter. »Und was werden die Leut sagen, wenn ihr am heiligen Sonntag einen Zuber voll Dreckwasser aus dem Haus tragt?«

Die Bas gibt keine Antwort. Sie wringt den Lappen aus, mit dem sie den Boden aufgetrocknet hat. Die Els und ich sagen auch nichts.

Auf einmal sagt der Großvater:

»Wer seid Ihr denn, hochwohlgeborenes Fräulein? Wieso beehrt Ihr unser einfach Haus? Ich kenn Euch ja gar nit.«

Die Els merkt zuerst nicht, dass der Großvater bloß Spaß macht. Sie sagt:

»Herr Großvater, ich bin doch bloß die Els, Eure neue Magd.«

»Was! Eine so fürnehme Magd haben wir? Wird sie denn auch ordentlich arbeiten können?«

»Doch, Herr Großvater, ich will Euch Eure Kannen so wohl polieren, dass Ihr zufrieden seid.«

»Das ist brav.« Der Großvater schmunzelt.

»Die feinen Fräulein haben sich die Strümpf ganz allerliebst mit Dreckwasser bespritzt«, sagt die Großmutter. »So wollt ihr in die Kirche?«

»Sie haben noch ganz nasse Haare. Sie können nit mit in die Kirche, sie könnten sich den Tod holen. Besser ist, sie gehen hinauf und legen sich in den Alkoven nach dem Bad«, sagt die Bas.

»Die Mariezebill hast du verwöhnt, dass sie zu keiner Arbeit taugt. Willst die neue Magd auch noch verderben?«, fragt die Großmutter.

Auf einmal guckt der Großvater mich an und merkt, dass meine Haare anders sind als sonst. Plötzlich wird sein Blick so streng, dass er mir durch und durch geht.

»Die Zotteln im Gesicht? Was ist denn das für eine Unzucht? Willst es gar dem Albrecht gleichtun? Ich werde dich lehren. Auf der Stelle kämmst du dir die Zotteln unter die Haube!«

»Jakob«, sagt die Bas, »freie Locken sind Mode, nit bloß für Kavaliere, auch für die Frauen.«

»Mode? Was schert mich die Mode? Bin ich ein Franzos?«

»Jakob, es ist nit bloß wegen der Mode. Die Buben auf der Gass rufen scheele Glucke hinter ihr her. Die Locken verdecken das Auge. Braucht nit jeder sehen, dass sie schielt. Sie kommt in die Jahre.«

»Wer ist das? Wer ruft dir hinterher, Mariezebill?«, fragt der Großvater zornig.

»Weiß nit, Großvater.«

»Warum trägst du die Maske nit? Du willst ja nit gerade gucken. Die Kinder haben Recht, dich auszulachen«, sagt die Großmutter.

»Sie passt nit mehr, sie ist zu klein«, sagt die Bas. »Fünf Jahre hat sie sich damit geplagt und nix hat es genutzt. Sie sieht doch recht hübsch aus mit der neuen Frisur.«

»Ha, unter hübsch versteh ich etwas anderes«, sagt die Großmutter. »Mit deiner Mutter wirst du dich nimmermehr messen können.«

Das weiß ich längst. Meine Mutter war die schöne Marie. Die Schönste in der ganzen Stadt, sagt die Großmutter immer. Und dann hat sie an mir sterben müssen.

Die Großeltern sind allein zur Kirche, die Bas ist zu Jungfer Röschen hinübergegangen. Vorher hat sie uns nach oben ins Bett gescheucht.

Aber zuerst hat die Els sich im Spiegel der Bas bewundert, Dann habe ich ihr die Prunkstube gezeigt. Dort steht das breite Bett mit dem Himmel und den Spitzenvorhängen, in dem die Großeltern schlafen. Am meisten staunt die Els über den Ofen.

»Ein eiserner Ofen«, sagt sie, »oh, oh, da sind ja Bilder drauf.«

Wir betrachten die Ofenplatten, auf denen Reiter zu sehen sind und vornehme Damen und sogar Schiffe.

»Was für eine Kunst, einen solchen Ofen zu machen«, sagt die Els andächtig.

Dann entdeckt sie die Stühle, die um den Tisch stehen.

»Stühle, richtige Stühle!«, ruft sie und probiert auf allen vier Stühlen das Sitzen aus.

Zuletzt schließe ich den Schrank auf und zeige ihr die Gewänder meiner Mutter. Das Hochzeitskleid mit dem schwarzseidenen Unterrock und dem gebauschten roten Überkleid. Und den pelzverbrämten Umhang.

»Wie für eine Prinzessin«, flüstert die Els. »Wo ist deine Mutter, ist sie gestorben?«

»Ja, bei meiner Geburt.«

»Und dein Vater?«

»Ist im Krieg. Hauptmann beim Schwed. Ich kenn ihn gar nit.«

»Du hast einen spaßigen Namen. Mariezebill. Ist das ein schwedischer Name?«

»Nein. Mein Vater ist ein Teutscher, er steht bloß beim Schwed im Sold. Getauft bin ich Marie-Sibylle. Nach meiner Mutter Marie und Sibylle nach der Bas.«

»Und ist der Heiner dein Bruder?«

»Nein, er geht beim Großvater in die Lehre.«

»Und der Albrecht?«

»Der Albrecht ist mein Onkel, er war der Bruder meiner Mutter.«

»Und die Kathrine ist eure Magd.«

Ich zeige der Els noch die kleine Kammer, in der die Kathrine schläft. Eigentlich ist es bloß ein Alkoven. Es passt gerade das Bett hinein und Kathrines Truhe.

»Überall habt ihr Fenster, bloß hier nit«, sagt die Els.

Ja, vielleicht riecht es deswegen so schlecht hier drin. Ob die Kathrine wohl böse ist, dass die Els in der großen Kammer bei der Bas und mir schlafen darf?

Dann klettern wir die Leiter hoch in den Giebel. Dort ist das Lager vom Albrecht. Auch werden hier die Säcke mit Weizen und Roggen und *Dinkel* aufbewahrt. Und fertig gemahlenes Mehl. Und außerdem hängen leinene Säcklein am Balken mit getrockneten Kräutern und Pilzen. Und mit Nüssen und gedörrten Zwetschken.

Von den gedörrten Zwetschken nehme ich etliche und gebe der Els davon.

»Darfst du das? Darfst du sie einfach nehmen?«

»Nein, aber sie merken es ja nit.«

»Wo schläft der Heiner?«

»In der Werkstatt. Nachts legt er sich den Strohsack und die Decke auf die Bank.«

»Wie viel Platz es in eurem Haus gibt«, staunt die Els.

Wir klettern wieder hinunter und gehen in unsere Kammer. Dort sind zwei Alkoven, der eine an der rechten, der andere an der linken Wand. In dem einen schläft die Bas, in dem anderen ich. Und in Zukunft schläft die Els bei mir, darauf freu ich mich schon.

An der Wand mit dem Fenster steht die Truhe, dort bewahrt die Bas Wäsche auf. Auf der Truhe steht der Spiegel. Und neben der Tür, an der vierten Wand, ist ein großer Schrank mit meinen und der Bas ihren Röcken und Kleidern.

Neben den Betten steht ein *Rick*, darauf legen wir jetzt alles, was wir ausziehen.

»Das Hemd kannst du anlassen«, sage ich zur Els. Von der Kathrine weiß ich, dass die Bauern immer nackicht schlafen.

»Was ist das?« Die Els zieht meinen Brunzhafen unterm Bett hervor.

»Für nachts«, sage ich, »damit man nit die Treppe hinunter auf den Hof muss, im Dunklen.«

»Ihr seid recht bequem, ihr Stadtleut.«

»Ich gehe fast nie drauf«, sage ich. »Aber die Bas ist alt und die Großeltern auch, die müssen öfter. Es ist beschwerlich für sie, die Stiege hinunterzugehen, besonders im Winter, wenn es kalt ist. Und jedes Mal ein Licht anzünden ist gar teuer.«

»Leert ihr die vollen Häfen zum Fenster hinaus?«

Ich muss lachen. »Der Großvater hat es streng verboten. Er hat Furcht, ich könnte einen treffen, der gerade unten vorbeigeht. Aber manchmal bin ich zu faul, die Häfen bis zum Abtritt zu tragen, und wenn kein Haufen drin ist, dann –«

»Dann kippst du sie aus dem Fenster. Hast du schon mal einen getroffen?«

»Nein, nein, ich passe auf. Ich höre ja gut, ich höre die Schritte, wenn einer da unten vorbeigeht. Auch wenn ich nit so gut sehe. Ich mach es bloß, wenn keiner kommt.«

Wir kuscheln uns miteinander in die Kissen und ziehen die Vorhänge zu. Es ist kalt hier oben, aber miteinander haben wir es schön warm.

»Ich hab noch nie in einem richtigen Bett geschlafen, immer nur im Stroh, mit einer Decke zum Zudecken«, sagt die Els. »Mariezebill?«

»Ja?«

»Ich glaube, die Großmutter kann mich nit leiden.«

»Ach was, die Großmutter hadert mit allen. Außer mit dem Albrecht. Das ist, weil – sie kann nit verwinden, dass meine Mutter gestorben ist.«

»Hatte sie bloß deine Mutter und den Albrecht? Keine anderen Kinder?«

»Sie hatte acht oder neun. Aber die sind alle als kleine Kindlein gestorben.«

»Arme Großmutter«, sagt die Els. »Mariezebill, kannst du wahrhaftig lesen und schreiben?«

»Gewiss kann ich. Du nit?«

»Ich kann bloß vier Buchstaben: A B C D. Weiter kann ich

nit. Einmal war ein fahrender Schüler im Dorf, der hat versprochen, uns lesen zu lehren. Mein Vater hat ihm zehn *Batzen* dafür gegeben. Aber am dritten Tag war er verschwunden.«

»So ein Spitzbub!«

»Ich wünsche mir, ich könnte schreiben. Wenn ich schreiben könnte, dann –«

»Was dann?«

»Ach, nix.«

»Sag doch. Ich kann es dir ja beibringen.«

»Wahrhaftig? Würdest du das machen? Dann könnte ich –«

»So sag doch, was könntest du?«

»Ich könnte eine Nachricht schreiben für meinen Vater. Und ins Dorf zurückgehen und sie dort hinlegen. Damit er weiß, wo ich bin, wenn er aus dem Krieg heimkommt. Er oder die Brüder.«

»Das machen wir. Ich lehr dich schreiben und im Sommer gehen wir in euer Dorf und bringen die Nachricht hin. Wir können dann auch den anderen Leuten im Dorf sagen, wo du bist.«

»Ich glaube, dort sind keine Leut mehr. Sind wohl alle tot.«

Die erste Zeit mit der Els

Ich darf der Els zeigen, wo alles ist und was wir schaffen müssen. Wie man die Betten aufschüttelt und das Linnen glatt streicht. Und wo im Keller die Fässer mit Kraut und sauren Bohnen stehen. Und die Horte mit den Äpfeln. Es sind wieder viel faule dabei, wir müssen sie auslesen. Ich bin froh, dass die Els mit mir hier unten ist. Mir grausts immer, wenn ich allein in den Keller muss. Und immer habe ich Angst, die Kerze geht mir aus und ich stehe allein im Dunkeln. Oder einer schmeißt oben die Falltür zu und merkt nicht, dass ich unten bin, und sie vergessen mich. Zu zweit habe ich gar keine Angst mehr.

»Bald ist Ostern und ihr habt immer noch Äpfel?«, fragt die Els.

Ja, aber viel ist nicht mehr übrig, nachdem wir die Faulen ausgelesen haben. Die Mäuse und die Ratten haben auch fleißig genagt. Mit der Els zusammen finden ich viel mehr schlechte Äpfel, als wenn ich allein bin. Und es geht auch schneller.

»Warum nimmst du jeden einzelnen Apfel in die Hand?«, fragt die Els.

»Ich muss nachfühlen, ob er schlechte Stellen hat«, sage ich, »oder ich muss ihn direkt vor die Augen halten, und das ist noch umständlicher.«

»Ja so«, sagt die Els.

In der Ecke scharrt und raschelt was.

»Hör mal«, flüstert die Els.

»Sind bloß Mäuse.«

»Ja, ja, Mäus. Aber wenn – wenn es nun doch keine Mäus sind? Wenn es Gespenster wären?«

»Es sind aber Mäuse. Du musst dich nit fürchten.«

»Ich fürcht mich aber«, sagt die Els. »Bin ich froh, dass du bei mir bist.«

Ich komme mir gar stark und mutig vor, wie sie das sagt.

»Ich weiß nit, ob ich mich allein heruntertraue, wenn die Großmutter mich nach Kraut oder Wein schickt.«

»Sorg dich nit, ich geh mit dir.« Ich bin ja fast erwachsen.

Früher hat immer die Kathrine die Geißen gemolken. Jetzt macht es die Els. Mir scheint, die Geißen freuen sich, wenn die Els in den Stall kommt.

»Probier auch mal zu melken«, sagt sie.

»Ich? Nein, das kann ich nit.«

»Du kannst. Es ist ganz leicht. Guck, musst die Zitze zwischen Daumen und Zeigefinger nehmen. Dann drückst du mit den anderen Fingern leicht von oben.«

»Ich will nit.«

»Musst dich doch vor der Geiß nit fürchten.« Die Els lacht mich aus.

Sie soll mich nicht auslachen. Ich schlucke und nehme die Zitze zwischen Daumen und Zeigefinger, wie sie gesagt hat. Dann drücke ich und hätte fast wieder losgelassen vor Schreck. Die warme Milch spritzt heraus und macht mir die Hand nass. Ich kann es. Darüber muss ich so lachen, dass die Geiß erschrickt und gegen den Zuber tritt. Der Zuber kippt. Gut, dass fast noch keine Milch drin war.

Einmal in der Woche misten wir den Stall aus und legen den Geißen frisches Stroh unter. Wir haben nur noch einen kleinen Vorrat an Heu und Stroh. Wenn er alle ist, müssen wir mit der Karre in die Neustadt zum Bauern Hobrecht frisches Stroh holen.

Die Els redet immer mit den Geißen. Das hab ich mir auch angewöhnt. Seit ich sie besser kenne, habe ich keine Furcht mehr, wenn eine mir mit dem Kopf in den Bauch stößt oder hochspringt und mir das Gesicht leckt. Sie tun es ja aus lauter Zärtlichkeit.

Wir haben den Geißen sogar Namen gegeben. Die eine heißt Lies, die andere Gret. Die Kathrine hat sich an die Stirn getippt. Aber die Els hat gesagt, bei ihnen hätten alle Tiere Namen gehabt, bloß die *Hinkel* nicht.

Unsere Geißen sind gar schlau. Sie verstehen genau, wer gemeint ist, wenn wir Lies oder Gret rufen. Wann, wann ist endlich Sommer, damit wir mit den Geißen hinauskönnen aus der Stadt?

Nach dem Mittagessen reiben wir Häfen und Pfanne,

Näpfe und Löffel mit Asche aus und spülen mit klarem Wasser nach. Die Els schüttelt immer wieder den Kopf, weil bei uns jeder aus einem eigenen Napf isst. Bei ihnen daheim haben sie alle aus einer Schüssel gegessen. Ich finde es besser, einen Napf für mich allein zu haben. Da muss ich mich nicht so beeilen beim Essen, kann so langsam essen, wie ich will.

Wenn alles sauber ist und nix anderes im Haus zu tun, dann setzen wir uns in die Led zu den Mannsleuten. Wir helfen schleifen und polieren. Das ist jetzt nicht mehr so langweilig, weil die Els dabei ist. Ich glaube, der Großvater kann die Els auch gut leiden, weil er sie immer *uzt*. Mich uzt er nicht so oft. Vielleicht deswegen, weil ich immer zuerst nachdenken muss, bis ich den Spaß verstehe. Die Els weiß jetzt gleich, wie er es meint, und gibt ihm gar kecke Antworten. Ich würde mich nicht trauen, so mit dem Großvater zu reden. Aber er lacht bloß und nimmt es ihr nicht krumm.

Abends sitze ich mit der Els beim Licht und zeige ihr die Buchstaben und übe mit ihr das Lesen. Aber das Lesenlernen kommt sie sauer an.

»Das lern ich nie«, sagt sie.

Ich versichere ihr, dass sie es lernt, aber manchmal glaube ich selbst nicht dran.

»Wenn ich schon nit lesen lerne, wie schwer muss erst das Schreiben sein?«, sagt sie.

Aber weil sie an den Brief denkt, den sie ihrem Vater schreiben will, versuchen wir es jeden Abend wieder. Ich könnte ihr sagen, dass ich den Brief für sie schreibe, aber das sage ich nicht. Weil sie es dann erst recht nicht lernt.

Jetzt ist Ostern vorbei, und obwohl noch nicht richtig Sommer ist, scheint die Sonne schon ganz heiß. Ich hab gebettelt, ob wir mit den Geißen in den Garten dürfen, aber die Großmutter hat gesagt:

»Wir müssen große Wäsch machen, solange das Wetter so warm und trocken ist.«

Seit zwei Tagen stehen wir jetzt im Hof an den Zubern, die Bas, die Kathrine, die Els und ich. Die Händ brennen mir wie Feuer, weil ich mir Blasen geschafft hab. Wird die Wäsch denn gar kein Ende mehr nehmen? Vom ganzen Winter waschen wir die Hemden und Strümpf, die großen und die kleinen Leintücher. Und die Überzüge und sogar die Bettvorhänge. Morgen haben wir es geschafft, dann stellen wir die Zuber mit der Wäsche auf die Karre und fahren auf die Bleich. Die Els und ich freuen uns schon.

Gott sei Dank ist es heute sogar noch heißer als vorher. Aber vielleicht kommt mir das nur so vor, weil es hier draußen auf den Wiesen nicht so dunkel und schattig ist wie im Hof. In aller Herrgottsfrühe sind wir hierher gekommen und haben unsere Wäsche ausgebreitet. Die weiße Wäsch für sich und die blaue Wäsch für sich, wie es sich gehört. Wir waren die Allerersten hier, deswegen haben wir genug Platz. Später sind noch andere Weiber gekommen, und die, die zuletzt gekommen sind, murren, weil für ihre Wäsche kein Platz mehr ist.

Die Bas lacht sie einfach aus. »Morgenstund hat Gold im Mund, merkt euch das, ihr Weiber.«

Jetzt sitzt sie im Gras und scheucht die Kathrine, die Els und mich mit den Gießkannen zwischen der weißen Wäsche herum. Die Sonne trocknet so schnell, dass wir aufs Neue anfangen müssen zu sprengen, wenn wir gerade fertig geworden sind. Obwohl dic Wäsche mir ganz schneeweiß vorkommt, müssen wir sie auf die andere Seite drehen und weiter bleichen lassen und wieder und wieder sprengen, bis die Bas endlich zufrieden ist.

Jetzt legen wir alles schön zusammen, tun die Wäsche in die Zuber und fahren mit der Karre heim.

Der Plunzer

Wie wir von der Fahrgass in die Kannengießergass einbiegen, sehen wir ein schwarzes Ross mit Sattel vor unserem Haus. Ein Junge steht dabei und hält es am Halfter.

»Wem mag das Ross gehören?«, murmelt die Bas.

»Vielleicht dem Albrecht?«, vermute ich.

»Gott bewahre, was sollte er mit einem so teuren Ross? Und wo sollte es stehen?«

Aber das Pferd gehört nicht dem Albrecht.

»Es gehört dem Hauptmann Vogel«, sagt der Junge, als die Bas ihn fragt.

»Dein Vater ist gekommen, Mariezebill«, sagt die Bas.

Mir pocht das Herz. Ich werde meinen Vater kennen lernen. Ich gehe ganz langsam hinter den anderen her. Ich habe auf einmal Angst.

In der Werkstatt sind bloß der Albrecht und der Heiner bei der Arbeit. In der Küche ist auch keiner.

»Geh hinauf«, wendet sich die Bas an mich, »sie sitzen oben in der Stub.«

»Geh mit, Els«, sage ich.

Wir gehen hinauf, die Stubentür steht offen. Sie sitzen auf den Stühlen um den Tisch und haben Weinbecher vor sich stehen, der Großvater, die Großmutter und –

»Komm, Mariezebill, begrüß deinen Herrn Vater«, sagt der Großvater.

Der Fremde steht auf, kommt auf mich zu. Ich kann sein Gesicht nicht richtig sehen, der gewaltige Schlapphut verdeckt es fast ganz.

»Guck mal, was für großmächtige *Plunzer*«, wispert die Els mir ins Ohr. Ich halte mir den Mund zu, sonst hätte ich laut gelacht. Wahrhaftig, er hat die weitesten Pluderhosen an, die ich mein Lebtag gesehen habe. Das Seidenfutter sticht gelb und grün und rot aus den Schlitzen.

»So, so. Sieh an, sieh an. Du bist also die Mariezebill?« Seine Stimme ist so laut und rau, dass ich zusammenfahre. Er hebt mein Kinn hoch und schaut mir ins Gesicht. Dabei fällt die Locke zur Seite, ich sehe seinen erschrockenen Blick. Er lässt mein Kinn los und ich schüttle mir die Locke wieder über das Auge. Das Blut schießt mir in den Kopf, mein Herz hämmert.

»So, so. Sieh an. Hab gehört, du bist brav, Mariezebill. Sollst gar lesen und schreiben können? Das wäre ja nit nötig. Zu viel Gelehrsamkeit verdirbt das Weibervolk. Ho, ho!«

Ich beiße mir auf die Lippen und stehe stumm. Zuerst hab ich nix zu sagen gewusst, jetzt *will* ich nix mehr sagen.

»Mein Regiment steht im Hessischen –« Warum brüllt er so, wenn er was sagt? »– da fällt mir ein: Hast du nit eine Tochter in Frankfurt? Solltest auskundschaften, ob sie lebt, ob es ihr wohl ergeht. Aufgesattelt und ab nach Frankfurt. Wie ich sehe, geht es dir wohl … Muss zurück jetzt, zum Regiment.«

Er tritt an den Tisch und hebt den Becher: »Habt Dank, Herr Meister und Frau Meisterin, dass Ihr mir das Töchterlein so wohl versorgt. Möge es Euch ferner wohl ergehen. Und auch dir, Tochter, soll es gut gehen.«

Darauf schüttet er sich den vollen Becher in den Hals, dass ihm der Wein vom Kinn tropft. Er setzt den Becher auf den Tisch, wendet sich zur Tür, hält inne, kehrt noch einmal um und zieht die Börse. Er öffnet sie und leert den Inhalt auf den Tisch, dass die Gulden herumspringen.

»Kauf dir ein schön Gewand, Mariezebill, oder ein Kleinod – was du willst. Beim nächsten Mal bring ich mehr.«

»Wann ist das nächste Mal?«, fragt die Großmutter. »In zwölf Jahren wieder?«

»Danke, Herr Vater«, stoße ich heraus. Es ist das Einzige, was ich herausgebracht habe. Ob er es gehört hat, weiß ich nicht, seine Sporen klirren, als er zur Treppe stampft.

Da vertritt ihm die Bas den Weg. »Gott befohlen, Herr Hauptmann. Sieht man Euch wieder?«

Er zieht den Hut, macht eine tiefe Reverenz: »Gott befohlen, Frau Bas, immer noch die Alte? Gesund und munter?«

»Ich will es hoffen«, sagt die Bas.

»Und Euer Mundwerk ist auch noch das alte?«

»Das will ich doch hoffen. Ihr habt Euren Degen, ich habe mein Mundwerk.«

Uzen sie einander?

»Soll Eure Tochter Euch nit das Geleit geben bis zum Tor?«

Auch das noch.

»Freilich. Komm, Mariezebill, reite mit mir zum Tor.«

Reiten? Ärger kann es nicht mehr kommen.

»Darf die Els auch mit?«

»Freilich, freilich. Kommt, ihr Weibervolk.«

Er stampft die Treppe hinunter, seine Sporen klirren. Ich folge ihm mit der Els. Wenigstens bin ich nicht allein.

Das Ross wiehert und scharrt ungeduldig mit den Hufen, als es meinen Vater sieht. Ich bleibe in einiger Entfernung stehen. Ob es beißt?

»Komm, Mariezebill, ich heb dich hinauf.«

Mein Lebtag hab ich noch nicht auf einem Pferd gesessen. Gewiss werde ich herunterfallen. Und wenn. Dem Plunzer werd ich nicht zeigen, dass ich mich fürchte, dem nicht.

Er hebt mich hinauf, schwingt sich hinter mich und –

»Darf ich auch aufs Pferd, Herr Hauptmann?«, fragt die Els keck.

»Wohl, wohl. Hans, hilf ihr aufsteigen.«

Aber ehe der noch zugreifen kann, sitzt die Els schon hinter dem Plunzer.

»Ho, ho«, schreit mein Vater und gibt dem Ross die Sporen. Da trabt es durch unsere Gass, dass die Buben, die mich früher geärgert haben, zur Seite stieben und die Weiber lange Hälse hinter uns her machen.

»Hoho«, brüllt der Plunzer mit seiner Bärenstimme, »potztausend, das gefällt mir, dass die Jüngferlein keine Angst haben.« Er biegt in die Fahrgass ein und jetzt fällt er in Galopp. Aber merkwürdig, er hält mich fest und ich fürchte mich gar nicht mehr. Ich merke, er wird mich nicht fallen lassen. Hüho, ist das eine Posse, hoch über den Leuten durch die Stadt zu reiten.

Ich glaube, ich hätte stundenlang weiterreiten können, durchs Tor hinaus und über die Felder. Aber jetzt sind wir am Tor, der Plunzer hält das Pferd an.

Die Els springt ab. Wie komme ich jetzt hinunter? Aber schon kommt der Pferdejunge angekeucht und er und die Els helfen mir absteigen. Bin doch froh, wie ich wieder Boden unter den Füßen spüre.

Mein Vater hebt die Hand. »Gott befohlen«, ruft er und gibt dem Pferd die Sporen. Der Junge kann sich gerade noch hinter ihm aufschwingen, schon stieben sie davon. Der Plunzer dreht sich kein einziges Mal um und bald sehen wir von ihm nur noch eine gewaltige Staubwolke.

Auf dem Heimweg sagt die Els:

»Was ist er für ein großmächtiger Herr, dein Vater. Bist du froh, dass du ihn jetzt kennst? Und dass er dir so viele Gulden gebracht hat?«

»Weiß nit. Hab mir meinen Vater anders vorgestellt. Ganz anders.«

»Wie denn?«, fragt die Els.

Jung. Und edel. Und tapfer. Nit so ein Rüpel wie der Plunzer. Aber das sage ich nicht. Die Els hätte mich ausgelacht.

»Ist er auch aus Frankfurt? Oder wo hat deine Mutter ihn kennen gelernt?«

»Als Gustav Adolf mit seinen Soldaten in der Stadt war, hat mein Vater bei uns im Quartier gelegen. So haben sie sich kennen gelernt.«

»Und dann haben sie miteinander geminnt.«

»Els, sag nit so ein gemeines Wort. Ich will es nit hören.«

»Bei uns im Dorf heißt es aber so. Hab nit gewusst, dass es ein schlimmes Wort ist. Ihr sagt lieb haben, gell?«

»Ja.«

»Und dann? Haben sie Hochzeit gehalten?«

»Ja, aber vorher hat es Streit gegeben mit dem Großvater. Er wollte nit dulden, dass sie einen Soldaten freit.«

»Warum nit, er ist doch ein Offizier? Wie ist es dann weitergegangen?«

»Sie hat ihren Kopp durchgesetzt, hat ihn doch geheiratet. War aber nit froh mit ihm.«

»Warum nit?«

»Sie hat nit beim Regiment leben können. War zu hart für sie, ohne festes Haus und ohne Bequemlichkeit. Da ist sie zurück zu den Großeltern. Dann hat sie mich geboren und ist daran gestorben.«

Eine Weile sagt die Els nichts, dann fragt sie:

»Was fängst du jetzt an mit deinem Goldschatz?«

Was meint sie mit Goldschatz? Ach ja, die Gulden.

Als wir wieder daheim sind, gehe ich in die Stube hinauf um nachzuzählen, wie viele Gulden es sind. Aber sie liegen nicht mehr auf dem Tisch.

»Wo sind denn meine Gulden, Großmutter?«, frage ich.

»*Deine* Gulden?«, sagt die Großmutter. »Der Großvater hat die paar Gulden aufgehoben für deine *Ehesteuer*. Wenn der Großvater nit wär und dein hungrig Maul fütterte und dir ein Heim gäbe, könntest du betteln gehen. Denk daran, ehe du von *deinen* Gulden sprichst.«

Und dann setzt sie hinzu: »Dein Vater lebt in Saus und Braus als Kriegsherr, aber für sein Fleisch und Blut hat er in zwölf Jahren nicht mehr übrig als ein paar armselige Gulden.«

Die Els sperrt das Maul auf, als die Großmutter *armselige Gulden* sagt.

Im Garten

Es ist heute so heiß, dass wir schwitzen. Und als wir aus den dunklen Gassen hinauskommen, können wir zuerst fast nix sehen, so blendet uns die Sonne. Endlich sind wir unterwegs zum Garten. Die Kathrine schiebt die Karre mit dem Gartengerät und den Gießkannen, die Els und ich führen die Geißen am Strick. Die Bas ist natürlich auch dabei, sie muss ja aufpassen, dass wir alles richtig machen. Unser Garten liegt in der Neustadt, nicht weit von der Allerheiligenpforte, wo auch andere ihre Gärten haben.

Die Geißen binden wir am Gartenzaun an, da können sie am Wegrand fressen. Wir müssen das Land umgraben und hacken. Die Els schafft fast so geschwind wie die Kathrine. Wenn ich doch auch so flink wäre!

»Mach nit so einen Buckel, Mariezebill«, sagt die Bas, »halte dich gerade, sonst tut dir heute Abend alles weh.«

Mir tut schon längst alles weh, aber ich sage nichts. Wenn doch schon Abend wäre, dass die Plackerei ein Ende hätte!

Zuletzt sagt die Bas, ich solle jetzt die vorbereiteten Beete fein rechen. Das Rechen ist ein bisschen leichter als das Hacken, trotzdem habe ich genug vom Garten. Genug, genug, genug. Wieso kann die Els so hart schaffen und dabei auch noch singen?

Am anderen Tag säen wir *Kappes* und Salat und Rettich. Und Kräuter zum Würzen, wie Petersilie und Schnittlauch und Dill. Und Kräuter für Tee, Kamille, Salbei und Pfefferminz. Und Ringelblumen haben wir auch gesät. Und Bohnen gesteckt. Und jetzt müssen die Els und ich jeden Tag hinaus zum Gießen. Wir gehen immer nach dem Mittagsmahl und dürfen bis zum Abend bleiben. Die Geißen nehmen wir mit, wir lassen sie am Zaun weiden, manchmal gehen wir mit ihnen auch auf die Gemeindewiese. Im Garten dürfen wir sie nicht springen lassen, sonst fressen sie uns die junge Saat ab.

Schon nach ein paar Tagen sind die Bohnen aufgegangen. Sie wachsen am schnellsten. Aber auch alles andere wächst. Man glaubt nicht, dass aus den zarten Pflänzchen einmal so starke Pflanzen und große Kohlköpp werden. Jetzt, wo die meiste Arbeit getan ist, haben die Els und ich es schön hier draußen. Wir müssen bloß gießen und manchmal jäten und auf die Geißen Acht geben, sonst haben wir ein faules Leben.

»Wollen wir heute zum Weiher?«, frage ich.

»Die Bas hat es verboten.«

»Sie braucht es nit wissen.«

»Mariezebill, es könnten doch Soldaten vorbeikommen. Du hast nit gesehen, was sie machen. Wie arg sie die Menschen schinden.«

»Wir könnten uns schnell verstecken, wenn sie kommen.«

»Das Wasser ist sowieso noch zu kalt«, sagt die Els.

»Kannst du mir nit die Botschaft schreiben für meinen Vater?«, fragt die Els und ist gar verzweifelt, weil sie nicht weiterkommt mit dem Lesenlernen.

Da tut sie mir Leid. »Gut, ich schreib dir den Brief. Aber wo sollen wir ihn hinlegen, dass er ihn findet? Wenn euer Haus nit mehr steht – gibt es dort einen Ort, wo wir ihn aufbewahren?«

Da ist die Els auf einmal ganz ratlos.

Mir fällt etwas ein. »Weißt du was? Wir ritzen die Botschaft in einen Balken.«

»Das machen wir. Du bist so gescheit, Mariezebill.« Die Els ist auf einmal ganz ungeduldig. »Wann gehen wir hin? Fragen wir die Bas, ob sie mitgeht? Oder den Heiner?«

Am Sonntag nach der Predigt wandern wir alle in den Garten hinaus. Der Großvater und die Großmutter wollen sehen, wie alles wächst. Der Albrecht ist nicht dabei und die Kathrine auch nicht, sie ist zu ihren Leuten. Aber der Heiner.

Die Geißen sollten zuerst im Stall bleiben. Da hat die Els gesagt: »Wird das dem Herrgott gefallen, wenn sie den lieben langen Tag im dunklen Stall sein müssen?«

Da hat der Großvater gelacht und sie haben mitgedurft.

Die Großeltern staunen, dass die ersten Erdbeeren schon rot werden und die Bohnen blühen. Und Rettiche gibt es auch bald. Als wir ihnen alles gezeigt haben, setzen sie sich mit der Bas auf die Bank.

Wir gießen die Beete, aber als wir damit fertig sind, wird es uns langweilig. Der Heiner liegt unter dem Apfelbaum und ist eingeschlafen. Da nehmen wir einen Grashalm und kitzeln ihn in den Nasenlöchern, bis er niesen muss. Da macht er die Augen auf und guckt so verdutzt, dass wir ihn auslachen. Aber jetzt ist uns schon wieder langweilig.

»Frag doch den Großvater, ob wir heut nach Riedweiler gehen dürfen. Heiner, gehst du mit?«

Ja, der Heiner will mit.

Ich fasse mir ein Herz und gehe zum Großvater.

»Was wollt ihr denn in Riedweiler? Das Dorf ist abgebrannt und geplündert. Wird keiner mehr dort wohnen.«

»Herr Großvater«, sagt die Els, »die Mariezebill hat mir versprochen, eine Botschaft in den Hausbalken zu ritzen für meinen Vater. Damit er mich findet, wenn er aus dem Krieg kommt.«

»Dumm Ding«, sagt die Großmutter, »bildest du dir ein, der kommt zurück? Der ist im Krieg verdorben und gestorben.«

»Mag sein, Frau Großmutter, er ist gestorben. Könnte aber auch sein, er kommt zurück. Wo soll er mich dann suchen?«

»Ja, dann wollen wir uns mal auf den Weg machen nach Riedweiler«, sagt der Großvater und steht auf.

Er und der Heiner gehen mit. Die Bas bleibt bei der Großmutter auf der Bank sitzen, gewiss will sie die Großmutter nicht allein da sitzen lassen. Sie ist arg dran, die Großmutter, hat an gar nix Freude und immer will sie der Els und mir beweisen, dass wir keinen Grund zum Lachen haben. Wir lachen aber trotzdem.

Die Felder und Äcker unterwegs sehen wüst aus. Meilenweit sind sie platt gewalzt von den Trosswagen. Anderswo sind sie mannshoch voll Brennnesseln und Beifuß. Sogar die Obstbäume sind kahl und schwarz versengt.

»Wieso hat denn kein Mensch gepflügt und gesät?«, fragt die Els erschrocken.

In Riedweiler sieht es noch ärger aus. So trostlos hab ich es mir nicht vorgestellt. Von den Häusern stehen bloß noch schwarze Wände. Verkohlte Balken und Türen liegen kreuz und quer auf dem Boden. Es sind keine Leute da, alles ist verlassen. Bloß fette blaue Fliegen brummen über den alten Dunghaufen.

Die Els geht umher und guckt. Sie sagt nicht ein einziges Wort. Sie guckt bloß.

An der Stelle, wo früher ihr Hof war, schaut sie in alle Ecken. Sucht sie was? Sie nimmt einen Stecken und stochert im Schutt. Und dann findet sie ein verbeultes schwarzes Ding und hebt es auf. Sie dreht es um und um und betrachtet es, als hätte sie einen Schatz gefunden.

»Der Becher von meinem Vater«, sagt sie, »daraus hat er jeden Tag getrunken. Jeden Tag.«

Sie sagt es so, als wäre der verbeulte Becher eine große Kostbarkeit.

Der Heiner lacht und sagt: »Der ist hin, den kannst du nit mehr gebrauchen.«

Aber der Großvater sagt: »Steck den Becher ein, Els. Ich werd ihn mir vornehmen. Mag sein, ich kriege ihn noch mal zum Glänzen.«

Ich sehe mich nach einem Balken um, in den ich etwas einritzen kann. Ich finde einen, der auf der Oberseite schwarz und rissig ist, aber als der Heiner und ich ihn umdrehen, ist das Holz auf der anderen Seite noch gut. Ich habe gar nicht daran gedacht, ein Messer mitzubringen. Da gibt der Großvater mir sein gutes, scharfes Messer. Mir wird heiß vor Freude, ich bin gar stolz.

»Mach es kurz«, sagt er, »damit wir bald hier fortkommen.«

Ich ritze hinein: *Die Els ist beim Kannengießer Hitzig in Frankfurt.*

Der Heiner nimmt sein eigenes Messer und schnitzt meine Buchstaben nach, sodass sie breit und tief werden. Man kann alles gut lesen. Nachher werden wir den Balken an die Mauer lehnen und befestigen, damit er auch gleich zu sehen ist.

Als wir beinahe fertig sind, hören wir einen näher kommen. Er humpelt und stößt mit dem Stock auf den Boden, ich höre es ganz deutlich. Plötzlich steht ein alter Mann vor uns, der ist so dürr wie ein Gerippe. Seine Kleider sind bloß Lumpen, durch die Löcher guckt die blanke Haut.

»Gevatter Reinhard«, ruft die Els. »Seid Ihr das?«

»Das Elsche? Bist du das Elsche, haben die Hundsfötter dich nit gekriegt?«

»Nein, die haben mich nit gekriegt. Ich war im Schilf. Und stellt Euch vor, ich bin jetzt im Dienst in einem fürnehmen Haus. Bei dem Meister Hitzig in Frankfurt. Ich habe es gut getroffen.«

»Das freut mich, Elsche«, sagt der Mann und ruft: »Kommt raus, das Elsche ist da, dem Mathes sein Elsche!«

Da schlurren zwei alte Frauen herzu, die sehen auch nicht besser aus als der Gevatter Reinhard – die reinsten Gerippe. Sie haben eine große Freude, als sie die Els sehen.

Sie führen uns dorthin, wo sie wohnen. Es ist das einzige Haus, in dem noch alle Wände stehen und das halbe Dach drauf ist. Fenster und Türen haben sie nicht. Sie schlafen auf Lager aus Stroh und welken Blättern. Und mitten im Haus brennt trotz der Hitze ein Feuer.

»Wir frieren alleweil, frieren und frieren, auch wenn die

Sonne scheint«, sagt Gevatter Reinhard. »Holz haben wir Gott sei Dank noch genug.«

Sie nehmen Bretter und Balken als Brennholz und schleifen sie ans Feuer. Aber der Winter – der Winter muss arg kalt gewesen sein ohne Fenster und Türen.

»Ärger ist der Hunger«, sagen sie, »die Soldaten haben ja alle Vorräte und alles Vieh mitgenommen.«

Und dann berichten sie, wie sie zuerst die Hunde und Katzen im Dorf geschlachtet haben. Und dass sie jetzt Fallen stellen. Manchmal haben sie Glück und es ist ein Karnickel darin.

»Ansonsten«, sagt der Gevatter, »müssen wir mit Mäus und Ratten vorlieb nehmen.«

Die armen, armen Leut. Ich bin ganz starr vor Entsetzen. Der Großvater holt Geld aus dem Sack und will es ihnen geben.

»Ach, lieber Herr«, sagt Gevatter Reinhard, »wo sollen wir etwas kaufen? Wir sind zu schwach, um den weiten Weg in die Stadt zurückzulegen.«

Da verspricht der Großvater, dass er morgen den Heiner herausschickt mit Brot und Wein und Mehl und Bohnen. Und dem Rat werde er Bescheid geben von ihrer Lage, auch den Pfarrherren.

Auf dem Weg zurück frage ich den Großvater:

»Werden der Magistrat und die Pfarrherren den armen Leuten helfen, Großvater?«

»Ich werde darauf bestehen«, sagt der Großvater, »zumindest müssen sie im Siechenhaus aufgenommen werden.«

»Im Siechenhaus? Andere Hilfe gibt es nit?«

»Nein«, sagt der Großvater.

Vielleicht hat die Großmutter Recht, das Leben ist arg und es gibt keinen Grund zum Lachen.

Unheimliches Wasser

Seit Wochen haben wir eine große Hitze und noch immer waren wir nicht am Weiher.

»Der Sommer wird vorbeigehen, ohne dass du mir das Schwimmen beigebracht hast«, sage ich zur Els.

Weil es so heiß ist und so langweilig, ist die Els damit einverstanden, dass wir uns heute auf den Weg machen. Den Garten haben wir gegossen, das Unkraut gezupft. Am Abend sind wir längst wieder zurück, keiner wird merken, dass wir uns allein aus dem Tor gestohlen haben.

»Binden wir die Geißen an den Zaun?«, frage ich.

»Wollen wir sie nit mitnehmen? Am Zaun finden sie doch nix mehr, sie haben alles ratzekahl gefressen. Unterwegs können wir sie grasen lassen.«

Wir nehmen also jede eine Geiß am Strick und ziehen los. Am Allerheiligentor fahren gerade viele Fuhrwerke ein und aus, manche werden angehalten und müssen sich ausweisen. Niemand gibt darauf Acht, dass wir mit den Geißen durchs Seitenpförtchen schlüpfen.

Der Weiher ist nicht weit, aber weil die Geißen fressen wollen, schlendern wir gar gemächlich und bleiben immer wieder stehen. Wir schlagen uns durchs Unterholz und gehen an die dunkle Seite des Weihers, wo die Bäume und das Gebüsch bis ans Wasser wachsen.

»Hier ist es sicherer«, sagt die Els.

Die andere Seite ist schöner, dort sind Wiesen. Und die Sonne glänzt auf dem Wasser. Aber dort könnte man uns sehen, nicht weit davon führt der Weg vorbei.

Unsere Beine sind von Dornen zerkratzt, als wir endlich am Wasser sind. Und wir haben Mühe, die Geißen voranzutreiben, die wollen gar nicht einsehen, weshalb sie so weit laufen sollen. Jetzt binden wir sie an einen Baum. Dann legen wir die Hauben ab und ziehen die Röcke und Mieder aus.

»Sollen wir das Hemd anlassen?«, frage ich.

»Nein«, sagt die Els, »wer weiß, ob die Hemden bis heute Abend trocken sind. Hier sieht uns ja keiner.

Die Els watet voraus und probiert, wie weit man stehen kann. Es wird ziemlich rasch tief, mir wird ganz unheimlich, wie sie da im Bodenlosen planscht. Wenn nun ein Nixenweib sie an den Füßen packt und hinunterzieht? Sie kommt ans Ufer zurück und ruft:

»Komm rein, es ist ganz warm.«

Ich gucke auf das schwarze Wasser und kann mich nicht entschließen. Da nimmt sie mich an der Hand und führt mich. Ja, warm ist es, aber wie dunkel und moorig! Ich kann nicht einmal meine Füße sehen. Unter den Zehen spüre ich Schlamm und Wurzeln und manchmal einen spitzen Stein. So unheimlich hab ich mir das nicht vorgestellt, am liebsten würde ich umdrehen. Aber dann lacht die Els mich aus.

Jetzt geht mir das Wasser bis an den Bauch.

»Wenn ich den Boden verliere, muss ich ersaufen«, sage ich. »Ich kehre lieber um.«

»Noch ein paar Schritte«, bettelt die Els. »Es ist noch nit tief genug zum Schwimmen.«

Jetzt geht mir das Wasser bis an die Brust. Weiter geh ich nicht.

Die Els dreht sich um und zeigt mir, wie ich mich ins Wasser werfen soll. Sie schwimmt ein Stück aufs Ufer zu. Ich rudere mit den Armen, aber die Füße kriege ich keinen Zoll vom Boden.

Die Els kommt zurück. »Reinschmeißen musst du dich. Kannst dich ja gleich wieder hinstellen. Bloß einmal fallen lassen. Guck, so!«

Nein, nein, wenn ich mich fallen lasse, geh ich unter. Ich bleibe wie angewurzelt stehen.

»Ich halte dich«, sagt die Els.

Sie hält mich, aber mit dem einen Fuß bleibe ich trotzdem auf dem Boden.

»Leg dich aufs Wasser«, sagt die Els.

»Mir ist kalt, ich hab genug.« Ich wate zum Ufer.

»Schade, dass du dich nit traust«, sagt die Els, »du wolltest es doch so gern lernen.«

Ja, aber nicht in einem so finsteren Wasser. Am Ufer hüpfen wir ein bisschen und reiben uns mit Blättern ab, dann ziehen wir uns wieder an. Wir reden nicht viel, nehmen die Geißen am Strick und machen uns auf den Heimweg.

»Bist du mir bös, Els?«

»Nein. Bist du mir bös, dass ich nit richtig lesen lerne?«

»Nein.«

Und dann lachen wir. Ich bin froh, wie wir aus dem schattigen Holz heraus auf die helle Straße kommen.

Wir sind nicht mehr weit vom Tor, da sehen wir plötzlich Knechte auf der Mauer. Sie winken, blasen ins Horn und rufen:

»Herein, ihr Leut! Hinter die Mauern! Die Soldaten kommen!«

Ich gucke zurück und sehe ganz in der Ferne eine Staubwolke, die größer wird.

»Renn, Mariezebill«, schreit die Els und rennt mit der Lies vorneweg.

Ich will hinterher, aber die Gret bockt. Ich ziehe, ich zerre, aber sie geht nicht von der Stelle.

»Wo bleibst du, Mariezebill? Renn!«

»Die Gret bockt, sie steht wie angewachsen«, rufe ich verzweifelt. Die Els rennt zu uns zurück. Sie versetzt der Gret einen heftigen Tritt in die Seite: »Geh, blöde Geiß, geh doch!«

Aber die Gret steht wie ein eiserner Klotz. Wie wir auch zerren, wir kriegen sie nicht von der Stelle. Die Staubwolke wird schnell größer.

»Herein, herein, ihr Leut, es pressiert!«, ruft der Wächter und tutet in sein Horn.

»Lass sie stehen«, keucht die Els und nimmt meine Hand. »Wir müssen fort, sonst machen sie uns hin.«

Was soll ich bloß sagen, wenn wir mit nur einer Geiß heimkommen? Wir rennen wie der Wind, die Els, die Lies und ich. Die Wolke dahinten kommt immer näher. Aber als wir fast am Tor sind, galoppiert auf einmal die Gret hinter uns her und holt uns ein.

Das Tor ist schon geschlossen, der Knecht macht uns das Seitenpförtchen auf und lässt uns durchschlüpfen. Wir sind die Allerletzten.

»Leichtsinniges Weibervolk«, sagt er.

Hinter der Mauer ist die Stadtwache aufgezogen.

»Geht uns aus den Füßen«, knurren die Männer. »Macht, dass ihr nach Hause kommt.«

Weiß Gott, wir wollen nichts lieber als das.

»Ihr seht ja ganz verwildert aus«, ruft die Großmutter.

»Es sind Soldaten vor der Stadt, Großmutter«, sage ich. »Die Tore sind geschlossen und die Wache aufgezogen.«

»Ist das wahr?«, fragt die Großmutter. »Der Herr stehe uns bei.«

Abends am Brunnen hören wir, dass es nur ein versprengtes *Fähnlein* gewesen, das vor dem verschlossenen Tor wieder abgedreht sei.

Der Zwerg und der Seiltänzer

Wenn drüben im Dom die Glocken läuten, bebt das Haus, die Näpfe auf dem Bord klirren. Wir können unser eigenes Wort nicht verstehen. Das sind wir gewöhnt. Aber heute, heute dröhnen die Glocken auf einen Schlag, in allen Kirchen der Stadt. Mein Kopp dröhnt mit, als wäre er selber eine Glocke. Ich halte mir die Ohren zu.

Die Els zerrt mich hinaus auf die Gass, zum Weckmarkt. Die Leute springen herum und jubeln, weil die Messe anfängt. Die Els kreischt auch juhu und macht Luftsprüng, als wäre sie nicht gescheit.

»Mach doch mit!« Sie will unbedingt, dass ich mithopse. Aber ich drücke mich lieber an die Wand und gucke zu. Der Lärm und das Gewusel machen mich ganz schwindelig.

Seit gestern sind Fremde über Fremde in die Stadt geströmt, ich weiß gar nicht, wo die alle schlafen. Die Großeltern haben die Prunkstub an einen vornehmen Kaufherrn und seinen Diener vermietet. Der hat in den Römerhallen einen Stand mit edlen Seidenstoffen. Die Großeltern schlafen jetzt in der großen Kammer in meinem und der Els Alkoven. Und ich muss bei der Bas und die Els bei der Kathrine schlafen.

»Es ist gut«, sagt der Großvater, »dass es wieder aufwärts geht mit der Stadt.«

Er hat uns erzählt, der Els und mir, dass in den dreißiger Jahren, als die große Pest in der Stadt war, und in den Jahren danach überhaupt keine Messe mehr gewesen ist.

Obwohl wir nicht allein gehen sollen, drücken die Els und ich uns zwischen den Ständen herum und gucken, was alles feilgeboten wird. Die Barette und Hüte mit den prächtigen Federn haben es uns besonders angetan.

»Guck«, sagt die Els, »da sind auch so gewaltige Schlapphüt, wie dein Vater einen aufgehabt hat. Guck mal, den mit der weißen Straußenfeder.«

»Mir gefällt der rote Hut mit der schwarzen Straußenfeder noch besser«, sage ich.

Und dann schauen wir einem Zwerg zu, der gar possierliche Kunststücke macht. Hab zuerst gemeint, er ist ein Kind, er ist ja bloß ein paar Spannen hoch. Aber dann hab ich seinen Bart gesehen. Wahrhaftig, er ist ein erwachsener Mensch. Er macht gar wunderliche Stücklein: Steht auf dem Kopf, schlägt Räder in der Luft und kommt danach wie durch ein Wunder auf seinen zwei Füßen zu stehen.

Da, jetzt wirft er Äppel in die Höhe. Zwei, nein drei Äppel fliegen fast gleichzeitig hoch – wie der Wind fängt er sie auf. Guckt, jetzt sind es gar fünf Stück, fliegen hoch wie Vögel – und keinen lässt er fallen.

Zum Schluss nimmt er einen Teller, geht herum und viele werfen ihm eine Münze darauf. Er bleibt vor uns stehen mit seinem Teller, sieht uns von unten herauf an.

»Hat es euch nit gefallen?«, fragt er.

»Doch, aber wir haben kein Geld«, sagt die Els.

»Kein Geld, hä? Aber in der ersten Reihe stehen, den anderen die Sicht wegnehmen, das können sie, die reichen Frankfurterinnen.« Er spuckt vor uns aus.

Ich habe auf einmal Angst. Sein Mund reicht vom einen Ohr zum anderen, es sieht aus, als ob er lacht. Aber er ist zornig und lacht gar nicht.

Die Els zieht mich weg. »So ein Giftzwerg«, sagt sie.

»Er hat ja Recht«, sage ich. »Wir hätten uns nit ganz vorne hinstellen dürfen, wenn wir ihm kein Geld geben können.«

»Weiter hinten hättest du nix gesehen«, sagt die Els. Das stimmt, deswegen hat sie uns nach vorne geboxt.

Daheim erzählen wir, dass wir einen Zwerg gesehen haben.

»Aber das Merkwürdigste ist sein Mund. Er lacht immer, auch wenn er böse ist«, sage ich.

»Die *Vaganten*«, sagt der Großvater, »die Vaganten verstümmeln oft ihre Kinder. Man wird ihm als Kind den Mund bis zu den Ohren aufgeschlitzt haben. Es ist die Narbe, die lacht.«

»Warum tun sie das?«, frage ich entsetzt.

»Sie zeigen ihre Kinder für Geld«, sagt der Großvater. Und berichtet von einem Menschen, den man als neugeborenes Kind in eine niedere, gebauchte Tonvase gesperrt und ihn etliche Jahre darin gelassen hat, sodass sein Körper, nachdem man den Ton entzweigeklopft, unförmig in die Breite gewachsen, die Beine nicht zu gebrauchen gewesen seien.

»Sie sind arm. Wer nix zu beißen hat, wird bös«, sagt die Bas, als wäre das ein Gesetz.

Mich reut so sehr, dass ich kein Geld gehabt habe für den Zwerg. Ich will nix mehr hören und sehen von der Mess. Lieber würde ich am Abend daheim bleiben und gar nicht mitgehen. Aber der Großvater duldet es nicht, alle miteinander sollen wir auf den Römer, den Seiltänzer sehen.

Als wir hinkommen, ist das Seil schon gespannt, vom Kirchturm bis zu dem Leitergerüst, das so hoch ist wie ein Galgen, an der anderen Seite des Platzes. Der große Platz ist voller Volk, auch in den angrenzenden Gassen stehen die Leut. Wir haben aber doch noch eine Nische gefunden, wo wir alle miteinander stehen und gut sehen können.

»Siehst du das Seil?«, fragt die Els.

Freilich, ich kann es recht gut sehen, wenn ich die Augen zusammenkneife, es ist ein gewaltiges Seil. Trotzdem kann ich nicht glauben, dass darauf ein Mensch gehen kann.

Aber auf einmal – ich hatte ihn gar nicht kommen sehen – steht er auf dem Leitergerüst. Der Alessandro. Er hat ein golddurchwirktes Wams an, das glänzt in der Abendsonne. Die Leute winken ihm zu. Und er steht dort oben und winkt zurück. Ich mache die Augen ganz schmal, dass ich besser sehe, wie er hoch über unseren Köpfen sich verneigt. Er ist schlank und schön. Und sein Wams glitzert.

Einer tritt hinter ihn, bindet ihm ein Tuch um die Augen.

»Ooohhh«, geht ein Seufzen durch die Menge.

»Wird er denn – wird er mit verbundenen Augen über das Seil gehen?«, flüstere ich.

»Ja«, flüstert die Bas. Die Els und ich verschränken unsere Hände ineinander und drücken sie voller Angst.

Alessandro hat eine Stange dabei – »die Balancierstange«, sagt der Großvater. Er trägt sie mit beiden Händen und setzt den Fuß auf das Seil. Die vielen Menschen werden ganz still. Schritt für Schritt geht er auf dem Seil vorwärts. Mit verbundenen Augen. Ich traue mich nicht zu atmen. Er hat schon mehr als die Hälfte vom Weg zurückgelegt, da fängt er auf einmal an zu tänzeln und zu hüpfen! Wie kann ein Mensch so leichtsinnig sein? Gleich wird er herunterstürzen. Aber er hüpft und springt und neigt seine Stange mal nach der einen, mal nach der anderen Seite. »Das macht er für das Gleichgewicht«, sagt der Großvater. Und jetzt, da – er kommt an. Heil und gesund steht er am Turmfenster. Die Leute jubeln und werfen ihre Hüte in die Luft. Und ich juble dieses Mal mit.

Der Alessandro verneigt sich nach allen Seiten und nimmt sich das Tuch von den Augen. Es wäre mehr als genug gewesen. Aber er will es nicht dabei bewenden lassen, er will zurückgehen. Dieses Mal mit offenen Augen? Ja, aber –

»Nein, Alessandro, machs nit! Geh nit!« Die Els ruft es laut über den Platz, wo die Menschen still stehen. Manche drehen sich um und zischen die Els an, sie soll das Maul halten.

Hat Alessandro die Els gehört? Und wenn auch, es hat nix genutzt. Er schreitet auf dem Seil – rückwärts. Es kann nicht gut gehen, zweimal wird es nicht gut gehen. Nie und nimmer. Er versucht Gott. Ich will nicht nach oben gucken, ich will nicht sehen, wie er in die Tiefe stürzt. Ich mache meine Augen fest zu. Aber zwischendurch muss ich sie doch aufmachen und hinaufgucken. Und sehe ihn rückwärts auf dem Seil schreiten. Jetzt hat er schon die Hälfte. Nicht hingucken, gleich wird es passieren.

Er hat es geschafft, er hat es wirklich und wahrhaftig noch einmal geschafft! Die Leut wissen sich nicht zu fassen vor Begeisterung. Sie springen und trampeln und schreien und werfen die Hüte in die Luft. Und dann erscheint ein Ratsherr und überreicht dem Alessandro einen Beutel. Sollen zehn Gulden darin gewesen sein. Manche sagen, sogar fünfzig. Aber der Großvater sagt:

»Dummes Zeug, so schmeißt der Rat das Geld nit zum Fenster hinaus.«

»Er hätte es verdient«, sagt die Bas.

Wir dürfen jetzt alle mit dem Großvater ins Zunfthaus. In der Trinkstube sitzen schon viele andere Zunftherren mit ihren Familien und Gesellen, alle sind sehr lustig. Es sind sogar Musikanten da, die aufspielen. Alle singen und schließlich fangen die Leute einen Reigen an. Die Els und ich tanzen auch mit.

Nachts in der Finsternis

Die Kathrine ist zu Martini fortgegangen. Sie hat einen anderen Dienst gefunden.

»Ihr habt ja jetzt eine, die alles besser macht!« Damit hat sie die Els gemeint.

Zum Lebewohl hat sie uns nacheinander die Hand gegeben. Zur Els hat sie gesagt:

»Sieh zu, dass es nit ein schlimmes Ende nimmt mit dir.«

Und mir hat sie ins Ohr gewispert, so leise, dass die Bas und die Großmutter es nicht hören konnten:

»Nimm dich vor Feuer in Acht, du scheel Mensch.«

Ich glaube, sie hat es einfach nicht ertragen, dass die Els und ich so viel miteinander lachen. Und sie ist eifersüchtig, dass ich abends mit der Els beim Licht sitze und ihr die Buchstaben beibringe. Sie lernt es nämlich doch, die Els, sie macht jetzt deutliche Fortschritte.

Die Großmutter will keine neue Magd nehmen. Sie sagt: »Wozu haben wir denn die Els?«

Und zu mir sagt sie: »Und du wirst dich in Zukunft tummeln, Mariezebill, statt immer nur Buchstaben zu malen und gescheite Reden zu führen.«

Seitdem müssen wir viel mehr schaffen als früher, die Els und ich. Aber jetzt ist bald Winter. Es wird früh dunkel, es gibt nicht gar so viel Arbeit wie im Sommer. Die Geißen stehen im Stall und im Garten ist nichts mehr zu tun. Die letzten Äpfel haben wir gepflückt und in der Karre heimgefahren.

Nicht immer duldet die Großmutter, dass wir über der Fibel sitzen und so viel Licht verschwenden. Oft sitzen wir auch am Feuer und spinnen. Das Spinnen ist mir arg zuwider. Aber wenn die Bas uns dabei Märlein und Sagen erzählt, dann ist es doch recht heimelig. Eigentlich schade, dass die Kathrine nicht mehr bei uns ist. Keine andere weiß so gruselige Geschichten von Hexen und vom Teufel.

Der Großvater und die Bas haben die Hexenmärlein nicht gern gehört, besonders nicht, wenn die Kathrine behauptet hat, die Stockingerin in der Seilergass wäre eine Hex und könnte sich in eine schwarze Katz verwandeln.

Der Großvater sagt, das gibt es nicht, dass ein Mensch sich in ein Tier verwandelt, auch nicht mit des Teufels Hilfe. Oder dass eine mit dem Besen zum Schornstein hinausfliegt, das wäre bloß dummer Aberglaube. Unser Herr Luther hätte derlei auch nicht geglaubt.

Natürlich weiß der Großvater, dass es Hexen gibt, er ist ja nicht dumm. Er denkt aber, die Hexen können bloß Schaden tun mit bösen Gedanken und Blicken. Mit Hilfe des Teufels können sie Mensch oder Vieh die Kränk anhexen. So hat es auch unser Herr Luther gelehrt.

Seit die Kathrine nicht mehr da ist, schläft die Els in der

Mägdekammer. Jetzt können wir im Dunkeln gar nicht mehr miteinander flüstern. Und es dauert oft gar lange, bis ich warm werde im Bett. Ich hätte auch gern so eine schöne Bettpfanne, wie die Großeltern sie haben. Der Backstein, den ich im Feuer anwärme und in Tüchern eingewickelt ins Bett trage, wird immer so schnell kalt. Aber die Els wäre mir noch lieber als eine Bettpfanne, viel lieber. Warum lässt die Großmutter uns denn nicht mehr zusammen schlafen?

Mitten in der Nacht höre ich einen furchtbaren Schrei. Els – es ist die Els.

»Hilfe, ich will nit, ich will nit! Heilige Mutter Gottes, hilf!«

Ich fahre aus dem Bett, stolpere im Dunkeln aus der Kammertür, da stoße ich mit dem Albrecht zusammen. Er kommt aus der Mägdekammer und springt die Stiege hinauf.

Was hatte der Albrecht bei der Els zu schaffen? Wie eine gesengte Sau ist er die Stiege hinauf. Und hat nach Wein gestunken, dass hier unten alles nach ihm riecht.

Die Els hockt im Bett, hat die Arme um sich geschlungen, ich spüre, wie sie zittert.

»Hat er dir was getan, Els?« Ich umschlinge sie.

»Nein, er wollte, aber du bist schnell genug gekommen. Heilige Mutter Gottes, danke, danke, danke, dass du die Mariezebill geschickt hast.«

Unterdessen kommt die Bas mit einem Licht aus der großen Kammer. Und auch der Großvater und die Großmutter, alle im Hemd, kommen heraus.

»Was geht hier vor?«, ruft der Großvater.

»Was habt ihr zwei wieder angezettelt?«, zetert die Großmutter.

»Der Albrecht war bei der Els im Alkoven und wollte ihr einen Schaden tun«, sage ich.

»Der Albrecht?! Du unverschämtes Mensch willst unseren Albrecht beschuldigen? Aufgenommen haben wir dich, aus dem Dreck gezogen, und du beschuldigst unseren Albrecht?«

So wütend hab ich die Großmutter mein Lebtag noch nicht gesehen. Sie faucht die Els an:

»Dir hab ich nie getraut, aber jetzt ist es heraus: Du hast Umgang mit dem Teufel und beschuldigst den Albrecht.«

Die Els ist so verdattert, dass sie keine Antwort gibt. Sie hockt im Bett und zittert.

»Es war aber der Albrecht«, fahre ich dazwischen, »ich bin ja an der Tür mit ihm zusammengerempelt.«

»Pfui«, ruft meine Großmutter, »pfui, pfui, pfui. Hat ein züchtig Mädgen sich im Dunklen aus dem Bett zu schleichen? Und nit genug – du machst das Maul auf und willst deinen Onkel beschuldigen? Sofort gehst du in dein Bett zurück. Wir sprechen uns morgen.«

»Und du«, wendet sie sich an die Els, »du ziehst dich jetzt an und verschwindest auf Nimmerwiedersehen.«

»Das ist nit recht, Schwägerin«, ruft die Bas, »der Übeltäter ist der Albrecht. Du darfst nit die Kinder beschuldigen.«

»Haltet jetzt alle euer Maul«, befiehlt der Großvater. »Du«, sagt er zu mir, »gehst sofort in dein Bett, wie die Großmutter gesagt hat.«

Ich wage nicht dagegen zu murren und gehe in die Kammer. Aber ich lasse die Tür angelehnt und bleibe dahinter stehen.

»Sie hat ihn erkannt, es war der Albrecht«, sagt die Bas. »Du musst sofort hinauf, Jakob, ihn zur Rede stellen.«

»Warum glaubt mir bloß keiner«, heult die Großmutter. »Die Kathrine hat immer gesagt, die ist nit sauber. Es war der Teufel, nit unser Albrecht.«

Und wenn es der Teufel gewesen wäre – was kann denn die Els dafür? Aber es war der Albrecht.

Der Großvater klettert die Stiege hinauf. Oben hört man ihn toben. Ich mache die Tür ein wenig weiter auf, damit ich verstehen kann, was er sagt.

»Was hattest du bei dem Mädgen verloren, du Hurenbock?«, brüllt der Großvater. »Sofort stehst du mir Rede und Antwort!«

»Ich weiß von nix, ich war doch gar nit unten«, wimmert der Albrecht.

»Warst nit unten? Willst dich wohl gar auf den Teufel hinausreden? Ich prügle es aus dir raus, du Bürschchen –«

Und dann höre ich dumpfe Schläge – der Großvater drischt mit einem schweren Gegenstand auf den Albrecht ein.

»Nit, Vater«, ruft der Albrecht, »ich hab einen besoffenen Kopp, ich weiß von nix. Wenn was war, kann ich nit bei mir gewesen sein.«

Die Bas und die Großmutter rufen die Stiege hinauf: »Jakob, versündige dich nit!«

Der Großvater sagt: »Du Lapp bist du zu feige, zu deinem Bubenstück zu stehen? Morgen gehst du mir aus dem Haus. Ist höchste Zeit, dass du wanderst. Unterwegs kannst du fremden Mägden nachstellen, so viel du lustig bist. Aber nit unter meinem Dach. Und nit einer, die fast noch ein Kind ist!«

Der Großvater kommt die Stiege herunter.

»Hast du den Verstand verloren, Jakob?«, ruft meine Großmutter – so hat sie noch nie mit dem Großvater geredet –, »hast du den Verstand verloren? Der Bub soll auf Wanderschaft? Auf die Straßen in diesen Kriegszeiten? Hast du vergessen, dass er unser Einziger ist? – Und alles wegen diesem Mensch!«

»Schlaf darüber, Jakob«, sagt die Bas, »deine Frau hat Recht. Wandern kann er nit in diesen Zeiten. Hast du nit einen Zunftbruder in Nürnberg? Schick ihn nach Nürnberg.«

»Was hängst du dich wieder hinein, in ein Gespräch unter Eheleuten?«, faucht die Großmutter. »Warum soll mein Bub aus dem Haus? Das Dreckstück, das du uns angeschleppt hast, das Dreckstück soll wandern.«

»Anna«, sagt der Großvater, »das Mädgen kann am wenigsten dafür.«

»Wie seid ihr doch verblendet. Wieso leuchtet euch nit ein, dass der Teufel die Gestalt vom Albrecht angenommen hat? Das ist doch sonnenklar. Unser Bub weiß doch von nix.«

»Schluss mit dem Gänsegeschnatter«, donnert der Großvater. »Packt euch in eure Nester.«

»Und du«, sagt er zur Els, »legst dich die nächste Zeit wieder zur Mariezebill.«

Ich husche weg von der Tür, aber ich bin noch nicht im Bett, als die Bas mit der Els hereinkommt.

Wir liegen im Bett und die Els wimmert vor sich hin, kann sich gar nicht beruhigen. Ich streichle sie und gebe ihr die besten Worte, es nutzt alles nix.

»Els«, ruft die Bas aus ihrem Alkoven. »Els, heul nit. Der Großvater ist ein gerechter Mann, der jagt dich nit fort.«

»Wenn – wenn aber –« Die Els weint jetzt so sehr, dass sie kaum die Worte herausbringt. »– wenn es aber doch der Teufel war in der Gestalt vom Albrecht – bin ich dann eine Hex?«

»Wenn du eine Hex bist, bin ich auch eine«, sagt die Bas. »Es war der Albrecht. Die Mannsleut schieben es alleweil auf den Teufel oder auf uns, merkt euch das.«

Die Els trocknet ihr Gesicht an der Decke und putzt die Nase hinein. Sie liegt jetzt getröstet neben mir. Bevor ich endlich einschlafe, denke ich, es ist gut, dass der Großvater so gerecht ist. Und dass er über die Els und mich wacht.

Heute hat der Großvater einen Brief an den befreundeten Zunftherrn in Nürnberg geschrieben. Und der Großmutter bleibt nichts übrig, als dem Albrecht den Ranzen zu packen und einen großen Sack dazu. Außer Kleidern und Weißzeug und Speck und Brot und Äpfeln stopft sie ihm allerhand *Schleckbisslein* hinein.

Morgen schon soll der Albrecht mit einem Postpferd nach Nürnberg reiten. Es trifft sich gerade, dass eine Gruppe von

Kaufleuten, unter Bedeckung natürlich, den Weg nach Nürnberg zurücklegt. Da darf der Albrecht sich anschließen.

Bevor der Albrecht das Haus verlässt, sagt er zum Großvater: »Ich bitt Euch um Verzeihung, Vater. Ich war nit bei Sinnen. Soll nit mehr vorkommen.«

»Bitte den Herrgott um Verzeihung. Und das Mädgen«, sagt der Großvater.

Die Els ist aber nicht da. Sie ist zum Brunnen Wasser holen und kommt erst zurück, als der Albrecht fort ist.

Seit er fort ist, trauen wir uns nicht mehr zu lachen. Die Großmutter geht umher, als wenn sie einen Stock verschluckt hätte. Niemandem gönnt sie ein Wort. Und der Els nicht einmal einen Blick.

Eis und Schnee

Was für eine traurige Adventszeit! Die Großmutter duldet nicht, dass wir im Haus Krippenlieder singen. Einen Zuckerbaum kriegen wir auch nicht. Und wir dürfen nicht die Fibel lesen oder spielen, sondern müssen jeden Abend spinnen.

Dafür gehen die Els und ich alle Tage um vier in die Andacht. Dort werden jetzt die Lieder gesungen vom Kind in der Krippe. Und die Kerzen brennen. Und die Leut freuen sich auf die Geburt des Heilands. Hier ist es nicht so traurig wie daheim. Die Els kann längst unsere Gebete und Lieder. Kein Mensch ahnt, dass sie eine Katholische ist. Außer mir hat es keiner gemerkt. Oder weiß die Bas es auch?

Weihnachten ist vorbei, das neue Jahr hat angefangen. Und alles ist wieder besser geworden. Zuerst ist Schnee gefallen.

Viel Schnee, es hat gar nicht mehr aufhören wollen zu schneien. Die ganze Stadt ist weiß und sieht so sauber aus. Bloß in der Gosse schwimmt der alte Dreck, dort ist der Schnee gleich geschmolzen. Die Menschen sind auf einmal alle guter Dinge. Sogar erwachsene Leut beschmeißen sich mit Schneebällen und sind gar übermütig. Und die, die einen Schlitten haben, ziehen damit in die Neustadt. Und wer Schlittschuhe hat, wandert vors Tor zur Eisbahn.

Sogar die Großmutter ist besser gelaunt und redet wieder mit uns. Es ist nämlich ein Brief gekommen aus Nürnberg. Der Albrecht schreibt, er habe es gut getroffen bei seinem Meister. Auch lerne er alleweil noch etwas dazu.

»So es gefroren bleibt«, sagt der Großvater, »wollen wir am Sonntag nach der Predigt zum Weiher hinaus. Damit die Mädgen das Eis erproben.«

»Ist es nit zu gefährlich? Sind keine Franzosen unterwegs?«, fragt die Großmutter.

»Die Soldaten liegen alle in den Winterquartieren«, sagt der Großvater. »Wir können es wohl wagen.«

Bevor wir aufbrechen, holt die Großmutter die Schlittschuhe der schönen Marie aus der Truhe und hängt sie mir über die Schulter.

»Danke, Großmutter«, sage ich. Das ist ein großes Geschenk, das mir die Großmutter da macht. Aber werde ich wohl darauf laufen können?

Alle miteinander wandern wir vors Tor, der Großvater, die Großmutter, die Bas, die Els und ich. Bloß der Heiner hat lieber zur Rodelbahn wollen. Wie schön die Felder und Wiesen und Bäume aussehen, wenn sie so weiß sind. Besonders die Bäume, die tragen den Schnee wie einen Schmuck. Und die Sonne lässt ihn auf Ästen und Zweiglein glitzern.

Der Weiher ist ganz bunt, so viele Leute tummeln sich darauf. Nicht bloß Burschen und Kinder – auch Ältere, auch Erwachsene. Wer Schlittschuhe hat, gleitet auf Schlittschuhen, die meisten aber vergnügen sich ohne. Die Burschen sausen herum und machen allerhand Narrenpossen.

Am liebsten würde ich bloß dastehen und dem Treiben zuschauen. Aber die anderen wollen, dass ich mir Maries Schlittschuhe an die Schuhe schnüre und aufs Eis gehe. Gleich beim ersten Schritt falle ich hin. Die Leute in der Nähe lachen. Die Els hilft mir auf, sie hält mich jetzt ganz fest unterm Arm. Wenn das Eis doch nicht so glatt wäre und die Kufen an meinen Füßen nicht gar so schmal – alles rutscht unter mir weg. Säße ich doch daheim am Feuer, sogar die Spindel zu drehen wäre mir jetzt lieber.

Aber die Els kennt kein Erbarmen, sie zerrt mich weiter. Ich schwitze vor Angst.

»Wir gehen zur anderen Seite hinüber«, sagt sie, »dort, wo wir im Sommer gebadet haben. Dort sind nit so viele Leut, die zugucken, da können wir in Ruhe üben.«

Ja, hier sind keine Menschen. Ich kann jetzt ein bisschen besser gleiten, aber loslassen kann ich die Els nicht.

Ich muss verschnaufen, wir hocken uns aufs Eis.

»Darf ich auch einmal mit den Schlittschuhen laufen, nur einmal?«, fragt die Els.

»Gewiss doch.« Mir wäre gar nicht der Gedanke gekommen, die Els könnte freiwillig damit laufen wollen.

Aber sie kann es, wahrhaftig, sie läuft über das Eis wie die großen Burschen. Ich kann mich nur wundern. Ach, wie gern würde ich auch so über das Eis gleiten!

»Wie machst du das nur?«

»Ich hab es früher fleißig geübt, mein großer Bruder hatte auch Schlittschuhe.«

Und wieder läuft sie davon und lässt mich hier sitzen. Ich fege mit meinem Handschuh das Eis blank. Wie durchsichtig es ist. Ich blicke hinunter und sehe falbes Gras in der Tiefe. Ich kann meinen Blick nicht abwenden. Ich gucke hinunter und gucke. Gleich wird die Wassernixe auftauchen, in grüne

Schleier gehüllt, mit einem Fischschwanz anstelle der Beine, und mich durch das Eis anschauen. Sie wird mir winken und ans Eis pochen und –

»Steh auf, Mariezebill, sonst frierst du fest«, sagt die Els.

Jetzt muss ich die Schlitterdinger wieder anmachen. Ich will nicht, aber die Els besteht darauf.

»Es sind deine Schlittschuh«, sagt sie. »Was meinst du, was die Großmutter sagt, wenn ich sie anhabe?«

Ich bin ganz steif vom Rumsitzen und kann noch schlechter fahren als vorhin. Dauernd knicke ich mit dem Fuß um, es ist ein Glück, dass ich mir nicht richtig wehtue.

Als wir an den Burschen vorübermüssen, ruft der Kunze-Otto: »Guckt mal, wie die scheele Mariezebill übers Eis hinkt!«

Da johlen sie und pfeifen hinter mir her. Ich bin froh, dass der Großvater am Ufer steht. Wer weiß, was sie sonst noch für Schabernack mit mir getrieben hätten!

Erleichtert ziehe ich die Schlittschuhe aus. Der Großvater runzelt die Stirn, sagt aber nichts. Ich weiß auch so, dass er unzufrieden ist, weil ich mich so tump angestellt habe.

Aber die Großmutter sagt: »Deine Mutter konnte es besser. Die hättest du sehen sollen, wie die über das Eis getanzt ist.«

»Es war das allererste Mal«, sagt die Bas.

Als wenn mich einer dazu kriegen könnte, ein zweites Mal aufs Eis zu gehen!

Böse Vorzeichen

Der Winter ist vorbei, die Bäume haben geblüht und unsere eine Geiß, die Gret, hat ein Zicklein gekriegt. Vorher, noch im Winter, hatten wir sie in die Neustadt zum Bock geführt. Jetzt ist das Zicklein da, aber die Großmutter hat gesagt, für drei Geißen ist der Stall zu klein. Und weil die Lies keine Milch mehr gibt, hat sie sie auf Ostern schlachten lassen.

Die Els und ich sind gar traurig. Von dem Geißenfleisch haben wir nur mit Widerwillen einen Bissen gegessen. Aber wir konnten es nicht verweigern, sonst wären wir hart gescholten worden.

Anfangs hab ich gedacht, ich könnte das kleine Geißlein nicht leiden, weil die Lies ihm hat Platz machen müssen. Aber es kann ja nichts dafür und ist gar possierlich.

Im Sommer haben wir die Gret und das Geißlein wieder in den Garten mitgenommen. Aber es hat viel geregnet und war nicht so heiß wie im letzten Jahr.

Der Sommer ist auch vorbei und jetzt auch die Mess. Und heute ist mein Geburtstag. Sonst denkt keiner daran, ich auch nicht. Deshalb bin ich ganz verwundert, dass der Großvater so feierlich ist und mir vor dem Mittagsmahl ein silbernes Kettlein überreicht mit einem Medaillon, darin ist eine Locke von meiner Mutter. Der Großvater hebt den Becher, ich muss mit ihm anstoßen und auch mit den anderen, weil ich vierzehn Jahre alt geworden bin.

»Jetzt bist du eine erwachsene Jungfer, Mariezebill«, sagt er.

»Musst dich auch benehmen wie eine erwachsene Jungfer und die Kinderpossen sein lassen«, sagt die Großmutter.

»Jetzt kannst du heiraten«, sagt die Els.

Heiraten? Wer wird die scheele Mariezebill nehmen? Aber ich will gar nicht heiraten. Wenn man verheiratet ist, kriegt man Kinder. Und die meisten Weiber sterben daran, wenn nicht beim ersten Mal, dann später. Nein, nein, lieber mache ich weiter Possen mit der Els und bleibe ledig.

Seit vielen Tagen liegt Nebel über der Stadt.

»Mein Lebtag«, sagt die Bas, »hat es keinen so dichten Nebel gegeben.«

Wir können die Hand nicht vorm Auge sehen und brennen

den ganzen Tag Licht. Wenn wir Wasser holen, müssen wir einen Kienspan mitnehmen, damit wir uns nicht verirren oder in die Gosse treten.

Am Brunnen munkeln die Weiber, in der Neustadt soll es Pestkranke geben. Eingeschleppt von den Fremden in der Stadt, die hinter unseren Mauern Zuflucht suchen.

»Wenn wieder so eine Seuche über die Stadt kommt wie anno fünfunddreißig/sechsunddreißig«, sagt die Großmutter, »dann gnade uns Gott.«

Es muss ganz gräulich gewesen sein damals, wie die Leute an der Pest gestorben sind.

»Bald die Hälfte der Einwohner hat sie dahingerafft«, sagt der Großvater.

»Es war ein Wunder«, sagt die Bas, »dass unser Haus verschont blieb.«

Ich war noch ein kleines Kind und weiß nicht mehr viel davon. Aber ich kann mich erinnern, dass ich lange, lange Zeit nicht aus dem Haus durfte. Und im Haus war so viel Rauch, dass es mich im Hals gekratzt hat und ich habe husten müssen.

Keiner von uns glaubt, dass es wieder Pestkranke gibt. Aber der Nebel will und will nicht weichen.

»Wer weiß, was für giftige *Miasmen* er über die Stadt bringt«, sagt die Großmutter.

»Meister, es ist gewisslich wahr. Die Pest ist in der Stadt. In der Gerbergass sollen zwei darniederliegen«, flüstert der Heiner dem Großvater zu.

»Weibergeschwätz«, sagt der Großvater. »Halte du fein dein Maul. Und lass es die Frauen nit hören.«

Ich habe es aber doch gehört.

»Geh in den Keller, Els«, sagt die Bas, »hol uns Kraut aus dem Fass. Und hier, nimm die Kanne, bring auch Wein mit herauf. Nimm von dem guten Roten, der wird uns stärken.«

Die Els nimmt Kanne und Schüssel, ich leuchte ihr. Ich hebe die Tür auf und will als Erste hinunter, da trete ich auf etwas Weiches. Ich leuchte hinunter um zu sehen, was es ist. Die Els kreischt und lässt Kanne und Schüssel die Treppe hinunterfallen. Mit ihren scharfen Augen hat sie sie noch schneller entdeckt als ich. Beinahe hätte ich die Kerze fallen lassen vor Schreck.

»Zurück, Mariezebill, zurück!«, schreit die Els.

Ich gehe zurück und schmeiße zitternd die Tür zu.

»Seid ihr närrisch? Was gibt es zu kreischen?«, fragt die Bas.

»Die Kellertreppe ist voll toter Ratten. Sie sind ganz blutig«, sagt die Els.

»Wer wird sich denn vor ein paar Ratten fürchten?« Die Bas nimmt mir das Licht aus der Hand und hebt die Tür hoch. Sie lässt sie gleich wieder fallen und keucht:

»Allmächtiger, meiner Lebtag hab ich so was nit gesehen. Die ganze Treppe voller Ratten.«

Keine von uns traut sich in den Keller. Der Großvater wird herbeigeholt, er leuchtet hinunter und schüttelt den Kopf.

Wo ist unsere Katze? Wir haben sie seit Tagen nit gesehen.

»Das geht nit mit rechten Dingen zu«, sagt die Großmutter, »es ist ein Zeichen.«

Ein Zeichen wofür?

Wir wollen die Gret melken und gehen hinaus in den Stall. Da finden wir die Gret und das Geißlein tot, mit Blut vorm Maul. Und drei, vier Ratten sind auch da. Eine lebt noch und faucht uns böse an.

In der Heymlichkeit liegt die Katze, tot. Und zwei verreckte Ratten.

»Ich will heut kein Mittagsmahl, Bas«, sage ich. »Ich kann nix essen.«

»Ich auch nit«, sagt die Els.

Keiner sagt etwas darauf, sie lassen es uns ausnahmsweise durchgehen.

Der Großvater schickt den Heiner zum Schinder. Der Schinder kommt mit seinem Gehilfen. Sie sammeln die Ratten ein und werfen die stinkenden Kadaver zusammen mit den Geißen und der Katze auf ihren Karren.

»Überall finden die Leut jetzt Ratten. Keiner weiß, wo die auf einmal herkommen«, sagt der Schinder.

»Das bedeutet nichts Gutes«, sagt die Großmutter. »Bevor die große Pest angefangen hat, hat es auch so viele tote Ratten gegeben.«

Der Großvater verweist ihr das Gerede. »Die Pest ist die Geißel Gottes. Sie trifft nur den Menschen«, sagt er, »tote Ratten haben damit nichts zu schaffen.«

Um die Ratten ist es nicht schad. Aber warum hat die Katz sterben müssen? Und unsere Gret und das junge Lieschen? Ob der Nebel schuld ist? Ob die Hexen das machen?

Heute ist der Großvater vom Markt zurückgekommen, hat mitten am Tag die Led zugemacht und die Tür verriegelt.

»Was hat das zu bedeuten, Vater?«, fragt die Großmutter.

»Vor meinen Füßen ist vorhin ein Weib hingeschlagen – krank.« Der Großvater sieht aus wie versteinert.

»Wer war sie? Was hat ihr gefehlt?«

»Weiß nit. Ein arm Weib halt. Die Leute munkeln.« Der Großvater flüstert, als fürchte er, die Pest werde ihn holen, wenn er laut redet.

»Barmherziger Gott«, ruft die Großmutter, »hast du das Weib am Ende aufgehoben, sie angefasst?«

»Nein, nein, ich hab sie nit angerührt. Was die Leut reden, muss nit wahr sein.«

Wie ich den Großvater kenne, hat er bestimmt zugegriffen, um dem Weib zu helfen.

»Sollten wir nit besser fort? Raus aus der Stadt?«, fragt die Großmutter nach einigem Nachdenken.

»Wo sollen wir hin? Hab ich ein Landgut wie die reichen

Herren? Wir können nicht auf die unsicheren Straßen oder in die Wälder, wo die *Schnapphähne* hausen.«

Die Bas mischt sich ein: »Es ist nit erwiesen, dass es wirklich Pestkranke gibt. Das Weib, das du hast hinfallen sehen, kann eine andere Krankheit gehabt haben. Bedenkt auch: Zu allen Zeiten sterben einige Leute an der Pest – nit immer entsteht daraus eine Seuche.«

Trotzdem ist der Großvater zum Bader gegangen und hat für viel Geld Riechessenzen und Räucherwerk gekauft.

»Vorbeugen schadet nit«, sagt die Bas, »einerlei, was der Nebel uns für Miasmen bringt, wir räuchern jetzt dagegen an.«

Sie legt Kienholz und Wacholderzweige auf die glimmenden Scheite im Herd, darüber von des Baders Räucherwerk und gießt ein wenig Wasser darauf. Das knistert und raucht und der Rauch zieht durch das ganze Haus; denn wir haben alle Türen aufgemacht und die Bas hat sogar in der Prunkstube den Ofen angemacht und Kienholz und Räucherzeug verbrannt, damit der Rauch in die letzten Winkel zieht und die Miasmen vertreibt. Anfangs hat es gut gerochen. Aber die Bas hat gesagt, wir sollen den Rauch tief einatmen. Das machen wir, aber jetzt müssen wir gottserbärmlich husten. Wir können gar nicht mehr aufhören zu husten.

Immer bevor wir auf die Gass gehen, sprengen wir uns mit Riechessenz ein, jetzt riechen wir so wohl, dass die Bas sagt, wir duften wie Leute von Adel.

Wie wir heute Morgen heruntergekommen sind, war der Heiner verschwunden. Er hat einen Brief hingelegt und geschrieben, er hat Angst vor der Pest, er geht fort aus der Stadt. Wenn alles vorbei ist, kommt er zurück.

Die Großmutter und die Bas beten jetzt viel. Die Els und ich müssen mitbeten, obwohl uns das viele Beten recht langweilig ist.

Die Pest

Vielleicht haben wir nicht genug gebetet. Der Großvater hat heute Morgen nicht aufstehen können. Er ist ganz heiß und hat furchtbare Schmerzen in den Leisten, sagt die Großmutter. Wir dürfen nicht hinein zu ihm, auch nicht die Bas, nur die Großmutter. Sie hat Essig auf ein Leintuch gespritzt und es sich vor Mund und Nase gebunden gegen die Ansteckung. Sie sagt, der Großvater hat harte Beulen in den Leisten, die immer größer werden.

Hat der Großvater die Pest? Niemand sagt uns was. Wenn ich frage, heißt es, ich soll beten.

Die Bas ist fort, den Bader holen. Weil der Großvater zum Andres mehr Vertrauen hat als zum Herrn *Stadtphysikus.*

Auf einmal geht die Tür auf – die Els kreischt vor Schrecken. Einer in einem langen Mantel, einem hohen Hut und einer Vogelmaske vorm Gesicht kommt herein. Das Schrecklichste sind seine Handschuhe. Er hat schwarze Handschuhe an wie der Nachrichter.

»Habt keine Furcht«, sagt die Bas, »es ist Andres, der Bader.« Er geht hinauf zum Großvater.

»Er hat sich zum Schutz gegen die Miasmen vermummt«, erklärt die Bas, »er übertreibt gern, der Andres.«

Er bleibt nicht lange oben.

»Ich hab den Meister zur Ader gelassen, damit die kranken Säfte herausgezogen werden«, sagt er. »Sonst kann ich nichts machen. Die Beulen sind groß wie Eier und hart wie Stein. Es ist mir unmöglich, sie auszubrennen oder aufzuschneiden.«

»Wird er gesund werden?«, fragt die Bas.

»Das steht in Gottes Hand. Ich muss dem Rat Mitteilung machen von seiner Erkrankung.«

Die Bas fährt zusammen. »Es ist also –?«

Der Bader hebt die Schultern. »Sieht so aus. Aber der Mensch kann sich täuschen. Liegt alles in Gottes Hand.«

»So ist es wahr? Die Seuche ist in der Stadt?«

»Von einer Seuche weiß ich nichts. Der Meister Hitzig ist der dritte Fall, der mir bekannt geworden. Beschreit es nit, Jungfer Hitzig, der Rat will nit, dass zu viel Unruh einzieht in die Bürgerschaft. Drei Fälle sind noch keine Seuche.«

»Ich bin die Letzte, die darüber redet. Ihr wollt es dem Rat hinterbringen? Wozu?«

»Ich bin dazu verpflichtet«, sagt der Bader.

Die Els nimmt den Wassereimer vom Haken, ich entzünde den Kienspan; denn draußen liegt noch immer der gräuliche Nebel. Aber als wir aus der Tür wollen, ruft eine scharfe Stimme:

»Zurück! Zurück ins Haus, ihr Weiber! Lasst euch ja nit einfallen, das Pesthaus zu verlassen!«

PESThaus?! Was will der Büttel mit dem großen Schloss? Will er unsere Tür verschließen, uns am Ende einsperren?

»Hört«, sage ich, »das ist ein Irrtum. Wir sind alle gesund. Bloß der Großvater hat ein Fieber. Aber die Pest ist es gewisslich nit.«

»Jüngferlein«, sagt er, »man hat mich geheißen Euer Haus abzuschließen. Und ich schließe ab. Man hat mich geheißen zu wachen und ich wache. Ihr müsst es den Herren erklären, wenn Euch Unrecht geschieht.«

»Wie sollen wir ihnen etwas erklären, wenn wir nit hinausdürfen? Und wir brauchen Wasser. Sollen wir verdursten?«

»Nein, nein, gebt den Eimer her, ich hole Euch Wasser.«

Er nimmt den Eimer und drängt uns mit ausgestreckter Hellebarde ins Haus zurück. Dann legt er das Schloss vor. Wir rufen die Bas. Aber sie kann nichts ausrichten. Der Knecht erklärt ihr, dass der Rat ihn beauftragt hat, unser Haus zu bewachen, niemand dürfe hinaus und niemand herein, es sei denn ein Arzt oder Bader. So wir Besorgungen hätten, Wasser holen oder Brot kaufen, werde er das übernehmen. Für ein kleines Entgelt. Damit ging er zum Brunnen.

»Wir könnten hinten hinausgehen, durch das Hofpförtchen in die Hadergass«, sagt die Els.

Aber dann stellen wir fest, dass das Pförtchen von außen vernagelt ist.

»Bleibt noch der Laden. Wir könnten den Laden aufmachen und hinaussteigen.«

»Das lasst bleiben«, sagt die Bas, »wir müssen uns damit abfinden. Gebe Gott, dass der Großvater gesund wird.«

Wir sind eingesperrt.

Der Knecht kommt zurück, reicht uns den vollen Eimer durch die Tür. Die Bas will ihm eine kleine Münze geben, er fährt zurück.

»Ich bitt Euch, legt die Münze in einen Topf mit Essig, dann will ich sie mir herausnehmen.«

Die Bas tut, wie ihr geheißen. Er bedankt sich und sagt:

»So Ihr einen Wunsch habt, klopft an die Tür. Was in meiner Macht steht, will ich tun.«

Damit schließt er uns wieder ein.

»Wir können nichts tun als beten«, sagte die Bas. »Betet.«

Ja, wir beten. Wir hören gar nicht mehr auf zu beten, wir beten, so laut wir können, um das Stöhnen da oben nicht zu hören. Sein Lebtag hat der Großvater nicht gestöhnt. Jetzt stöhnt er. Die Großmutter sitzt bei ihm, taucht Leintücher in die Waschschüssel und kühlt seine Beulen.

Wir bleiben die ganze Nacht am Feuer und beten. Könnten nicht schlafen, auch wenn wir wollten. Der Großvater stöhnt jetzt nicht mehr, er schreit. Erst als der Morgen graut, wird es still hinter der Stubentür.

Die Großmutter kommt herunter. »Er ist eingeschlafen«, sagt sie.

»Ich will dich ablösen, du brauchst Ruhe«, sagt die Bas.

»Nein«, sagt die Großmutter, »er ist mein Mann. Nit nötig, dass du dich ansteckst.«

Sie löffelt das Hafermus, das die Bas gekocht, und trinkt einen Schluck Wein, dann geht sie wieder hinauf.

»Deine Großmutter ist eine tapfere Frau«, sagt die Bas zu mir.

Sie legt erneut Kienholz und Räucherzeug an die glimmenden Holzscheite und der Rauch zieht durchs Haus, dass wir husten. Den Tag über bleibt es still hinter der Stubentür. »Bestimmt wird er wieder gesund, der Großvater«, sagt die Els.

In der Nacht ist ein Laufen im Haus, davon wachen wir auf. Dann hören wir die Bas unten an die Tür klopfen und nach dem Wächter rufen.

»Wir haben einen Toten im Haus, mein Bruder ist verschieden«, sagt sie. »Wir brauchen einen Sarg und morgen früh den Pfarrer.«

»Gute Frau«, sagt der Wächter, »es ist keine Zeit für einen Sarg. Der Tote muss rasch fortgeschafft werden, so will es die Vorschrift. Wickelt ihn in Linnen und legt ihn an die Tür. Ich will derweil Bescheid geben, dass der Karren kommt und ihn holt.«

»Wie? Ohne Pfarrer? Ohne Leichenbegängnis?«

»Dem Pfarrer will ich morgen früh Nachricht geben. Aber der Tote muss fort, so will es die Vorschrift.«

»Barmherziger Gott«, murmelt die Bas, »wie aber sollen wir meinen Bruder herunterschaffen? Wir sind zwei alte Frauen. Und die jungen Mädgen sollen ihn nit berühren.«

»Sofern Ihr gut bezahlt, kommen die Totengräber ins Haus und tragen ihn herunter«, sagt der Wächter.

»Am Geld solls nit liegen«, sagt die Bas.

Die Els und ich sind aufgestanden und haben uns angezogen. Wir gehen hinüber, aber die Großmutter lässt uns nicht in die Stube. Wir müssen an der Tür stehen bleiben, um den

Großvater ein letztes Mal zu sehen. Er sieht so fremd aus. Sein Gesicht ist gelb und entstellt von dunklen Flecken. Wir beten ein Vaterunser, dann befiehlt die Großmutter, wir sollen uns wieder ins Bett legen.

Wie könnten wir uns jetzt ins Bett legen und schlafen? Wir setzen uns eng umschlungen auf die Truhe und warten.

»Horch«, sagt die Els.

Von fern klappern Pferdehufe, langsam kommen sie näher. Wir treten ans Fenster. Das Mondlicht hat den Nebel vertrieben, wir sehen deutlich die magere Mähre mit dem Karren die Gass herunterkommen und vor unserem Haus halten. Es ist ein gar armseliger Karren mit zwei großen Rädern und mit einem Deckel wie ein Sarg.

Der Wächter schließt den Totengräbern unsere Tür auf, wir hören sie mit schweren Schritten unten durch das Haus gehen, die Bas kommt ihnen entgegen, führt sie über den Hof, die Treppe hinauf. Sie betreten drüben die Stube, eine raue Stimme ruft:

»Nehm die Füß, ich nehm de Kopp. Uuund hopp!« Sie stapfen langsam hinunter, offenbar gefolgt von der Großmutter und der Bas. Wir warten am Fenster, bis sie mit der Leiche herauskommen, der Wächter drängt die Großmutter und die Bas mit der Hellebarde zurück, schließt zu. Dann hebt er den Deckel vom Karren, die beiden anderen lassen den Großvater hineinfallen und klappen den Deckel zu.

»Hü«, sagt der eine und gibt der Mähre einen Stoß mit dem Peitschenstiel. Sie ruckt und muss noch zweimal rucken, bis der Karren sich in Bewegung setzt, so elend ist sie.

Da fährt er hin, der Großvater. Gar arm wird er hinausgekarrt. Nicht einer gibt ihm das Geleit. Und hätte ihm doch ein ehrenvoll Leichenbegängnis zugestanden, mit den Herren von der Zunft und allen Gesellen und der Zunftfahne vorneweg.

Auch am nächsten Tag dürfen wir das Haus noch nicht verlassen.

»Vierzig Tage *Quarantena* müsst Ihr einhalten«, sagt der Wächter, »wenn nit vorher ein anderer im Haus krank wird, dürft Ihr sodann hinaus.«

Vierzig Tage? Heute ist der siebente November. Da ist es ja bald Weihnachten, bis wir endlich hinausdürfen.

Abends sitzen wir am Feuer und beten. Auf einmal schüttelt es die Großmutter, dass ihr die Zähne klappern. Sie legt ihr Gebetbuch auf den Tisch und steht auf.

»Es ist so weit. Lebt wohl, ihr Mädgen, bleibt brav.«

Sie will hinauf in ihr Bett, aber sie hätte es nicht geschafft, wenn die Bas ihr nicht geholfen hätte. Unsere Hilfe weist sie zurück.

Jetzt ist es die Bas, die in der Stube ein und aus geht und die Großmutter pflegt. Die wenigen Male, die sie herauskommt, sagt sie immer:

»Betet, ihr Mädgen, betet. Die Großmutter ist ein tapfere Frau. Nit zu sagen, wie tapfer.«

Nur selten hören wir die Großmutter stöhnen. Und schreien muss sie gar nicht. Vielleicht ist es bei ihr nicht so schlimm? Gewiss ist das ein gutes Zeichen.

Am übernächsten Abend hören wir sie rufen: »Marie, Marie!«, ganz laut. Zuerst mein ich, sie ruft Mariezebill, und will hinauf. Aber wie ich schon auf der Treppe bin, merke ich, dass sie nach meiner Mutter ruft. Da bin ich wieder umgekehrt. Und ein paar Minuten darauf kommt die Bas und sagt:

»Sie hat ihren letzten Atemzug getan. Gott sei ihrer Seele gnädig.«

Wir sagen dem Wächter Bescheid und alles geschieht genauso, wie es schon beim Großvater war. Als der Karren sie abgeholt hat, räuchert die Bas aufs Neue das Haus aus.

Wir sitzen am Herd und spinnen oder beten. Der Wächter versorgt uns mit Wasser und Brot und was wir sonst brauchen. So viel brauchen wir nicht, Vorräte haben wir noch reichlich.

Die Quarantena hat sich verlängert. Wir zählen die Tage, bis wir hier rausdürfen. Zehn Tage ist es her, dass sie die Großmutter abgeholt haben, das war am 15. November. Die vierzig Tage sind am 25. Dezember herum. Bis Weihnachten bleiben wir hier eingesperrt.

Wir gucken aus dem Kammerfenster und sehen, wie der Wind an den Bäumen reißt und die roten Blätter herumwirbelt. Wir können es nicht erwarten, bis sie uns hinauslassen. Wir wollen hinaus, wir wollen in den Wind laufen.

»Gibt es viele Tote in der Stadt?«, fragt die Bas den Wächter. »Hat man das Pestilenzhaus eröffnet?«

»Bis jetzt sind es bloß einzelne«, sagt er. »Gott sei Dank ist es nit nötig, das Haus auf dem Klapperfeld aufzumachen.«

Zum heutigen Mittagsmahl hat die Bas einen tüchtigen Becher Rotwein getrunken. Jetzt will sie hinauf in die Kammer, sich aufs Ohr legen. Mit einem Mal fuchtelt sie mit den Händen, als wolle sie sich irgendwo festhalten. Das kommt vom Wein, denke ich und will ihr zu Hilfe eilen. Doch bevor ich bei ihr bin und sie halten kann, sinkt sie zu Boden. Gemeinsam mit der Els will ich ihr aufhelfen, da wird ihr Gesicht plötzlich schwarz von Flecken, aus ihrem Mund kommen blutige Blasen. Sie keucht. Sie will uns etwas sagen, flehend guckt sie uns an. Will etwas sagen, aber sie kann nicht, sie keucht. Und dann – ganz plötzlich sind ihre Augen starr.

»Die Bas ist tot«, sagt die Els.

Wie kann die Bas tot sein?

Wer schreit denn da so furchtbar? Da gellt eine, als gings ihr ans Leben. Es kommt näher, das Schreien, immer näher. Es kommt aus mir selber. Bin ich das, die schreit? Erschrocken schlage ich mir auf den Mund. Wo bin ich überhaupt? Warum hocke ich auf dem Boden? Die Els kniet vor mir und sagt:

»Mariezebill, Mariezebill, bist du wieder bei dir?«

»Was ist denn los?«, frage ich.

»Trink«, sagt die Els und hält mir einen Becher an die Lippen, »trink, denk nimmer daran.«

Ich tue ihr den Gefallen und nippe. Woran soll ich nicht mehr denken?

»Hab ich die Pest?«, frage ich.

»Gott bewahre, nein«, sagt die Els und macht das Kreuzzeichen.

Ich sehe sie zum ersten Mal das Kreuz schlagen. Wenn wir im Dunkeln im Bett lagen, hab ich manchmal gemerkt, dass sie nach dem Nachtgebet mit der Hand herumfuchtelt, und hab mir gedacht, dass sie das Zeichen macht. Aber bei Tag habe ich sie es nie machen sehen. Und seit langem hat sie sich abgewöhnt, die Muttergottes anzurufen.

Ich stehe auf. »Was ist geschehen? War ich ohne Besinnung?«

»Ja«, sagt die Els.

Warum sagt sie nicht, was los ist? Ich muss Bescheid wissen. Ich gehe in die Heymlichkeit. Dort schiebe ich die Ärmel hoch, rolle die Strümpfe hinunter, hebe den Rock und besehe meinen Bauch. Kein einzig Flecklein. Nicht die Spur einer Beule. Heiß ist mir auch nicht.

»Wo ist denn die Bas?«, frage ich, als ich in die Küche zurückkomme.

»Mariezebill, die Bas ist doch –« Die Els fängt jämmerlich an zu greinen.

»Ist sie krank?«

Die Els schluchzt.

Ich renne hinauf in unsere Kammer. Es ist kein Bettzeug mehr auf der Bas ihrem Bett. Ich bin wie versteinert.

Die Els kommt hinter mir her.

»Weißt du denn nit mehr, Mariezebill, wie die Bas nach dem Mittagessen aufgestanden ist und –«

»Doch, das weiß ich. Und was war dann? Wo ist sie hin?«

»Mariezebill, die Bas ist tot.«

»Du närrisch Mensch –« Ich beginne zu lachen. »– wie kann denn die Bas tot sein? Die Bas! Du musst mich nit foppen. Wo ist sie hin?«

»Sie ist tot. Sie haben sie schon geholt, Mariezebill.«

Ich gehe auf die Els los und schlage ihr ins Gesicht.

»Warum hast du das zugelassen? Wie kannst du zulassen, dass sie die Bas abholen, wo sie doch lebt? Mich führst du nit hinters Licht, ich weiß, dass sie lebt.«

Hinaus. Ich muss auf der Stelle hinaus, ich muss sie aus der Grube holen. Sie haben sie lebendig hinuntergeworfen. Lebendig.

Ich renne hinaus, stoße den Laden auf. Die Els kann mich nicht halten, die doch nicht. Ich bin stark, ich muss der Bas helfen. Ich springe hinaus. Da steht der Wächter vor mir und lässt mich nicht weiter. Ich will ihm an die Gurgel, da bindet er mir die Hände mit einem Strick. Schlingt mir den Strick um und um und bindet mir die Arme am Körper fest. Ich spucke ihn an, ich knirsche mit den Zähnen.

»Schafft sie ins Tollhaus«, rufen die Leut, »die ist nit normal.« Wo kommen auf einmal die vielen Menschen her? Weg, ich muss fort, die Beine hat er mir nicht gefesselt.

Ich komme nicht weit, er holt mich ein, schmeißt mich zurück ins Haus.

Die Els schließt den Laden. Draußen hämmern sie, sie nageln Hölzer vor den Laden.

Ich schreie, ich tobe. Es nutzt nichts. Die Els nimmt mir nicht einmal die Fesseln ab. Es gelingt mir nicht, hinauszukommen.

Ich weiß nicht, wie lange ich getobt hab, zuletzt war ich so matt, da muss ich wohl zusammengesunken und eingeschlafen sein. Ich werde wach, da steht die Els vor mir, will mir zu essen und zu trinken einflößen. Ich drehe den Kopf weg.

»Du falsches Mensch«, sage ich, »von dir nehme ich keinen Bissen und wenn ich verhungere. Wie hast du die Bas im Stich lassen können?«

»Ich hab sie nit im Stich gelassen. Bei der Mutter Gottes schwöre ich – nie hätt ich die Bas im Stich gelassen, nie!«

»Du hast zugelassen, dass sie sie holen.«

»Ja, weil sie tot ist, Mariezebill. Wirklich und wahrhaftig, tot.« Der Els laufen die Tränen übers Gesicht.

»Mach mir die Fesseln ab, ich muss auf den Kirchhof. Wenn ich es sehe, wenn ich mit meinen Augen sehe, dass die Bas tot ist, dann glaub ich es. Vorher nit.«

»Du weißt doch, wie sie den Becher ausgetrunken hat nach dem Mahl?«

»O ja, das weiß ich. Muss man nit lebendig sein um zu trinken?«

»Freilich. Und hinterher, wie sie geschwankt hat, wie wir sie halten wollten? Und waren nit schnell genug, da ist sie umgesunken.«

»Doch, ja. Das ist vom Wein gekommen.«

»Kriegt man schwarze Flecken vom Wein? Oder blutigen Schaum vor dem Mund?«

»Schweig«, sag ich, »ich kann es nit glauben.«

»Du hast es gesehen, Mariezebill, du willst es nit glauben. Du hast gesehen, wie sie plötzlich schwarz geworden und –«

Ich mache die Augen zu, ich möchte mir die Ohren zuhalten um nichts zu hören. Aber das geht nit, ich bin immer noch gefesselt.

»Nein, nein, nein, es ist nit wahr!«

Die Els sagt nichts mehr. Kann sie Recht haben? Stimmt es, was sie sagt? Es kann nicht sein, es kann nicht. Jetzt kommt mir das Bild in den Kopf. Wie die Bas ganz plötzlich fleckig schwarz wird. Nein, das hat mir die Els bloß eingeredet, so ist es nicht gewesen.

»Els«, sage ich, »ich muss dorthin, ich muss. Ich muss wissen, ob sie lebt oder nit. Hilf mir.«

»Gut«, sagt die Els, »wir können es probieren. Aber du bist viel zu schwach, um den Wächtern zu entkommen. Jetzt haben sie vor der Tür noch einen zweiten postiert. Du hast zwei Tage nit gegessen und getrunken. Versprich mir zu essen und zu trinken, dann mache ich dir die Fesseln ab. Wenn du nachher bei Kräften bist, überlegen wir, wie wir hinauskommen.«

Els, Els, sterb nit!

Die Els hat mir die Fesseln abgenommen. Ich schwenke die Arme und schüttle die Hände, damit wieder Leben hineinkommt.

Dann setze ich mich an den Tisch und esse, was sie aufgetragen hat. Plötzlich habe ich großen Hunger. Ich esse und bin auf einmal froh, weil die Els mich nicht im Stich lässt. Nach dem Essen müssen wir einen Plan machen, wie wir aus dem Haus kommen.

»Hast du keinen Hunger, Els?«

Sie sitzt vor einem Krug Wasser und trinkt. Aber sie isst nicht.

»Mariezebill«, sagt sie, »ich hab einen gewaltigen Durst. Ich trinke und trinke und kann ihn nit löschen. Mir ist, als ob inwendig ein Feuer in mir brennt.«

Zum ersten Mal gucke ich sie wieder richtig an. Ich werde inne, dass sie heiß und rot ist und ihre Hände zittern. Und –

»Was ist das, Els, was hast du da am Hals?«

Ich strecke die Hand aus und befühle die Geschwulst. Sie ist hart.

»Mariezebill«, sagt sie, »mir ist so übel.« Sie steht auf und muss sich am Tisch festhalten, so schwankt sie. »Ich fürchte, du musst allein zum Kirchhof. Ich hab es versprochen, aber – sei mir nit bös. Ich glaub, ich hab die Pest.«

Die Pest. Die Pest. Die Pest. Die Els hat die Pest. Die Els.

»Els, du musst ins Bett.«

Sie liegt im Bett und klappert mit den Zähnen.

»Weißt du was, Els? Ich wärme dir das Bett mit der Bettpfanne. Warte, gleich bin ich zurück, ich mache bloß die Kohlen dafür heiß.«

Immer hat die Els die fürnehme Bettpfanne der Großeltern bewundert, jetzt kann mich niemand mehr hindern, ihr damit das Bett zu wärmen.

Aber wie ich mit der heißen Pfanne komme, glüht sie und schreit nach Wasser. Ich laufe hinunter an die Tür und poche.

»Was begehrt Ihr, Jüngferlein? Tobt sie noch immer?«

Er denkt, es ist die Els. Er spricht von mir.

»Nein, nein, alles in Ordnung. Wir brauchen Wasser, rasch!«

Er öffnet und ich schmeiße den Wassereimer durch den Türspalt. Als er mich sieht, fährt er zurück.

»Habt keine Angst, ich lauf nit weg. Das Wasser, rasch!«

Wie ich wieder hinaufkomme, sitzt die Els auf dem Brunzhafen. Und was aus ihr herausläuft, das stinkt gar entsetzlich. Ich trage den Hafen hinunter in die Heymlichkeit, dann nehme ich an der Tür den Wassereimer entgegen.

»Geht zum Bader, ich bitt Euch. Er soll schnell kommen. Die Els ist krank.«

»Oh«, ruft er, »das muntere Jüngferlein? Das dauert mich.«

Was hat die Els ihn zu dauern? »Eilt Euch«, rufe ich.

Abwechselnd muss ich die Els wärmen und kühlen. Friert sie, leg ich ihr die heiße Bettpfanne ins Bett und türme Kissen und Decken, alles, was davon im Haus ist, auf sie. Ist ihr heiß, so werfe ich die Hüllen aus dem Bett und wasche ihr den Leib mit Leintüchern, die ich zuvor in kaltes Essigwasser tauche. Ihre Arme und Beine, ihr ganzer Leib sind übersät mit schwarzen Frieseln. Wann kommt bloß der Bader?

»Wann gehst du zum Kirchhof?«, fragt sie.

»Ich geh nit. Die Bas ist tot.«

Es ist mir jetzt gewiss, dass die Bas tot ist. Für Zweifel hab ich keine Zeit.

Unten wird an die Tür geklopft. Das muss der Bader sein, endlich. Ich laufe hinunter.

»Wer ist da?«

»Der Pfarrer will mit Euch reden, Jungfer«, ruft der Wächter. »Macht die Klappe auf.«

Wir haben eine kleine Klappe in der Tür, die wir sonst nicht brauchen. Wenn ich etwas vom Wächter will, schließt er die Tür auf und wir schieben den Wassereimer, den Essigtopf mit den Münzen oder was es sonst sei, durch den Türspalt.

Was will der Pfarrer? Die Klappe klemmt, ich kann sie nur mit Mühe öffnen.

»Gott zum Gruß, Herr Pfarrer«, sage ich.

»Gott zum Gruß, Marie-Sibylle. So bist du denn allein mit der Magd übrig geblieben, du armes Kind?«

Ich habe keine Zeit für sein Süßholz. »Ja, Herr Pfarrer. Die Els ist krank. Ich habe gemeint, es wäre der Bader. Entschuldigt, ich muss wieder hinauf.«

»Gott sei es geklagt, der Bader weilt nit mehr unter uns. Der Herr hat ihn mit der Seuche gestraft für seine Sünden.«

Gestraft? Ha, hat er vielleicht auch die Bas gestraft oder den Großvater? Was haben sie Böses getan? Oder die Großmutter, die alleweil bloß Kummer gehabt hat um die toten Kindlein und um meine Mutter?

»Marie-Sibylle«, sagt der Pfarrer, »ich bin gekommen, um mit dir zu beten.«

»Herr Pfarrer, ich muss hinauf, die Els kriegt keine Luft.«

»Um so mehr tut es Not, zu beten, liebes Kind.«

Ich bin ungeduldig, aber anders werde ich ihn wohl nicht los. Das Beten kann nicht schaden, tu ich ihm halt den Gefallen. Ich falte die Hände, senke meine Augen und spreche die Worte nach, die er mir vorspricht. Gut, dass er nicht sehen kann, wie ich ungeduldig von einem Fuß auf den anderen trete.

»Amen«, rufe ich, als er endlich fertig ist, und will die Klappe zuschlagen.

»Halt«, ruft er.

Was jetzt noch?

»Höre, Marie-Sibylle, wenn du die Quarantena wohlbehalten überstehst, so sollst du in unser Haus kommen. Mein Eheweib und ich, wir wollen dich aufnehmen und als rechte Hauseltern behüten, damit du nit etwa auf Abwege kommst, du arme Waise.«

»Danke, Herr Pfarrer«, sage ich. Er ist wirklich ein frommer Herr. Ich habe ihn immer für einen alten Sauertopf gehalten. Da habe ich ihm wohl Unrecht getan.

»Der Herr segne dich und behüte dich und gebe dir Kraft, die Magd zu pflegen, mein Kind«, ruft er und erhebt die Hände aus den schwarzen Flatterärmeln. Er sieht just wie eine Krähe aus, die gerade abheben will.

Gerade noch rechtzeitig komme ich hinauf, um die Els vom Fenster wegzureißen, durch das sie hinunterspringen will.

»Mariezebill, so lass mich doch«, ruft sie, »das Feuer verbrennt mich sonst. Ich will hinunter zum Fluss, ich muss ins Wasser. So viel ist gewiss, wenn ich den Main hinunterschwimme, werd ich gesund. Das Wasser wird das Feuer löschen.«

Mit Gewalt zerre ich sie vom Fenster zurück.

»Trink, Els, das löscht auch«, sage ich und halte ihr den Krug hin. Dann wasche ich sie mit kaltem Essigwasser, bis sie schnattert. Jetzt kriege ich sie wieder ins Bett und stopfe die Decken um sie her fest und türme die Kissen auf sie. Jetzt kann sie mir nicht entwischen.

Tag und Nacht geht es so weiter. Und die Beule an ihrem Hals wird immer größer und tut gar weh. Und ständig bin ich unterwegs mit dem Wassereimer, den mir der Wächter füllen muss, oder mit dem Hafen voll stinkender Brühe, den ich in den Abtritt leere. Und jedes Mal hab ich Angst, sie springt aus dem Fenster, wenn ich nicht bei ihr bin.

Einmal vergesse ich mich und rufe: »Els, Els, sterb nit.«

»Wenn du mich zum Main lässt, sterb ich nit«, röchelt sie, »das Wasser macht mich gesund.«

Aber wie kann ich sie fortlassen?

Morgens in der Frühe ist sie meist ruhiger. Dann schläft sie ein wenig und ich liege neben ihr und schlafe auch. Jeden Morgen hoffe ich, sie hat es überstanden, aber das Feuer in ihrem Inneren wacht jedes Mal wieder auf. Und die Beule an ihrem Hals ist so groß, dass die Backe mächtig angeschwollen und ihr Gesicht ganz schief gezogen ist.

Einmal wacht sie auf und ist ganz klar. Sie guckt mich an und sagt:

»Warum schützt du dich nit? Warum bindest du dir kein Essigtuch vors Maul? Und warum ziehst du keine Handschuhe an?«

Wozu mich schützen? Wenn die Els die Pest hat und stirbt, will ich auch die Pest haben und sterben.

Aber so weit sind wir noch nicht. So einfach lass ich sie

nicht sterben. Alle Stunde holt der Wächter frisches Wasser vom Brunnen. Er murrt, aber er geht. Her damit, ich muss es löschen, das verdammte Feuer in der Els! Her mit dem Wasser!

Andere Medizin hab ich nicht. Das letzte Räucherwerk hab ich schon lange verbrannt. Und geholfen hat es nichts. Im Gegenteil, die Els hat sich gewälzt vor Husten und sich das Hemd vom Leib gerissen, so sehr hat der Rauch sie inwendig gekratzt.

Alle Tage kommt der Pfarrer an die Klappe und hält mich auf mit seiner Beterei. So unentwegt haben wir miteinander gebetet, die Großmutter, die Bas, die Els und ich. Und was hat es genutzt? Der Großvater tot, die Großmutter tot und die Bas auch.

Der HERR liebt uns. Er züchtigt uns, weil er uns liebt, sagt der Pfarrer. Das scheint mir arg unvernünftig. Ich wollte keinen züchtigen, den ich lieb habe. Manchmal zweifle ich daran, ob Gott all die Gebete überhaupt hört. Wie kann er gleichzeitig so viele Gebete hören, von all den Kranken und Gesunden, die ihn bitten?

Dem Pfarrer kann ich freilich nicht damit kommen, er würde mir bloß Bosheit und Unglauben vorhalten. Ich schlage die Augen nieder und murmle seine Gebete mit. Vielleicht helfen sie ja doch.

Und wenn die Els gesund wird, dann will ich gewiss, ganz gewiss nie wieder murren, das verspreche ich dir, lieber Gott. Dann werd ich ganz gewiss an nichts mehr zweifeln, was der Pfarrer sagt. Bitte, mach sie gesund, bitte!

Der liebe Gott hat mich erhört. Vorgestern ist die Beule aufgebrochen. Große Mengen Unrat, Eiter und Blut sind herausgequollen, wollten gar nicht mehr aufhören zu fließen. Der Unrat hat gestunken wie verwestes Fleisch. Hab meinen

Abscheu überwinden müssen und das Würgen unterdrückt, als ich mit sauberem Leinen den Eiter aufgesaugt und die tiefe Wunde sauber gemacht habe.

Sie muss jetzt nicht mehr schnattern, die Els, und das Feuer brennt sie nicht mehr. Sie ist arg schwach und schläft den lieben, langen Tag. Aber ich bin gewiss, sie wird gesund.

»Herr Pfarrer«, rufe ich und reiße die Klappe auf, »Herr Pfarrer, der Herr hat geholfen. Die Els wird gesund!«

»So lasset uns Gott danken«, sagt er und murmelt seine Gebete, genauso langweilig und trübselig wie alle Tage. Freut er sich denn nicht?

»Höre, Kind –« Er tritt nahe an die Klappe und redet auf einmal ganz leise. »– dein Großvater hat doch wohl ein Testament hinterlassen?«

»Ich weiß nit«, sage ich, »gewiss wird der Albrecht das Haus und die Werkstatt und alles erben.«

»Gewiss, gewiss. Doch der Albrecht ist in Nürnberg. Man muss das Testament sicherstellen, besonders aber das Bargeld. Es ist doch Bargeld da?«, fragt der Pfarrer.

»Ich weiß nit. Viel kann es nit sein. Es ist lange Zeit her, dass der Großvater etwas eingenommen hat. Und die Bas und in letzter Zeit ich, wir haben dem Wächter viele Münzen geben müssen. Es hat alles gekostet, das Wasserholen und Brot und Räucherzeug und einmal Honig.«

»Honig?«, fragt der Pfarrer. »Hast du Honig kommen lassen?«

»Ich nit, das war die Bas«, sage ich.

Aber jetzt werde ich wohl Honig kommen lassen und Lebkuchen und andere Schleckbisslein, fällt mir ein. Damit die Els bald gesund wird. Aber ich sage es nicht laut, weil ich merke, dass der Pfarrer es nicht gutheißen würde.

»Ich sehe wohl, einer muss ein Auge auf dich haben, Kind, dass du dein Hab und Gut nit verschleuderst. Forsche nach deines Großvaters Testament. Und suche vor allem nach den

Spargulden. Gewiss hat der Großvater alles in der Truhe oder im Schrank verwahrt. Ich werde es an mich nehmen und für dich aufheben, damit dir kein Ungemach geschieht.«

»Was für Ungemach, Herr Pfarrer?«

»Nun, Spitzbuben gibt es genug, die einem armen Mädgen den Spargroschen wegnehmen. Auch gehört es sich nit, dass ein Weib und gar eine unmündige Jungfer größere Mengen Geldes verwaltet. Du würdest es nur unnötig verschwenden, mein armes Kind.«

»Ich kann ja nachforschen, Herr Pfarrer. So ich etwas finde, will ich es Euch geben, dass Ihr es aufhebt. Aber es ist nit gewiss, dass ich viel finde.«

Schon am nächsten Tag steht der Pfarrer wieder vor der Klappe. Nachdem wir gebetet haben, fragt er, ob ich denn das Testament und das Ersparte gefunden hätte.

»Nein, Herr Pfarrer«, sage ich und verrate nicht, dass ich ganz vergessen habe, danach zu suchen.

»So du nichts in Schrank und Truhe findest, musst du unter den Strohsäcken nachschauen. Auch möchte es sein, dass das Geld nit in einem Beutel, sondern in einem Topf, einem Strumpf oder dergleichen verwahrt ist.«

»Ja, Herr Pfarrer.« Ich weiß nicht warum, aber es gefällt mir nicht, dass er alleweil danach bohrt.

»In zwanzig Tagen erst ist die Quarantena vorbei. So Leid es mir tut, du wirst das Weihnachtsfest allein im Haus verbringen müssen. Ertrage die Prüfzeit mit Geduld, der Herr wird dich mit dem Einzug in meine Familie gnädig entlohnen.«

Wieso redet er eigentlich immer bloß von mir und nie von der Els?

»Ich bin ja nit allein, Herr Pfarrer. Die Els ist doch bei mir. Sie freut sich auch schon darauf, wenn wir zwei bei Euch einziehen dürfen.«

»Aber, aber, liebes Kind, was faselst du da? Von der Magd war doch gar nit die Rede.«

»Aber Herr Pfarrer, wo soll sie sonst hin? Und – und die Els ist gar geschickt. Sie versteht sich aufs Arbeiten, die Frau Pfarrerin wird ihre helle Freude haben.«

»Schreib dir das aus dem Kopf, Marie-Sibylle. Wir haben schon zwei Mägde und genug Mäuler zu stopfen. Preise dich glücklich, dass wir dich um des Herrn willen aufnehmen. Die Magd muss sehen, wo sie bleibt.«

»Wir gehören aber zusammen, die Els und ich. Man darf uns nit auseinander reißen.«

»Gott gebe deinem Unverstand Erleuchtung«, seufzt der Pfarrer, »so du ferner barmherzige Aufnahme in meinem Haus finden willst, verweise ich dir die unbotmäßige Rede. Eine so unbescheidene und gröbliche Aufführung kann ich dir gewiss nit durchgehen lassen.«

»Ohne die Els kann ich nit in Euer Haus kommen, Herr Pfarrer«, sage ich.

»Marie-Sibylle, wie sprichst du mit deinem Wohltäter? Der Herr wird dich strafen, noch hast du die Quarantena nit überstanden! Bedenke deine Worte, geh in dich.«

Ich stehe da und weiß nicht, was ich sagen soll.

»Ohne die Els komm ich nit.« Ich gucke ihn trotzig an.

Sein Kopf wird auf einmal feuerrot. »So du mir Abbitte tun willst, darfst du nach mir schicken. Vorher siehst du mich hier nit wieder.«

Damit dreht er sich um und geht beleidigt die Gass hinunter. Der Wächter tritt vor die Klappe, kneift ein Auge zu und sagt: »Dem habt Ihrs aber wacker gegeben, Jüngferlein.«

Ich nicke und will die Klappe schließen, da sagt er:

»Einen Augenblick noch! Ich wünsche der Jungfer Els gute Genesung. Und gebt ihr das.« Er reicht mir ein Lebkuchenherz durch die Klappe, das erste, das ich in diesem Advent sehe.

»Danke«, sage ich. »Ach – wie heißt Ihr denn?«

»Willem«, sagt er.

Seit Wochen wacht er vor unserem Haus, plötzlich hat er einen Namen. Heißt Willem und ist gar kein Feind.

Ich werfe der Els den Lebkuchen auf die Decke. »Da wünscht dir einer gute Genesung. Dreimal darfst du raten, wer.«

»Doch nit der Pfarrer?«

»Gewiss nit, der schenkt keinem einen Lebkuchen, der –«

»Aber von wem ist er dann? Vom Willem oder vom Kurt?«

»Wer ist denn der Kurt?«

»Einer von den Wächtern.«

»Sind es denn zwei?«

»Mariezebill, was kriegst du eigentlich mit? Freilich sind es zwei. Sie müssen sich doch abwechseln, sie müssen doch auch schlafen.«

»Und du weißt sogar, wie sie heißen!«

»Freilich weiß ich das. Nun sag schon, das Herz ist – vom Willem?«

»Du hast es geraten.«

Auf einmal sieht sie so fröhlich aus, die Els. Seltsam.

»Els, ich bitte mir aus – Els, fang mir nix mit Minne an. Keine Unzucht in unserem Haus!« Wir lachen wie närrisch.

Nachdem wir fertig gelacht haben, berichte ich der Els, dass ich den Pfarrer beleidigt habe und dass ich nicht in sein Haus gehe, weil er sie nicht aufnehmen will.

»Willst du es dir nit überlegen, Mariezebill? Ich schlage mich schon irgendwie durch.«

»Was?! Du willst fort, willst mich verlassen?«

Die Els schüttelt den Kopf: »Gewiss nit.«

Und dann geben wir uns die Hand darauf, dass wir einander nie und nimmer verlassen wollen.

Wo sollen wir aber hin?

»Mir graust es in dem leeren Haus«, sagt die Els.

Mir auch. Am schlimmsten ist es, wenn ich durch die dunkle Led gehe, wo Gerät und Werkzeug verlassen daliegen und nix mehr sich rührt, dort, wo früher so viel Leben und Schaffen war …

Und wenn der Albrecht zurückkommt, können wir auch nicht bleiben. Wir haben nicht vergessen, dass er der Els einen Schaden tun wollte.

»Wir können uns einen Dienst suchen«, sagt die Els.

»Wer nimmt denn gleich zwei Mägde auf einmal?«, frage ich. »Und hast du vergessen, wie täppisch ich bin? Ich bin nit so geschickt wie du, mich würden sie bald davonjagen.«

»Dafür bist du gelehrt«, sagt die Els.

»Gelehrt? Ha, ich wollte, ich wäre es. Aber satt wird man davon sowieso nit.«

»Ich hab mir alles überlegt«, sagt die Els am anderen Morgen, »wir haben zweierlei Möglichkeit.«

»Und welche?«

»Entweder wir machen uns auf den Weg und suchen den Plunzer oder –«

»Den Plunzer? Bist du närrisch? Selbst wenn wir ihn finden, was sollten wir bei ihm?«

»Er ist dein Vater, er muss dich beschützen. Er muss für dich sorgen.«

»Er ist doch im Heer, wie soll er das machen?«

»Er ist ein mächtiger Herr, bei ihm hätten wir es besser als die gemeinen Leute im Tross.«

»Hast du nit Angst vor den Soldaten, Els?«

»Freilich hab ich Angst. Aber wenn wir selber dazugehören, haben die anderen Angst vor uns. Und vielleicht –«

»Vielleicht was?«

»Vielleicht treffen wir sogar meinen Vater oder die Brüder …«

»Ach, Els, wie soll das möglich sein? Wir wissen ja nit einmal, wo wir den Plunzer suchen sollten. Und er ist ein Hauptmann. Wie könnten wir die Deinigen finden? Du weißt ja nit einmal, auf welcher Seite sie kämpfen. Und in welchem der vielen Regimenter. Und in jedem Regiment gibt es tausend und abertausend Soldaten.«

»Ich hab ja bloß gemeint. Manchmal schickt die Muttergottes ein Wunder …« Die Els starrt ins Leere. Es ist schon lange her, dass sie so seltsam geguckt hat.

Selbst wenn ich wüsste, wo er ist, ich wollte auf keinen Fall zum Plunzer. Er ist mir einfach zuwider.

»Els –« Ich fasse behutsam nach ihrer Hand, sie soll zurückkommen von dort, wo sie jetzt ist. »– Els, du hast was von zweierlei Möglichkeiten gesagt.«

Sie fasst sich. »Wenn wir nit zu den Soldaten können, dann müssen wir unter den Schutz der Heiligen Frauen.«

»In ein Nonnenkloster?«, frage ich entsetzt. »Aber Els, ich bin doch lutherisch.«

»Na und? Hat einer von den anderen gemerkt, dass ich katholisch bin? Ich hatte es gut bei euch. Und du wirst es gut bei den Heiligen Frauen haben.«

»Sie werden den Schwindel doch merken, ich kann ja eure Gebete nit. Und den ganzen Hokuspokus mit Kreuzzeichen und Kniebeugen.«

»Sag nit Hokuspokus, ich sag zu eurem Bibellesen auch nit Hokuspokus. Es ist alles viel einfacher, als du denkst. Das Vaterunser geht ganz ähnlich wie bei euch. Das Ave Maria bring ich dir bei – wenn ich es noch kann. Und sonst beten und singen sie sowieso lateinisch. Brauchst bloß Amen zu singen. Und Kniebeugen machst du, wenn die anderen sie machen. Und das Kreuzzeichen geht so – guck.«

Sie macht es blitzschnell, ich könnte es beim besten Willen nicht nachmachen.

»Es geht trotzdem nit, Els. Du kannst arbeiten, dich können sie brauchen. Aber ich stelle mich doch so täppisch an, dass sie mich gewiss wieder fortschicken.«

Die Els denkt eine Weile nach. Dann strahlt sie.

»Von meiner Mutter hab ich gehört, die *Altmunsteren* zu Mainz sollen gar gelehrte Frauen sein. Sie schreiben und studieren und können Latein. Vielleicht können sie dich zum Schreiben gebrauchen?«

»Haben sie am Ende auch Bücher, Els?«

»Bücher? Ha, das glaube ich wohl. Hundert, vielleicht sogar tausend Bücher.«

Tausend Bücher? Mein Herz pocht.

»Aber was würde der Großvater sagen, wenn ich papistisch werde?«

Er war ja sogar dagegen gewesen, dass Katholische in die Zunft aufgenommen werden.

»Gutheißen würde er es nit«, räumt die Els ein. »Aber die Bas – die Bas hat immer gesagt: ›Man kann dem lieben Gott auf die alte Weis dienen oder man kann ihm dienen, wie es der Herr Doktor Luther gelehrt hat.‹«

Ja, das hat die Bas gesagt. Die Els hat es sich gut gemerkt. Die Bas hat immer den Kopf geschüttelt über den schrecklichen Krieg und gefragt: »Warum wollen sie sich nit vertragen, warum lassen die einen die anderen nit glauben, was sie wollen? Warum müssen sie einander zwingen?«

»Zeig mir noch mal, wie das Kreuzzeichen geht. Aber langsam«, flüstere ich.

Fluchtpläne

Jeden Tag kommt die Els mehr zu Kräften. Ich schicke den Willem fleißig nach Zimtwecken, Lebküchlein und Honig.

»Honig geht direkt ins Blut«, hat die Bas immer gesagt. Und wenn wir genug Süßes gegessen haben, lassen wir uns Speck und Würste holen. Und Milch und Käs und Eier sowieso. Wenn der Großvater wüsste, wie wir schlemmen! Zum Glück sind noch immer genug Münzen und einige Gulden in des Großvaters Geldbüchse. Ich traue mich nicht, nach dem Testament und dem Gesparten zu suchen. Ich meine alleweil, es wäre unrecht.

Wir haben auch genug Holz im Schuppen und können den Herd gut einheizen. Das ist wahrhaftig nötig, denn es ist arg kalt geworden. Obwohl noch nicht Weihnachten ist, schneit es gar lustig. Die Els und ich stehen am Fenster und gucken den Schneeflocken zu. Und freuen uns darüber, auch wenn wir immer noch hier eingesperrt sind. Aber ins Höfchen können wir, Luft schnappen. Und auf einmal, die Els hat damit angefangen, bewerfen wir uns mit Schneebällen. Ich treffe freilich selten, aber es ist trotzdem lustig.

»Auf der ganzen Welt ist nix so rein wie der Schnee«, sagt die Els. »Am liebsten möchte ich mich damit einreiben. Mir ist, als könnte der Schnee die Pest ganz und gar vertreiben.«

Warum nicht? Ist ja keiner da, der es uns verwehrt. Wir schippen Schnee in den Wassereimer und nehmen ihn mit hinein. Wir ziehen die Kleider aus und waschen uns am ganzen Leib mit dem sauberen, kalten Schnee. Schade, dass er so schnell schmilzt. Noch bevor wir ganz fertig sind, ist mehr Wasser als Schnee im Eimer.

Es scheint, die Pest will mich verschonen. Weil ich mich mit Schnee gewaschen habe? Oder weil der Herrgott die Hand über mich hält? Aber der Schnee kommt ja auch vom Himmel.

Jeden Tag bedanke ich mich beim lieben Gott, dass er die Els gesund gemacht hat. Jetzt springt sie schon seit drei Wochen wieder herum. Ein Arzt ist nicht hergekommen, aber der Willem sagt, die Herren haben alles aufgeschrieben, und wenn die Quarantena vorbei ist, kommen sie in unser Haus, untersuchen uns und schreiben uns Gesundheitspässe. Dann erst dürfen wir hinaus.

Die Quarantena hat sich wegen der Els wieder verlängert, am zehnten Januar ist sie zu Ende. Bis dahin sind es noch achtzehn Tage und übermorgen ist Weihnachten.

Noch immer haben wir keinen festen Plan. Gewiss ist aber, dass wir in den Schutz eines Klosters wollen. Und ebenso gewiss ist, dass wir nicht zu den Reuerinnen ins Weißfrauenkloster können, weil am Ende herauskommt, dass ich die Enkelin vom Kannengießer Hitzig und evangelisch bin. Deswegen müssen wir aus Frankfurt fort.

»Und keiner darf wissen, wohin, sonst erhebt der Pfarrer ein großes Geschrei«, sage ich.

»Aufs Land können wir aber auch nit, dort sind die Klöster nit sicher«, sagt die Els. »Die Soldaten rauben und sengen auch in den Klöstern. Sie schänden sogar die Heiligen Frauen. Wir müssen hinter Stadtmauern.«

Die Els fängt immer wieder von den Altmunsteren in Mainz an. Weil ihre Mutter aus Mainz war und bei ihnen gedient hat, als sie jung war.

»Es soll gar schön sein dort. Sie haben eine Mühl und einen Weiher mit Fischen. Und einen großen Garten. Und Äcker und Wiesen. Und«, setzt sie schnell hinzu, »sie sollen auch gar gelehrt sein.«

»Der Großvater hat gesagt, Mainz ist voller Franzosen. Wer weiß, was die dort anstellen. Und wie kommen wir überhaupt nach Mainz?«

Das ist die große Frage. Wie kommen wir aus der Stadt hinaus, ohne dass einer was merkt?

»Ich habs«, schreie ich, »ich habs! Wir müssen uns verkleiden. Wir gehen als Burschen, als fahrende Schüler.«

Wir tanzen in der Küche herum vor Freude, dann springen wir die Treppe hinauf und wühlen in Schrank und Truhe nach alten Sachen vom Albrecht.

Was für ein Glück, dass die Großmutter alles aufgehoben hat, was ihm zu klein wurde. Was finden wir für schöne Sachen! Nicht nur Pluderhosen und Wämser, nein, wir finden auch zwei Mäntel, einer davon mit Samtbesatz. Und einen Schlapphut mit Straußenfeder. Oh, und die Stiefel mit Spitzen über den Stulpen, die passen mir wie angegossen. Bloß für die Els finden sich keine passenden Schuhe.

»Du kriegst meine Lederschuhe«, sage ich. »Holzschuhe ziemen sich nit für fahrende Schüler.«

»Schlapphut haben wir auch bloß einen, ich nehme die Kappe«, sagt die Els.

Ich finde einen Schlapphut vom Großvater.

»Der ist mir viel zu groß, da nehme ich doch lieber die Kappe.«

»Nein, du nimmst den Schlapphut vom Albrecht, ich nehme den vom Großvater. Für mich kann er gar nit groß genug sein.«

Die Els versteht schon, warum. Der Hut verdeckt nicht bloß mein Auge, er fällt mir über das halbe Gesicht.

Ist es eine Sünd, in der Trauerzeit zu lachen? Die ganze Familie ist gestorben und ich lache schon wieder. Der Pfarrer würde sagen, es ist eine arge Sünd, es gehört sich nicht. Und doch bin ich oft gar traurig, wenn ich an die Toten denke. Vor allem wegen der Bas.

Aber es ist eine gewaltige Freud, dass die Els und ich am Leben geblieben sind. Und dass wir von hier fortkommen und als fahrende Schüler in die Welt gehen. Da wird man doch noch lachen dürfen?

»Mit Pluderhosen an und einem Schlapphut auf dem Kopp fühlt man sich gleich viel freier«, sagt die Els.

»Ja«, sage ich, »man sollte den Kerlen Röcke anziehen, sie in Mieder zwängen und ihnen artige Hauben auf die Zottelköpp setzen. Dann könntest du sehen, wie verschämt und züchtig sie auf einmal umhergingen.«

Wir kreischen vor Lachen, wir können gar nicht mehr damit aufhören.

Beim Wühlen in Kisten und Kasten finde ich wahrhaftig einen Akt, auf dem mit des Großvaters Handschrift TESTAMENT geschrieben steht. Und ich finde die eiserne, flache Kassette vom Großvater. Jetzt fällt mir auch ein, dass er manchmal, wenn er einen größeren Betrag eingenommen oder eine große Ausgabe hatte, die Kassette hervorgeholt und aufgeschlossen hat. In der Kassette muss er sein Vermögen aufbewahrt haben.

»Willst du den Akt nit aufmachen und lesen, was der Großvater verfügt hat?«, fragt die Els.

»Nein«, sage ich erschrocken, »das wäre unrecht.«

»Wo verstecken wir es aber, damit es nit in die falschen Hände fällt?«, flüstert die Els.

Das weiß ich auch nicht. Dem Pfarrer traue ich nicht mehr über den Weg.

»Und was ist das?« Die Els hält ein samten Beutelein in die Höhe, daran ist ein Zettel. Auf dem Zettel steht:

Eigentum von Marie-Sibylle Vogel, übergeben von ihrem Vater, dem Hauptmann Kuno Vogel, am achtundzwanzigsten Tag des Aprilis im Jahr des Herrn eintausendsechshundertfünfundvierzig.

»Das ist er, dein Goldschatz«, flüstert die Els.

Ja, das sind wohl die Gulden, die der Plunzer damals auf den Tisch geworfen hat.

Ich öffne den Beutel und zähle. Fünfundzwanzig Gulden.

»Jetzt haben wir Reisekleidung. Und Reisegeld haben wir auch«, sagt die Els.

»Aber wir wissen noch immer nit, wie wir nach Mainz kommen.«

»Weißt du was, Mariezebill? Wir weihen den Willem ein, vielleicht weiß der einen Weg.«

»Bloß nit! Der wird alles den Herren im Rathaus aufdecken.«

»Nein, das macht er nit. Auf den können wir uns verlassen. Übrigens – den Pfarrer Plattner kann er nit leiden, er wird sich freuen, wenn du ihm entkommst.«

Was hat die Els bloß immer mit dem Willem zu tuscheln? Er scheint uns wohlgesinnt, gewiss. Aber können wir ihm trauen? Einem Stadtbüttel?

Die Els hat es gemacht, sie hat mit dem Willem geredet.

»Mariezebill«, sagt sie, »es ist alles ganz einfach. Der Willem kennt einen Fischer mit einem Boot. Er fragt ihn, ob er uns mit seinem Boot den Main hinunterrudert bis Mainz. Freilich wird er es nit umsonst machen.«

»Dann brauchen wir die Quarantena gar nit abzuwarten«, sage ich. »Je eher wir fortkommen, umso besser. Sie vermissen uns ja erst, wenn die Quarantena abgelaufen ist. Dann sind wir längst über alle Berge.«

Aber darauf will der Willem sich nicht einlassen. Er hilft uns nur, wenn wir die vorgeschriebene Zeit, solange er das Haus bewacht, hier bleiben.

»Erst wenn der Arzt da war und ihr die Gesundheitspässe habt, könnt ihr fort. Vorher lass ich euch nit aus dem Haus. Glaubt ihr, ich will wegen euch mein Brot verlieren?«

Am anderen Tag kommt er und sagt, er habe mit dem Fischer gesprochen. »Für zehn Gulden will er das Stücklein wagen.«

»Zehn Gulden?!«, rufen die Els und ich. Es scheint uns gar viel.

»Bedenkt, dass es geheim bleiben soll. Unmündigen Jüngferlein zur Flucht zu verhelfen ist gegen das Gesetz. Man würde übel mit ihm verfahren, wenn es herauskäme.«

Ja, da bleibt uns nichts anderes übrig als zehn Gulden zu zahlen.

Willem gibt uns den Rat, uns zum Schein mit dem Pfarrer zu versöhnen, damit keiner Verdacht schöpft.

Ich habe Willems Rat befolgt und nach dem Pfarrer geschickt. Am Weihnachtstag pocht er an die Klappe.

»Gesegnete Weihnachten, Herr Pfarrer«, rufe ich hinaus, »so ich Euch gekränkt habe, bitte ich Euch um Verzeihung.«

Das kann ich wohl sagen, ich habe ihn ja nicht gekränkt.

Er lässt die Ermahnungen nur so auf mich einprasseln und endet damit, dass er mir für dieses Mal vergeben will. Dann beten wir.

Hinterher sagt er: »Am zehnten Januar, so die Quarantena vorbei, erscheint hier der Doktor Salvator. Er untersucht dich und die Magd. Im Falle er euch gesund findet, stellt er die Gesundheitspässe aus. Schärfe der Magd ein, dass sie das Papier vorweisen muss, wenn sie einen anderen Dienst antritt. Anderenfalls wird keiner sie aufnehmen, weil sie aus einem Pesthaus kommt. Darauf führe ich dich zu meinem Weib. Auch die Magd muss das Haus mit dir verlassen, denn am nächsten Morgen kommen die Amtspersonen zum Ausräuchern und Versiegeln.«

»Ich habe einen Wunsch, Herr Pfarrer. Ich möchte mit der Magd bis zum Morgen hier bleiben und das Haus erst verlassen, bevor es versiegelt wird. Also zum elften Januar. Nit dass vorher hier etwas entwendet wird.«

Wir wollen nämlich nicht am hellen Tag hier fortgehen, sondern vor Morgengrauen, dass uns keiner sieht.

»So jung du bist, Marie-Sibylle, du musst immer alles drehen und wenden nach deinem Willen. Du wirst lernen müssen, den Ratschlag älterer Leute ohne Wenn und Aber anzunehmen. Ausnahmsweise will ich dir den Willen tun. Ich komme am elften Januar in der Frühe und hole dich ab.«

»Danke, Herr Pfarrer.«

»Hast du übrigens das Testament gefunden?«

»Nein, Herr Pfarrer, und auch keine Spargulden.«

Gott verzeih mir die Lüge.

»Gewiss hast du nit ordentlich gesucht. Bevor du das Haus verlässt, werde ich dir noch einmal suchen helfen.«

Ha, bis dahin werden die Vögel längst ausgeflogen sein. Ihr werdet Augen machen, Herr Pfarrer.

Als er weg ist, fällt mir die Els um den Hals, voller Freude darüber, dass ich ihn so gut beschwatzt habe. Dann kocht sie Glühwein und ich schicke Willem nach Zimtwecken. Des Großvaters Geldbüchse ist fast leer, aber Weihnachten wollen wir doch noch gehörig feiern.

Der letzte Tag in Frankfurt

»Aufstehen, Els, heute ist der zehnte Januar.«

Nachher kommt der Doktor uns untersuchen. Heute werden wir in die Freiheit entlassen.

Wir stehen früh auf und machen fein säuberlich Ordnung im Haus. Dann warten wir. Warten den ganzen Morgen, aber es kommt keiner. Warten am Mittag und noch immer kommt keiner. Wir fragen den Willem, ob der Doktor uns vergessen habe.

»Gewiss nit«, sagt er, »die Herren werden schon noch kommen.«

Wir haben längst das Licht angezündet, als es pocht. Die Els nimmt die Kerze und geht zur Tür, um den Doktor hereinzugeleiten.

Er hat noch einen Schreiber mitgebracht. Beide Herren tragen hohe Hüte und lange Mäntel und Handschuhe. Sie ziehen nicht einmal die Handschuhe aus. Der Arzt befragt uns umständlich nach allen Personen, die in unserem Haus gewohnt haben, wie sie geheißen haben und wann sie gestorben sind. Der Schreiber schreibt alles genau auf. Der Doktor wird unwillig, als ich erkläre, dass der Albrecht und der Heiner gar nicht an der Pest gestorben, sondern vorher fortgegangen sind. Wollte mir nicht glauben, dass der Albrecht in Nürnberg ist. Als er gar hörte, dass der Heiner zwei Tage bevor der Großvater krank wurde, geflohen ist, schüttelt er den Kopf und der Schreiber hört auf zu schreiben.

Werden sie uns am Ende gar keine Gesundheitszeugnisse geben?

»Wir können doch nix dafür«, sage ich. »Ich kann den Herren nur berichten, wie alles sich zugetragen hat.«

»Ihr haltet hier doch keinen versteckt?«

»Gewiss nit. Ihr könnt Euch ja umsehen.«

Aber das wollen sie auch nicht. Sind sie zu faul oder haben sie Angst, sie würden einen Kranken finden?

»Morgen in der Frühe will mich der Herr Pfarrer Plattner in sein Haus holen«, sage ich, »da brauche ich Euer Zeugnis.«

»Und die anderen Herren kommen zum Versiegeln«, sagt die Els, »ich darf nit hier bleiben und hab auch Euer Zeugnis nötig.«

»Der Pfarrer Plattner? Kann er bezeugen, dass sonst keiner sich hier aufhält?«, fragen sie.

»Das kann er gewiss«, sage ich.

Soll er doch sehen, wie er sich herausredet.

Endlich scheinen sie zufrieden. Wir müssen Hals und Arme entblößen, der Schreiber hält die Kerze, während der Doktor mit einer Lupe Ausschau nach Frieseln und Flecken hält.

Fast hätt ich es nicht für möglich gehalten, aber der Doktor bestätigt mit Unterschrift und Siegel, dass wir von der Pest genesen und nach durchgeführter Quarantena ohne Krankheitszeichen befunden sind.

Ich bin so erleichtert, dass ich dem Physikus nicht noch einmal auseinander setze, dass ich die Pest gar nicht gehabt habe. Das geht ja doch nicht in seinen Doktorenschädel hinein.

Als die zwei Hüte aus der Tür treten, steht der Willem da und fragt:

»Sind die Jüngferlein gesund? Darf ich das Schloss abnehmen?«

Die Herren erlauben es. Wir sind keine Gefangenen mehr. Wir fassen uns an den Händen und gehen vor die Tür. Dann lachen wir und weinen vor Freude.

Der Willem gibt uns die Hand und wünscht uns alles Gute. Leise, dass keiner es hört, sagt er:

»Schlüpft bei Morgengrauen aus der Holzpfort. Verspätet euch nit, seid dort, sobald die Pforte geöffnet wird. Der Fischer wartet auf euch an der Treppe zum Main.«

Wir zaudern nicht und packen unsere Bündel. Ein wenig Weißzeug für jede, damit wir Wäsche zum Wechseln haben, unsere Mädgenkleider und einen guten Imbiss für unterwegs: Äpfel und Brot, Speck und Käs. Und die letzten zwei Zimtwecken.

»Vergiss die Gulden nit«, sagt die Els. »Weißt du was? Es könnte nit schaden, wenn du die übrigen Gulden irgendwo einnähst.«

Das leuchtet mir ein, ich zähle die zehn Gulden ab, die wir für den Fischer brauchen. Die anderen fünfzehn nähe ich in meine Pluderhosen.

»Mariezebill«, sagt die Els, »willst du die Kassette mit dem Vermögen des Großvaters nit lieber mitnehmen? Der Albrecht ist ein Hundsfott.«

»Und wenn«, sage ich. »Sie gehört mir nit. Die Großeltern hätten gewollt, dass der Albrecht sie kriegt.«

»Morgen müssen wir uns warm anziehen«, sagt die Els. »Wir werden kalte Füß kriegen auf dem Wasser und frieren.«

Wir beschließen, zwei Paar Strümpf, zwei Hemden und zwei Wämser übereinander zu ziehen.

Ich bin ganz traurig, dass ich das Hausvaterbuch nicht mitnehmen kann und die Kalendergeschichten auch nicht. Aber das wird alles zu schwer. Und die Bibel müssen wir sowieso hier lassen, es ist ja eine Lutherbibel.

»Aber das Spielbrett können wir einpacken mit den Figuren«, sagt die Els. »Vielleicht wird es uns langweilig bei den Heiligen Frauen.«

Sie steckt das Brett mit dem Mühlespiel auf der einen und dem Damespiel auf der anderen Seite in ihr Bündel.

»Jetzt sucht sich jede noch einen Zinnbecher aus als Andenken an den Großvater«, sage ich.

»Ich hab ja schon einen – den von meinem Vater«, sagt die Els.

Der Großvater hatte ihn wohl repariert, aber er ist so schmucklos.

»Willst du nit lieber einen schön verzierten nehmen?«

»Nein, der von meinem Vater ist gut genug.«

Ich suche mir einen aus, auf den eine Inschrift geprägt ist. PAX steht darauf, das heißt Friede. Und um die Schrift herum winden sich Lilien.

Als alles gepackt ist, schreibe ich einen Brief an den Albrecht.

Lieber Albrecht, das Testament und das Vermögen vom Großvater habe ich für dich verwahrt, damit niemand es stiehlt. Alles befindet sich dort, wo du manchmal Schleckbisslein hingelegt hast. Du weißt schon, wo. Gott behüte und bessere dich.

Ich selbst gehe in die Welt und suche meinen Vater, weil ich sonst niemanden habe.

Marie-Sibylle Vogel

Das von meinem Vater habe ich geschrieben, um den Pfarrer irrezuführen; denn den Brief lege ich morgen offen auf den Tisch.

Dann nehme ich Testament und Kassette, die Els leuchtet

und wir klettern in den Giebel hinauf. Unter dem Lager vom Albrecht sind ein paar Dielen lose, dort hat er früher immer Schleckbisslein versteckt. Dort verstecke ich jetzt Testament und Kassette.

In die weite Welt

Vor lauter Aufregung haben wir fast nicht geschlafen. Als die Turmglocke fünfmal schlägt, halten wir es nicht mehr aus im Bett. Zu faul, Funken zu schlagen, tasten wir uns im Dunkeln die Treppe hinunter in die Küche. Es ist noch ein wenig Glut von gestern im Herd, damit entzünden wir die Kerze.

Wir ziehen uns an, waschen uns Gesicht und Hände und kauen ein Stück Brot und einen Apfel. Dann legen wir den Brief an den Albrecht auf den Tisch, ziehen die Mäntel an und stülpen uns die Schlapphüte auf die Köpp.

Es ist noch viel zu früh, aber wir machen, dass wir fortkommen, ehe uns einer aufhält.

Draußen ist es stockfinster, noch kein Mensch ist unterwegs. Schade, dass der schöne Schnee schon vor ein paar Tagen geschmolzen ist. Stattdessen fällt ein feiner, ungemütlicher Regen. Vorsichtig schleichen wir uns durch die Gassen in Richtung Fluss. Wir bleiben oft stehen und tasten mit dem Fuß vor, damit wir nicht plötzlich in einen Haufen treten oder in die Gosse. Nicht einmal die Els kann viel sehen, so dunkel ist es. Aber einen Kienspan hatten wir nicht nehmen wollen, das wäre zu auffällig gewesen.

Die Holzpfort ist noch verschlossen. Wir stellen uns unter einen Dachvorsprung, damit wir nicht noch mehr nass werden, und warten.

Auf einmal fühle ich mich jämmerlich verlassen. Wenn es mir nicht um die Els wäre, ginge ich am liebsten wieder heim.

Was wird aus uns in der Fremde? Werden die Altmunsterer Frauen uns aufnehmen oder werden wir umherziehen müssen und betteln? Vor allem aber, wie werde ich mich zurechtfinden mit meinem scheelen Auge? Daheim kenne ich jeden Winkel, kenne die Gassen, erkenne die Leut an ihren Stimmen und Kleidern, wenn schon nicht an den Gesichtern. Wie aber wird es mir in fremden Häusern, fremden Gassen, mit fremden Gesichtern ergehen?

Im grauen Licht kommen die ersten Gestalten, einige mit Karren, aus den Gassen. Rasch werden es mehr. Sie fangen an zu lärmen, rufen ungeduldig nach dem Pförtner. Etliche mögen Knechte sein, die Holz holen wollen für einen Hausbau, andere sind vielleicht Fischer, die zu ihren Booten wollen.

»Da kommt er«, sagt die Els.

»Platz da«, schimpft der Wächter, »wie soll ich aufmachen, ihr Dösköpp, wenn ihr mir alle im Weg steht?«

Er schiebt die Balken zurück und öffnet die Torflügel. Die Knechte strömen durch die Pforte.

»Jetzt«, sagt die Els.

Wir schultern unsere Bündel und reihen uns bei den Nachzüglern ein. Unangefochten treten wir aus dem Tor, vor uns liegt der Main. Wir überqueren den Platz bis zur Treppe. Ein Mann mit einem wilden roten Bart, den Kopf von einer schwarzen Kappe bedeckt, spricht uns an.

»Seid ihr die Kavaliere, die ich nach Mainz hinunterrudern soll?«

Kavaliere! Ich muss ein Lachen unterdrücken.

»Die sind wir«, ruft die Els.

»Da habt ihr euch ja ein rechtes Sauwetter ausgesucht. Wenn es so bleibt und kein Fahrtwind aufkommt, schaffen wir es heute nit bis Mainz. Habt ihr das Fahrgeld?«

Ich zähle ihm die zehn Gulden in die Hand.

»Was machen wir, wenn wir heute nit mehr bis Mainz kommen? Müssen wir die Nacht auf dem Boot verbringen?«

»Ha, da würdet ihr mir ja erfrieren. Nein, nein, der Müller in Flörsheim, der wird uns beherbergen.«

Die Els und ich sehen einander an. Das bedeutet Aufschub. Und außerdem wird er ein Beherbergungsgeld kassieren, der Müller. »Was zaudert ihr? Los, los beeilt euch«, ruft der Rotbart.

Wir gehen hinter ihm die Treppe zum Fluss hinunter. Hu, ich bekomme eine Gänsehaut, wie wir vor dem kalten, grauen Wasser stehen. Der Fischer zieht ein kleines Boot, das neben der Treppe verankert war, heran. »Steigt ein!«

Er hält das Boot fest, die Els hüpft hinein. Ich stehe da wie angewurzelt. Das winzige Boot soll uns auf dem großen, gefährlichen Fluss fortbringen? Gewiss wird es kentern, gewiss werden wir jämmerlich ersaufen.

»Worauf wartet Ihr? Hinein mit Euch!«

Der Fischer gibt mir einen Stoß, dass ich ins Boot taumle, ich weiß gar nicht, wie mir geschieht. Die Els streckt die Hand aus und hält mich, sonst wär ich gefallen.

»Setzt euch, bleibt um Gottes willen ruhig sitzen«, ruft er, springt hinterher und schon treibt er das Schifflein mit kräftigen Ruderstößen vom Ufer fort.

Halt, halt, will ich rufen. Lasst mich raus, ich will nicht mit. Die Els sitzt mir gegenüber und lacht mich an. Hat sie denn gar keine Angst?

»Hö, hö, das Herrlein hat wohl noch nie in einem Boot gesessen?« Der Rotbart sitzt hinter meinem Rücken, seine Stimme ist auf einmal laut und lustig.

Ich steife meinen Rücken, wende meinen Kopf nach hinten und sage herausfordernd: »Freilich ist es das erste Mal. Na und?«

Auslachen lass ich mich nicht von dem.

»Nix für ungut, junger Herr.«

Ich zeige ihm meinen geraden Rücken und sehe auf den grauen Fluss. Wenn das Boot kentert und wir ertrinken, so hilft kein Jammern. Die Els jammert auch nicht. Wenn wir untergehen, will ich versinken ohne zu jammern. Dem Rotbart werd ich doch meine Angst nicht zeigen.

Aber wir kentern nicht. Der Regen hat aufgehört, doch die Luft ist eisig. Wir frieren gottserbärmlich, unsere Füße sind wie Eis. Ich habe den Kragen hochgestellt und den Schlapphut noch tiefer in die Augen gezogen. Gibt sowieso nichts zu sehen, die Ufer sind braune und schwarze Flecken, manchmal weiß gesprenkelt von übrig gebliebenem Schnee. Und dazwischen treibt der Main, so grau wie blind gewordenes Zinn.

Der Rotbart stupst mich in den Rücken: »Wollt ihr einen Schluck zum Aufwärmen, junge Herren?«

Ich bin mir nicht sicher, ob er uns wirklich für Scholaren hält oder ob er Bescheid weiß. Jedenfalls ist es besser, zu tun, als seien wir richtige Scholaren.

Ich nehme die Flasche, reiche sie zuerst an die Els weiter. Ein Schluck Wein kann nicht schaden bei der Kälte. Was hat denn die Els? Ihr Gesicht läuft dunkelrot an. Sie hustet.

»Was ist das für ein Teufelszeug?«, krächzt sie.

»Das kennt Ihr nit, Herr Scholar? Ho, ho, Ihr habt noch nie Feuerwasser gekostet?«

Branntwein? Ist es etwa Branntwein? Gehört habe ich davon, aber der Großvater hat das Teufelsgesöff nicht in unserem Haus geduldet.

»Höhö, mein Wässerchen ist nur etwas für rechte Männer. Gebt es mir zurück«, lacht der Fischer.

»Mit Verlaub«, sage ich und mache meine Stimme tief, »Ihr werdet mir wohl auch einen Schluck gönnen.«

Damit nehme ich die Flasche und setze sie an den Mund. Als Scholaren dürfen wir uns keinen Spaß entgehen lassen. Aber, o weh, ein Spaß ist das nicht! Wie Feuer rinnt es mir die

Kehle hinunter und verbrennt mir den Schlund. Wie gut, dass der Fischer hinter mir sitzt und nicht sehen kann, wie mir die Tränen aus den Augen schießen.

»Ein guter Tropfen«, krächze ich, sobald ich wieder einen Ton hervorbringen kann.

»Mit Verlaub, ich nehme auch noch einen.« Die Els geht auf das Spiel ein.

»Jetzt habt Ihr noch einen letzten Schluck«, sagt der Rotbart zu mir. »Nit dass ihr mir die ganze Flasche aussauft, ihr Herren. Das Wässerchen hat mich ein gutes Stück Geld gekostet.«

Ich erinnere ihn nicht daran, dass er zehn Gulden an uns verdient.

»Ich habe Hunger«, sagt die Els.

Da merke ich, dass ich auch Hunger habe. Der Branntwein hat mich hungrig und warm gemacht. Ich habe das Gefühl, er ist mir bis in die Füß gelaufen.

Wir holen unser Mahl aus dem Bündel und teilen mit dem Fischer.

Ankunft in Mainz

Ein Wind ist aufgekommen, der Fischer zieht das Segel am Mast hoch. Hei, wie es sich bläht! Mit gewaltiger Eile treibt der Wind unser Schifflein den Main hinunter. Wenn ich das Feuerwasser nicht getrunken hätte, könnte mir angst und bange werden. Aber auch so ist die Sach mir nicht geheuer.

Der Rotbart aber ist guter Dinge, denn wenn der Wind so weiterweht, brauchen wir keine Nachtherberge und sind noch vor der Dunkelheit in Mainz.

Wir fahren den Fluss hinunter bis dorthin, wo er in den

Rhein läuft. Der Rhein ist noch viel breiter, viel gewaltiger als der Main. Unser Boot ist wahrhaftig nichts weiter als eine kleine Nussschale inmitten der wüsten Wasserflut. Aber hinüber müssen wir, auf die linke Seite des Rheins.

»Dort liegt Mainz, siehst du die vielen Türme?«, fragt die Els.

Freilich sehe ich sie. Ganz blind bin ich ja nicht.

Der Rotbart hat es geschafft, wir sind am linken Ufer. Und kein Franzos und kein Zoll hat nach uns gefragt. Die Sonne steht schon tief, als er das Schifflein zu einer Lücke in der Kaimauer steuert. Dort ist eine flache Stelle, dort legt er an.

»Tummelt euch, steigt aus«, sagt er und wirft den Anker.

Wie sollen wir uns tummeln, wenn unsere Beine abgestorben sind und steif wie Holz?

Der Rotbart geht mit uns durch eine kleine Pforte in der Mauer. »Das ist das Färcherpförtchen«, sagt er.

Er will bei seinem Gevatter die Nacht verbringen, bevor er bei Morgengrauen wieder über den Rhein setzt und auf dem Leinpfad neben dem Main nach Frankfurt zurück *treidelt*.

»Wie weit ist es bis zu den Altmunsteren?«, fragt die Els.

Muss sie ihm auf die Nas binden, wo wir hinwollen? Und wenn er sich in Frankfurt verplappert?

»Zu den Altmunsteren? Ich weiß nit. Fragen wir den Gevatter.«

Er klopft an eine Tür. Der Gevatter kommt heraus, sie begrüßen einander umständlich. Ich trete von einem Fuß auf den anderen. Bald ist es dunkel. Vielleicht ist es ein weiter Weg, wie sollen wir im Dunkeln das Kloster finden?

»Mit Verlaub«, sage ich, »könnt Ihr uns sagen, wie wir zu den Altmunsterer Frauen finden?«

»Zu den Altmunsteren wollt ihr? Ihr seid doch Scholaren, was habt ihr bei den Frauen zu schaffen? Geht lieber zu den Franziskanern oder zu den –«

»Wir müssen ihnen eine Botschaft überbringen«, sage ich.

»Eine Botschaft? Soso. Na, dann geht erst mal die Gass hier immer geradeaus, am Holzmarkt vorbei, bis eine breite Gasse nach links abbiegt. Die geht ihr weiter, immer weiter, ihr müsst über mehrere Plätze, bis ihr zum Diebsmarkt kommt. Vom Diebsmarkt geht die Munstergass ab. Die Munstergass führt euch durch Auen und Felder, an einem Weiher vorbei direkt zum Altmunster. Aber es ist ein weiter Weg, ihr werdet schwerlich vor Dunkelheit dort sein.«

»Danke für die Auskunft und Gott befohlen«, rufen wir und laufen davon.

Vor lauter Eile verlaufen wir uns mehrmals. Bis wir uns zum Diebsmarkt durchgefragt haben, ist die Sonne untergegangen. Zum Glück wird es heute nicht so finster wie in der vergangenen Nacht. Der Mond geht auf, sodass wir gut genug sehen, um nicht vom Weg abzukommen. Es ist aber gar unheimlich. Wir hören ein Käuzchen rufen und von ferne Hundegebell.

»Wenn nun plötzlich französische Soldaten kommen und uns was tun?«, fragt die Els.

»Sie wissen ja nit, dass wir Frauen sind, wir sehen doch wie Männer aus.«

»Die Soldaten haben es nit bloß auf Frauen abgesehen, sie könnten uns unsere Bündel wegnehmen.«

Das könnten sie freilich. Und wir haben nicht einmal Degen, um uns zu wehren. Hat der Rotbart deshalb so dreckig gelacht, als er uns »Kavaliere« genannt hat? Weil wir keinen Degen haben?

»Warum sind eigentlich die Franzosen in Mainz, Mariezebill?«

»Ich hab vom Großvater gehört, sie sind Verbündete vom Schwed und von den Evangelischen.«

»Sind die Franzosen denn nit katholisch?«

»Doch, ich glaube sie sind katholisch.«

»Warum kämpfen sie dann bei den Evangelischen?«

»Ich weiß auch nit, warum. Da kenn ich mich nit aus.«

»Wie kann sich da einer auskennen?«, sagt die Els. »Es geht doch keinem um den Glauben. Allen miteinander geht es bloß um Kriegführen und plündern und Beute machen.«

Da hat die Els bestimmt Recht.

»Nit weiter, Mariezebill. Hier rechts müssen wir den Weg rein. Dort ist es.«

Ohne die Els hätt ich es gewiss nicht gefunden. Jetzt stehen wir vor der Pforte, natürlich ist sie geschlossen.

»Hier ist ein Fenster, da drinnen brennt Licht. Lass uns an das Fenster klopfen.«

Das Fenster wird aufgeschoben.

»Gelobt sei Jesus Christus, wir bitten um Aufnahme und um den Schutz der ehrwürdigen Frauen«, haspelt die Els, als hätte sie es auswendig gelernt.

»Wir nehmen keine fahrenden Schüler auf«, sagt die Nonne kurz angebunden. »Geht zu den Franziskanern.«

Sie hätte das Fenster sofort wieder zugeworfen, wenn die Els nicht ihren Arm dazwischengehalten hätte.

»Verzeiht, ehrwürdige Mutter«, sagt die Els, »in Wahrheit sind wir keine Scholaren. Wir sind bloß verkleidete Jungfern, arme Waisen, die nit wissen wohin.«

»Schämst du dich nit, du Lügenmaul? Glaubst du, wir fallen auf eure Narrenpossen herein?«

»Es ist aber die Wahrheit, so glaubt uns doch«, rufe ich verzweifelt.

Sie stößt jedoch den Arm der Els mit Gewalt aus dem Fenster und schlägt es zu.

Was nun? Wohin? Es ist finstere Nacht, es ist kalt. Wir sind müde und frieren.

»Vielleicht hätten wir doch lieber den Plunzer suchen sollen?«, sage ich verzweifelt.

»So schnell geben wir nit auf«, sagt die Els. »Jetzt ziehen wir unsere Weiberröck an und versuchen es noch einmal. Wenn sie sieht, dass wir Mädgen sind, wird sie uns ein Bett nit verwehren.« Wir gehen hinter einen Baum, ziehen die Pluderhosen und Wämser aus und die Weiberröcke und Mieder an. Der Wind weht eisig durch unsere Röcke. Jetzt frieren wir noch viel mehr als vorher.

Wir gehen zum Fenster zurück, ich taumle vor Müdigkeit und Frost. Die Els pocht.

»Ach, die armen Waisen haben sich umgezogen?«, sagt die Pförtnerin spöttisch. »Ich bitt euch, spielt anderen euer Narrentheater vor. Wir sind hier nit von Dummbach.« Damit knallt sie das Fenster endgültig zu.

Alles dreht sich. Der Himmel mit seinen Sternen da oben dreht sich. Halt, jetzt stürzen die Sterne herunter. Mir wird schwarz vor den Augen, pechschwarz.

Ich liege im Bett und bin schön warm zugedeckt. Auf einmal zieht mir jemand die Decke weg. Gerade will ich sagen: Lass mich doch weiterschlafen, Els. Da höre ich eine fremde Stimme.

»Seht doch, Schwester Luisa, es handelt sich wahrhaftig um ein Jüngferlein. Wie dünn sie ist. Wird wohl vor Hunger umgefallen sein.«

Mein Mieder ist offen, eine warme Hand streicht mir über die bloße Brust. Ich habe meine Augen noch zu, aber das geht zu weit. Selbst für einen Traum. Ich reiße die Augen auf. Ist es doch ein Traum oder bin ich im Himmel? Beide Nonnen tragen wallende, weiße Gewänder.

»Sie kommt zu sich«, sagt die Pförtnerin. »Was fällt euch ein, ihr Mädgen, in Burschentracht herumzulaufen? Schämt ihr euch gar nit?«

Bevor ich darauf antworten kann, sagt die Els:

»Wir haben gefürchtet, die Soldaten würden uns Unbill zufügen, wenn wir in Weiberröcken ganz allein auf die Reise gehen.«

»Da habt ihr freilich Recht, meine Kinder«, seufzt die rundliche Nonne mit der freundlichen Stimme. »Aber weshalb seid ihr denn mutterseelenallein unterwegs? Wo kommt ihr her?«

»Aus Frankfurt«, sagt die Els.

»Aus Frankfurt! Ihr kommt aus dem sicheren Frankfurt in unser geplagtes Mainz?«

Noch bevor die Els oder ich etwas darauf entgegnen können, fragt Schwester Luisa:

»Hat man in letzter Zeit nit von der Pest munkeln hören in Frankfurt? Geiselt der Herr jetzt die Stadt für ihre Sünden? Nit zu glauben, die Pfeffersäcke halten wahrhaftig schon wieder Messe in diesen Zeiten. Hat der Herr sie mit der Seuche bestraft?«

»Es ist aber keine Seuche in Frankfurt –« beginne ich, aber bevor ich erklären kann, dass nur einige Krankheitsfälle bekannt geworden sind, platzt die Els heraus:

»Ei, eben deswegen sind wir fort. Die ganze Familie ist an der Pest gestorben. Zuerst der Großvater, dann die Großmutter und zuletzt die –«

Schwester Luisa stößt einen Schrei aus und bekreuzigt sich, auch die Freundliche, sie heißt Martha, weicht zurück und sieht ganz erschrocken aus.

»Um Christi willen, meine Kinder, ihr könnt die Krankheit in euch haben, am Ende schleppt ihr sie uns ins Kloster!«

Ich setze mich auf. »Gewiss nit. Wir haben die Quarantena überstanden. Wir haben jede ein Zeugnis von der Stadt, dass wir gesund sind.«

Ich knöpfe mein Mieder zu, die Els kramt unsere Gesundheitspässe hervor und gibt sie Schwester Martha. Die studiert sie eingehend.

»Ihr müsst viel durchgemacht haben, ihr Armen. Später müsst ihr mir alles genau erzählen.«

Dann wendet sie sich an Schwester Luisa: »Die Papiere sind

in Ordnung, ich nehme die Mädgen mit hinüber. Sie können vorläufig in der Krankenstube bleiben.«

Krankenstube? Hoffentlich keine neue Quarantena.

Schwester Martha ist die Apothekenschwester. Neben der Krankenstube ist ihre Apotheke, dort stehen Tiegel und Töpfe in den Regalen und von der Decke hängen alle Sorten Kräuterbündel. Sie traktiert uns mit wohlschmeckendem, heißem Kräutertee. Und mit Bohnen und Speck.

»Wie daheim«, sagt die Els.

Uns kommt es vor, als hätten wir seit ewigen Zeiten keine Bohnen mit Speck gegessen, dabei ist es nit länger her als drei Tage.

Kaum sind wir mit dem Essen fertig, löchert Schwester Martha uns mit Fragen. Sie will genau wissen, wie wir mit der Pest fertig geworden, welche Medizin uns geholfen hat.

»Von uns zwei hatte bloß die Els die Pest«, sage ich, »ich war die ganze Zeit gesund. Aber der Doktor, der das Zeugnis ausgestellt, hat es nit glauben wollen.«

»So wart ihr allein, ihr Mädgen, nachdem die Großeltern und die Bas gestorben waren? Und du hast deine Schwester gepflegt?«

»Sie ist nit meine Schwester. Die Els war unsere Magd und ist meine Freundin. Und die Einzige, die übrig geblieben ist.«

Sie will unbedingt wissen, welche Heilmittel ich angewandt habe, die Els zu pflegen.

»Heilmittel hatte ich nit weiter«, sage ich. »Das Zeug zum Räuchern war alle und das Duftöl auch. Hauptsächlich hat sie viel, viel Wasser getrunken. Und abgewaschen hab ich sie, ständig abgewaschen mit Essigwasser gegen die Hitze.«

»Bist ein tüchtig Mädgen, Mariezebill.«

Ich? Wieso? Ich sehe sie erstaunt an.

»Ich war überhaupt nit tüchtig. Ich hab ja gar nit gewusst, was ich machen soll.«

Die Tür geht auf und eine ernste, sehr fürnehm aussehende Klosterfrau kommt herein. Auch sie hat ein weißes Habit an.

»Das ist die Mutter Oberin«, flüstert Schwester Martha uns zu.

»Gelobt sei Jesus Christus«, ruft die Els. Ich sage es schnell nach, es geht mir von den Lippen wie geschmiert.

Die Oberin erwidert unseren Gruß und wendet sich an Schwester Martha.

»Was habt Ihr für seltsame Gäste, Schwester Martha? Man hat mir berichtet, sie seien in Männerkleidung vor der Pest geflohen?«

»Das ist nit ganz richtig, Mutter Oberin. Sie sind als Einzige ihrer Familie übrig geblieben, alle anderen im Haus hat die Pest hinweggerafft. Sie hier – wie heißt du mit deinem richtigen Namen, Mariezebill?«

»Marie-Sibylle Vogel.«

»Und du?«

»Els … äh … Elisabeth Keck.«

»Marie-Sibylle hat Elisabeth gepflegt, die als Letzte von der Krankheit niedergeworfen wurde. Danach haben beide in Quarantena gelebt. Marie-Sibylle blieb durch Gottes Ratschluss verschont. Schließlich haben beide Gesundheitszeugnisse von der Stadt Frankfurt erhalten.«

Schwester Martha weist der Oberin unsere Pässe vor.

»Aus Frankfurt seid ihr? Weshalb um Gottes willen seid ihr nicht in eurer Heimatstadt geblieben? Ihr hättet auch im Weißfrauenkloster Aufnahme gefunden. Warum kommt ihr zu uns?«

Was sollen wir darauf bloß antworten? Mir fällt überhaupt nichts ein. Da sagt die Els:

»Ei, weil meine Mutter so viel Gutes über Euer Kloster berichtet hat.«

Die Oberin lächelt ein wenig. »Was zum Beispiel?«

»Dass ihr so gelehrt seid. Und so viele Bücher besitzt. Und die Mariezebill – ich meine die Marie-Sibylle – ist gar arg gelehrt.«

Mir wird ganz heiß, mein Gesicht muss glühend rot sein. Wie kann die Els nur so einen Schwachsinn daherreden?

Die Oberin zieht die Brauen hoch und sieht mich mit einem merkwürdigen Lächeln an.

»Mit Verlaub«, stottere ich, »ich bin überhaupt nit gelehrt. Ich kann lesen und schreiben, mehr nit. Und – und ich möchte so gern noch was dazulernen.«

»Soso. Und du, Elisabeth, kannst du auch lesen und schreiben?«

»Schreiben nit, aber lesen. Die Mariezebill hat es mir beigebracht.«

Warum muss die Els bloß so prahlerische Reden führen? Sie stottert noch arg beim Lesen.

»Löblich, löblich«, sagt die Oberin und wendet sich wieder zu mir:

»Und wo hast du lesen und schreiben gelernt? In der Klosterschule?«

»Nein, in der Schulstub. Bei der Frau Pisoldin.«

»Ihr seid gewiss müde«, sagt die Oberin, »ich will euch heute nicht länger befragen. Wir werden morgen fortfahren und danach entscheiden, ob ihr hier bleiben könnt.«

»Sorgt für ein Nachtlager und ein Bad, Schwester Martha«, sagt sie und geht hinaus.

Ein Bad sollen wir haben? Schade, dass wir so müde sind. Da werden wir das Plantschen gar nicht richtig genießen können.

Wir werden befragt

Einen so langen Tisch hab ich mein Lebtag noch nicht gesehen. Ganz oben, zu Häupten des Tisches, sitzt die Mutter Oberin. Und weit entfernt, an seinem unteren Ende, sitzen die Els und ich einander gegenüber. Aber der Tisch ist zu breit, als dass ich das Gesicht der Els deutlich sehen könnte. Ich sehe es nur als runde Platte mit zwei dunklen Löchern darin. Noch weniger kann ich von hier aus die anderen Gesichter erkennen. Dass es die Oberin ist, die präsidiert, merke ich an ihrer Stimme. Sie klingt ruhig und klar. Links von ihr, das muss Schwester Martha sein. Sie redet rasch, dabei lässt sie das R schnurren wie ein Rädchen. Hört sich gar lustig an. Vielleicht ist sie aus Bayern? Schwester Martha gegenüber sitzt die mit der warmen, gütigen Stimme. Sie wird Mutter Johanna angeredet. Und rechts von ihr sitzt eine, die schrill und rechthaberisch redet. So wie ich diese Stimme höre, weiß ich, dass sie uns nicht wohlgesinnt ist. Sie muss der Novizenmeisterin gehören. Schwester Martha hat uns gesagt, dass sie dabei sein wird. Sie heißt Scholastika. Die Mutter Oberin heißt Emerentia. Was für ein schöner Name!

Zwischen den Schwestern und uns stehen bestimmt noch fünf, sechs leere Stühle auf jeder Seite. Ich halte die Hände fest ineinander gefaltet, damit niemand sieht, wie sie zittern. Leider kann ich nichts dagegen tun, dass auch mein Kopf zittert. Ich horche auf den Klang der Stimmen und kann zunächst die Fragen nicht begreifen, weil ich zu aufgeregt bin.

Zuerst ist die Els dran. Ich weiß nicht, was sie sie alles gefragt haben. Erst als sie erzählt, wie sie in unser Haus gekommen und wie später der Großvater, die Großmutter und die Bas gestorben sind und wie sie selber krank geworden ist, kann ich die Wörter verstehen.

Zuletzt fragt die Mutter Oberin: »Elisabeth, du sagst, ihr beide seid ins Kloster gekommen, um euch unter unseren Schutz zu stellen. Was heißt das für dich? Heißt das, du willst in unserer Wirtschaft Magd werden, oder heißt das, du bist entschlossen, den Schleier zu nehmen?«

Es wird ganz still nach dieser Frage. Was wird die Els wohl antworten? Wir haben ja überlegt, ob wir vielleicht Nonnen werden sollen, aber wir hatten nicht gedacht, dass wir es so schnell wissen müssen. Wir sind auch gar nicht derselben Meinung. Die Els ist eher dagegen. Sie meint, es wäre recht lustig, einen Mann zu nehmen und Hochzeit zu machen und kleine Kinder zu kriegen. Ich selber bin nicht scharf auf das Freien. Auch hat die Großmutter immer gemeint, es würde sich schwerlich einer finden, der mich mit dem Scheelauge nimmt. Und da denke ich, wenn ich schon sowieso katholisch werde, kann ich es gleich richtig machen und mich ganz und gar dem lieben Gott weihen. Besonders wenn ich dann Latein lernen und gelehrte Bücher lesen darf.

Auch gefallen mir ihre weißen Gewänder. Schwester Martha hat gesagt, Zisterzienserinnen kleiden sich immer weiß. Wie ich wohl in so einem Habit aussähe?

»Die Mutter Oberin hat dir eine Frage gestellt. Antworte gefälligst, Elisabeth«, sagt die Novizenmeisterin.

»Ich – weiß noch nit – ich –«, stammelt die Els.

»Das weißt du nit? Mit welcher Absicht bist du denn hierher gekommen?«, bohrt die Novizenmeisterin.

»Ich will schon, wenn –«

»Was willst du?«

»Den Schleier nehmen, wenn –«

»WENN? Du knüpfst daran eine Bedingung?«

»Wenn die Mariezebill ihn auch nimmt«, sagt die Els.

»Das ist unerhört!«, ruft die Novizenmeisterin. »Den Schleier nehmen heißt der Welt entsagen. Auch deiner weltlichen Freundschaft.«

»Dann nehm ich ihn nit«, sagt die Els.

Ich kann den Zorn der Novizenmeisterin bis hier unten spüren. Aber bevor sie ihn noch weiter rauslassen kann, sagt Schwester Martha:

»Bedenkt, sie ist jung und unerfahren. Wie können wir erwarten, dass sie eine Meinung hat, bevor sie das Klosterleben kennt? Und erinnert euch, wie getreu sie von der Freundin gepflegt wurde. Ihre Anhänglichkeit ist nur zu verständlich.«

»Jung und unerfahren? Ich hatte weit jüngere Novizen. Aber solche Reden haben sie nicht geführt. Sie wussten, was sie wollten.«

»Oder was sie sollten. Eure jungen Novizen wurden von ihren Vätern für das Kloster bestimmt. Sie haben ihren Eltern gehorcht. Diese hier haben keine Eltern. Wir müssen über sie bestimmen. Sollten wir ihnen nicht Zeit lassen? Bis sie eines Tages den Ruf hören oder aber sich für die Welt entscheiden?«, fragt Schwester Johanna.

»So sei es«, sagt die Oberin, »wir warten ab. Elisabeth, wir brauchen eine Magd für Stall und Garten. Du magst drüben im Gesindehaus wohnen und für uns arbeiten. So es dir bestimmt ist, kannst du immer noch Novizin werden.«

»Gern«, sagt die Els, »habt ihr auch Geißen?«

»Ich bin dagegen«, sagt Schwester Martha, »ich bin ganz und gar dagegen, dass dieses Kind unter die groben Mägde gegeben wird. Ich könnte gar wohl eine Helferin gebrauchen für meinen Kräutergarten und die Apotheke.«

»Sie ist eine Bauerntochter und nicht aus Zucker«, sagt die Oberin, »aber meinethalben mag sie Euch zur Hand gehen.«

Ohne zum Reden aufgefordert zu sein, ruft die Els dazwischen:

»Mit Verlaub, ehrwürdige Frauen, was aber geschieht mit der Mariezebill? Sie kann nit als Magd arbeiten, sie ist zu schwachsichtig. Nehmt sie für die Apotheke und mich für den Stall!«

Die Köpfe wenden sich wie von einer Schnur gezogen zur Els. Muss sie immer für mich sprechen, als hätte ich nicht selber einen Mund?

»Nit so fürwitzig, erst müssen wir deine Gefährtin befragen.«

Die Reihe ist an mir. Zuerst ist es einfach. Wann und wo geboren? Wie heißt der Vater, wie die Mutter?

»Meine Mutter ist bei der Geburt gestorben.«

Da nicken ihre Köpfe.

»Dein Vater ist ein Hauptmann? Wo dient er?«

»Weiß nit, habe lange nichts von ihm gehört. Ich hab ihn bloß ein einziges Mal gesehen.«

»Aber er kämpft doch bei den Kaiserlichen?«

Soll ich ihnen sagen, dass er bei den Schweden im Sold steht? Soll ich lügen? Ich nehme den Mittelweg.

»Ich glaube wohl. Allein, manche Kriegsherren wechseln auch die Seiten. Ganz sicher bin ich nit.«

»Für so wenig glaubensfest hältst du deinen Vater?«, fragt Mutter Scholastika.

»Ich kenne ihn nit, ehrwürdige Mutter.«

»Du bist also«, fährt die Oberin fort, »bei deinem Großvater aufgewachsen?«

»Ja, ehrwürdige Mutter.«

»Welcher Arbeit ging er nach? Übte er irgendein Gewerbe aus?«

»Er war ein Zinngießer, ehrwürdige Mutter, er hatte eine eigene Led.«

»Nehmen die Frankfurter denn Katholische in die Zunft auf?«, fragt die Mutter Oberin nach einer kleinen Pause.

»Ich weiß nit, ehrwürdige Mutter.«

»Wenn dein Großvater Mitglied in der Zunft war und katholisch, dann – er war doch katholisch?«

Jetzt haben sie mich. Ich kann unmöglich behaupten, der Großvater wäre katholisch gewesen. Das – kann ich ihm nicht antun. Wie hab ich nur denken können, solch schlauen Frauen ein X für ein U vorzumachen?

»Er war also katholisch – fahren wir fort.«

»N-nein, ehrwürdige Mutter, er war nit katholisch. Er war *augsburgisch.*« Da ist es heraus.

»Wie kommt es dann, dass du katholisch getauft bist?«

»Verzeiht, ehrwürdige Mutter«, flüstere ich, »ich bin auch augsburgisch.«

»Was für ein Skandal! Ketzerinnen! Ketzerinnen schleichen sich in unsere unschuldige Gemeinschaft!«, zetert die Novizenmeisterin.

»Bist du denn auch augsburgisch?«, fragt Schwester Martha die Els.

»Nein, ich bin katholisch. Und es war meine Idee, hierher zu kommen. Wir wissen ja nit wohin, wir haben doch keinen, der uns beschützt.«

»Du bist also hierher gekommen um uns zu täuschen, Mariezebill?«, fragt die Mutter Oberin.

»Ja, aber –«

»Aber?«

»Ich wollte doch wirklich katholisch werden. Ich wollte alles richtig machen, damit ich hierher gehöre.«

»Zweifelst du denn an deiner eigenen Konfession?«

Zweifele ich? Ich kann den Pfarrer nicht leiden. Aber das sage ich besser nicht.

»Meine Patin, die Bas, hat immer gesagt, man kann Gott auf die alte Weis dienen oder auf die Weis vom Herrn Doktor Luther«, murmele ich.

»Hört, hört, sie spricht mit gespaltener Zunge! Jagt das Schlangengezücht zum Kloster hinaus!«, ruft Mutter Scholastika.

Plötzlich sagt Mutter Johanna, die lange geschwiegen hat:

»Diese Waisen haben sich unserem Schutz unterstellt. Wir dürfen sie nicht hinausjagen, den Wölfen der Welt zum Fraß.

Wir müssen sie als Gäste beherbergen und weiter beratschlagen. Es wird sich gewiss ein Weg finden lassen, sie sicher unterzubringen.«

Darauf folgt eine Weile der Stille. Dann wendet die Novizenmeisterin sich an mich und sagt mit zuckersüßer Stimme:

»So sage mir doch, Marie-Sibylle, warum hast du dich nit auf den Weg zu deinem Herrn Vater gemacht?«

»Auch wenn ich gewusst hätte, wo ich ihn suchen soll«, sage ich, »hätte ich doch nit beim Tross leben wollen.«

»Warum nicht? So ein Hauptmann macht reiche Beute. Er führt ein Wohlleben.«

»Ein Wohlleben vielleicht«, sage ich, »aber er lebt nit ehrbar.«

»Warum in aller Welt soll dieses Mädgen nicht bei uns bleiben und katholisch werden?«, fragt Schwester Martha.

»Ich schließe mich dem Vorschlag von Mutter Johanna an. Beide Mädgen sollen vorerst als Gäste hier wohnen, bis auf weiteres in der Krankenstube unter Obhut von Schwester Martha. Alles Weitere bringt die Zeit«, sagt die Mutter Oberin.

Bei den Altmunsteren

Jetzt sind etliche Wochen vergangen, seit die Els und ich in der Krankenstube des Klosters wohnen. Und es gefällt uns gar wohl hier.

Die Els hilft Schwester Martha, die getrockneten Kräuter von den groben Stängeln zu befreien und sie in leinene Säckchen zu füllen. Manchmal darf sie auch die Salben rühren.

»Immer zum Herzen hin«, murmelt die Els.

»Was brummelst du da, Els?«

»Links herum muss man die Salben rühren, immer zum Herzen hin. Sonst helfen sie nit.«

Das habe ich nicht gewusst. Ich lerne hier vieles, was ich zuvor nicht gewusst habe. Ich verbringe die Tage bei Mutter Johanna in der Bücher- und Schreibstube. Bibliothek sagen sie hier. Ich bin so froh, dass ich bei Mutter Johanna sein darf. Sie ist hoch gewachsen und schlank und schön. Von allen Ordensfrauen ist sie die schönste. Und sie spricht immer mit sanfter Stimme und ist gar bescheiden. Dabei ist sie so klug. Sie weiß alles über den Himmel und die Erde. Manchmal sage ich einfach Mutter zu ihr statt Mutter Johanna. Und stelle mir dabei vor, sie wäre meine richtige Mutter.

Sie zeigt mir, wie die Folianten behutsam abzustauben sind. Sie sind noch mit der Hand geschrieben und gar alt und kostbar. Ich muss aber nicht den ganzen Tag abstauben, sie gibt mir auch Heiligenlegenden zu lesen.

»Warum klebst du mit der Nase am Buch, Mariezebill?«, fragt sie. »Du kannst ja gar nicht richtig sehen, wenn die Haare dir ins Gesicht hängen.«

Ohne dass ich sie hindern kann, schiebt sie mir die Strähnen unter die Haube.

»Was ist denn mit deinem Auge, Mariezebill? Warum guckt es einen Irrweg?«

»Es ist scheel, Mutter Johanna, von Geburt an.«

Wird sie mich weiterhin lieb haben?

Sie sieht besorgt aus und holt Schwester Martha. »Seht Euch das Auge an, Schwester Martha.«

Ich bin voller Zorn auf mein blödes Auge. Warum will es bloß nicht gerade gucken? Was werden sie denken, werden sie mich für verhext halten?

»Folge meinem Finger«, sagt Schwester Martha und bewegt ihren Finger hin und her.

Aber das kann mein Scheelauge nicht. Nur mein rechtes Auge vermag ihrem Finger zu folgen.

»So ein Augenfehler kommt öfter vor, als man denkt«, sagt Schwester Martha, »ich habe von einem französischen Augenarzt gehört. Er hat eine Maske erfunden mit Löchern, durch die die Augen sehen sollen. Auf diese Weise wird das schielende Auge gezwungen, den geraden Weg zu gucken.«

»Ich hatte eine solche Maske«, sage ich. »Sie hat nix genutzt.«

»Du hattest eine solche Maske? Aus Paris?«

»Nit aus Paris. Der Frankfurter Futteralmacher hat sie gefertigt. Nach den Angaben vom Brillenmacher.«

»Wie lange hast du die Maske getragen?«

»Lange. So lange, bis mir beinahe der Kopp geplatzt ist, weil sie zu eng geworden war.«

»Was machen wir jetzt?«, fragt Mutter Johanna.

»Wir müssen die Mutter Oberin einweihen«, sagt Schwester Martha.

Es ist nicht auszuhalten, jetzt kommt auch noch Mutter Emerentia und ich muss mir das rechte Auge zuhalten und Schwester Martha macht wieder die Kunststücke mit dem Finger und führt mein Scheelauge vor.

»Die Gelehrten meinen, ein zu kurzer Muskel könnte die Ursache sein«, sagt Schwester Martha.

»Welch ein Kummer«, seufzt Mutter Johanna.

»Heilige Mutter Gottes, rate uns«, sagt die Mutter Oberin. Sie sehen so ratlos drein, dass sie mir Leid tun.

»Ihr müsst euch deswegen keinen Kummer machen«, sage ich, »das blöde Auge ist ja schon immer so.«

Als sie nicht antworten und mich bloß mitleidig angucken, sage ich:

»Denkt nit, dass ich verhext bin. Glaubt mir, ich bin gewiss nit verhext.«

Die Mutter Oberin lächelt ein wenig und sagt:

»Wir glauben nichts dergleichen, Marie-Sibylle. Aber die Einfalt ist groß – auch bei uns im Kloster.«

»Und der abergläubische Wahn«, setzt Schwester Martha hinzu.

»Was soll jetzt geschehen, wie können wir ihr helfen?«, fragt Mutter Johanna.

Sie werden mich doch nit fortschicken?!

»Mir ist aufgefallen«, sagt die Mutter Oberin zu mir, »dass du mit Eifer zu den Stundengebeten gehst. Sogar zur Prim und Terz bist du in der Kapelle.«

Ja, freilich. Ich finde es so aufregend, wenn mitten in der Nacht das Glöcklein zum Stundengebet ruft. Die Els wälzt sich immer unwillig zur Seite, wenn ich aufstehe. Sie weiß gar nicht, was sie versäumt, wenn die Nonnen schweigend zur Kapelle strömen und dort feierlich miteinander beten und singen. Mitten in der Nacht, wenn die Welt so still ist, muss der liebe Gott sie besonders gut hören.

Mutter Johanna hat mir ein Stundenbuch gegeben, in dem die Gebete verzeichnet sind. Und so wundersame Bilder sind darin. Manchmal, wenn ich mich traue, bete ich laut mit. Ich knie aber für mich allein, ganz hinten, und traue mich nicht immer, meine Stimme dazwischenzumengen.

»Willst du noch immer unseren Glauben annehmen?«, fragt die Mutter Oberin jetzt.

»O ja«, sage ich, »jetzt, wo ich so viel darüber weiß, noch viel lieber als vorher.«

»Hattest du viel zu erdulden wegen deines Auges?« Sie berührt sanft mein Augenlid.

»Bewahre, nein. Bloß die Buben auf der Gass haben mich manchmal ausgelacht. Und die Kathrine, das war unsere Magd, die hat immer gesagt, ich wäre verhext.«

»Da war es für dich wohl einfacher, das Auge zu verdecken?«

»Ja.«

»Ich möchte, dass Ihr, Mutter Johanna, das Mädgen täglich im rechten Glauben unterweist. Zu Ostern sollte sie so weit sein, ihrem bisherigen Irrglauben abzuschwören und mit uns an den Tisch des Herrn zu treten.«

Mutter Johanna sagt: »Es wird mir eine Freude sein, sie zu lehren. Sie ist gar wissbegierig.«

»Und du, Marie-Sibylle«, fragt Mutter Emerentia, »bist du damit einverstanden?«

»Ja, Mutter Oberin.«

Einverstanden? Ich bin außer mir vor Freude. Bestimmt werden sie mir erlauben, den Schleier zu nehmen, und wenn ich das Noviziat überstanden habe, dann darf ich vielleicht für immer bei Mutter Johanna bleiben und lesen. Und Latein lernen.

»Du träumst, Marie-Sibylle, ich habe dich etwas gefragt.«

»Verzeihung, ehrwürdige Mutter. Der Teufel muss mich abgelenkt haben.«

»Der Teufel? Soso. Marie-Sibylle, willst du deinen Glauben beweisen und Gott ein Opfer bringen?«

Ein Opfer? »Jaaa«, sage ich beklommen.

»Dann streiche deine Locken unter die Haube und zeige offen, was Gott dir auferlegt hat.«

Ich starre sie entgeistert an.

»Ist es zu schwer?«

Ob es zu schwer ist? Die Novizen stoßen einander an und lachen, wenn ich ihnen über den Weg laufe. Wenn sie mein Scheelauge sehen, werden sie gnadenlos.

Ich hole Luft. »Darf ich etwas fragen, ehrwürdige Mutter?«

»Gewiss.«

»Wozu ist es nötig?«

»Wenn du die Braut Christi werden willst, schert man dir das Haar. Dann kannst du dein Auge nicht mehr verstecken. Auch sonst lässt es sich nicht für alle Zeit verheimlichen. Es wird Gerüchte geben. Besser, du trittst ihnen offen entgegen.«

Was bleibt mir übrig? Ich streiche mir die Stirn frei und stopfe die Haare unter die Haube.

»Gott segne dich, mein Kind. Denke immer daran: Wir drei vertrauen dir. Wir wissen, dass du ein reines Herz hast. So man dich zu sehr peinigt, wende dich an Mutter Johanna, sie wird dir raten.«

Gibt es Hexen?

Mutter Scholastika hat den Novizen verboten, mit mir zu sprechen. Daraufhin hat die Novize Ursula die Els gefragt, ob sie keine Angst vor mir hätte, ich wäre doch ganz gewiss eine Hexe.

»Gibt es überhaupt Hexen, Mutter Johanna?«, frage ich während des Unterrichts.

»Ich weiß es nicht, Mariezebill. Ich weiß nur, es gibt zu viel Angst und zu viel Aberglauben unter den Menschen. Vor einigen hundert Jahren haben heilige Männer zu Paderborn eine Synode abgehalten und beschlossen: *Derjenige, welcher durch den Teufel verblendet, nach Art der Heiden glaubt, dass jemand eine Hexe sein kann, und deshalb dieselbe verbrennt, wird mit dem Tode bestraft.*«

»Verstehe ich Euch recht, Mutter Johanna, diejenigen, welche eine als Hexe besagen, sie verurteilen und verbrennen, *die* sollen mit dem Tod bestraft werden?«

»So ist es.«

»Wissen denn die heutigen Kirchenherren nit mehr, was die Paderborner damals beschlossen haben?«

»Es scheint nicht, Mariezebill.«

»Dann müsst Ihr hingehen und sie daran erinnern.«

»Sie würden mir nicht glauben, sie würden mich nicht einmal anhören.«

»Und warum nit? Ihr könnt das Buch mitnehmen und ihnen weisen, wo es geschrieben steht.«

»Mariezebill, sie hören keine Frau an und schon gar keine, die ihnen einen Irrtum nachweist.«

»Trotzdem solltet Ihr es versuchen. Wissen die Mutter Oberin und Schwester Martha auch von den Paderbornern? Dann könntet ihr alle zusammen hingehen und –«

»Mariezebill, so wir das Wort gegen sie erheben, werden sie sagen, wir sind selber Hexen, und werden uns verbrennen. Und nichts ist gebessert.«

»Euch verbrennen?!«

Seither bin ich ganz durcheinander, ich weiß gar nicht mehr, was ich glauben soll.

»Wie geht es an«, frage ich Mutter Johanna, nachdem ich ein paar Tage darüber nachgedacht habe, dass Bischöfe und hohe Herren sich irren? Sofern die katholische Religion die einzig wahre ist, müsste man sich doch darauf verlassen können, dass sie das Richtige lehren und tun?«

»Mariezebill, im wahren Glauben getauft zu sein heißt nicht, dass ein Mensch nicht irren kann. Irren ist menschlich.«

»Und das gilt auch für Kirchenfürsten? Etwa – etwa auch für den Papst?«

»Beschrei es nicht, Mariezebill. Ich meine, es gilt auch für den Papst. Aber – das bleibt unter uns.«

Wenn ich mich irre oder die Els oder andere gewöhnliche Leut, dann hat es nicht so böse Folgen. Aber wenn die Jesuiten sich irren und die Kirchenfürsten und der Papst? Das kann gar schlimme Folgen haben. Die Mutter Johanna verbrennen? Etwas Schlimmeres kann es gar nicht geben … Ich mag mich nicht damit abfinden, dass die hohen Herren sich zum Schaden so vieler unschuldiger Frauen irren.

Meine anderen Fragen jedoch beantwortet Mutter Johanna immer so, dass mir die Antwort einleuchtet.

»Warum beten die Katholischen die Heiligen an? Die Augsburgischen sagen, es gibt nur einen Gott und er ist gleichzeitig der Sohn und der heilige Geist. Sie verbieten, die Mutter Gottes und die Heiligen anzubeten.«

»Auch wir beten nur den einen Gott an. Die Heiligen sind Menschen, die ein vorbildliches Leben geführt haben. Sie zeigen uns den Weg zu Gott.«

»Und doch betet ihr die Mutter Gottes an.«

»Nein, Mariezebill. Wir sagen: Bitte für uns Sünder. Sie, die den Weg schon gefunden hat und ganz bei Gott ist, soll für uns bei ihm bitten.«

Ja, das verstehe ich, das ist ein großer Unterschied.

»Und warum sagen die Katholischen, durch viele gute Werke kommt man in den Himmel? Die Lutherischen sagen, nur durch die Gnade Gottes kannst du selig werden.«

»Beides ist richtig.« Mutter Johanna lächelt. »Ohne die Gnade Gottes kann gewiss kein Mensch selig werden. Selig werden ist ja die Gnade Gottes. Die guten Werke aber können uns helfen, ihm näher zu kommen. Durch die guten Werke öffnen wir uns der Liebe und damit Gott.«

»Es ist wahr«, sage ich, »wenn wir uns bloß auf die Gnade Gottes verlassen, brauchen wir uns ja nicht anzustrengen, besser zu werden.«

Je mehr ich mit Mutter Johanna spreche, je öfter ich die neuen Gebete aufsage, umso gewisser werde ich, dass die katholische Konfession die wahre ist.

»Wenn die katholische Kirche die einzig rechtmäßige ist, sind dann alle Ketzer verdammt?«

»Freilich ist unsere Religion die wahre. Und ich wünschte, die anderen Konfessionen könnten sich mit uns einigen und in den Schoß der Kirche zurückkehren.«

»Ja, ja«, sage ich ungeduldig, »aber sagt mir doch, sind die Ketzer verdammt? Bin ich verdammt, wenn ich den katholischen Glauben nit annehme?«

Mutter Johanna denkt lange nach. Dann sagt sie leise: »Niemand kann verdammt sein, der Gott lieb hat.«

»Und kann ein Ketzer Gott lieb haben?«

»Warum fragst du das, Mariezebill? Erinnere dich an deine Großeltern, denke an die Bas. Sie hatten doch Gott lieb?«

An die Bas denke ich sowieso die ganze Zeit. Mutter Johanna redet ganz ähnlich wie die Bas. Bloß frömmer.

»Und der große Krieg, der kein Ende nimmt, ist also ein gerechter Krieg? Wenn die Kaiserlichen siegen, wird es dann keine Ketzer mehr geben und nur noch eine Kirche?«

»Nein, Mariezebill. Kein Krieg kann gottgefällig sein. Die entsetzlichen Gräuel auf beiden Seiten können uns nie und nimmer Frieden und Eintracht im Glauben bescheren.«

Wir sind jetzt in der Fastenzeit und Ostern rückt näher. Jeden Samstag kommt Pater Balthasar ins Münster, um die Beichte zu hören. Und übermorgen soll ich zum ersten Mal beichten. Ich bin ganz aufgeregt und habe einen langen Zettel geschrieben mit meinen Sünden. Immer wieder fällt mir noch eine Sünde ein, die ich dazuschreiben muss. Jetzt ist auch die Rückseite schon fast voll, wenn es so weitergeht, muss ich Mutter Johanna um ein weiteres Blatt bitten.

Ich habe eine gar schreckliche Sünde begangen. Ich habe heute Morgen Mutter Johanna, Mutter Emerentia und Schwester Martha belauscht. Das muss ich morgen beichten. O weh, ich habe so eine Angst davor! Das ist viel schwerer, als all die vergangenen Sünden aufzusagen.

Der Teufel muss mich in Versuchung geführt haben, ich habe der Versuchung einfach nicht widerstehen können. Ich wusste nämlich, dass sie über mich redeten. Da hab ich mich vor die Bibliothek gestellt und mein Ohr an die Tür gelegt um zu hören, was sie über mich beschließen.

»Wie seid Ihr denn mit Marie-Sibylle zufrieden, Mutter Johanna?«

»Sie macht mir viel Freude. Sie bereitet sich voller Eifer auf ihre *Konversion* vor.«

»Und dann? Soll sie das Noviziat antreten? Ist sie dazu bereit?«

»Gewiss, sie ist bereit. Aber da gibt es ein Problem –«

»Ihr meint die Novizenmeisterin?«, ruft Schwester Martha.

»Ja. Schwester Scholastika ist ganz und gar dagegen, dass wir Marie-Sibylle in den Orden aufnehmen. Nicht nur, dass sie einen schlechten Einfluss auf die anderen Novizen befürchtet – sie zieht doch wahrhaftig in Betracht, das Mädgen könne verhext sein.«

»Kein Wunder«, knurrt Mutter Emerentia, »statt ihr *Brevier* zu beten, ergötzt sie sich am *Malleus Maleficarum.*«

»Gott vergebe den Verfassern dieses Buches«, sagt Mutter Johanna.

»Nein, in der Hölle sollen sie schmoren, der Sprenger und der Institoris«, ruft Schwester Martha.

»Schwester Martha, was führt Ihr für lästerliche Reden in der Fastenzeit!«, sagt die Mutter Oberin, aber sie lacht dabei.

»Was können wir tun, um Mariezebill – verzeiht, Marie-Sibylle – zu schützen?«, fragt Mutter Johanna.

»Sie wird freilich einige Pein zu erdulden haben von unserer guten Scholastika. Aber können – sollen wir sie davor schützen? Wenn sie berufen ist, hat sie nicht nur diese Prüfung zu bestehen«, sagt die Mutter Oberin.

»Wenn nicht ihr Augenfehler wäre, würde ich euch Recht geben, aber –«

»Richtig, der Augenfehler. Vielleicht ist es doch besser, wir senden sie zu unseren Schwestern nach Köln? Was meint ihr, soll ich ein Empfehlungsschreiben an die Äbtissin schicken?«

»Tut das, die Kölner Äbtissin hat ein weiches Herz. Wenn Ihr erlaubt, will ich Marie-Sibylle selbst hingeleiten«, sagt Mutter Johanna.

Was? Ich soll fort? Fort von Mutter Johanna?

»Was aber soll mit Elisabeth geschehen?«, fragt Schwester Martha. »Schicken wir sie gleich mit?«

»Auf keinen Fall«, sagt die Mutter Oberin, »auf gar keinen Fall. Sie würde Marie-Sibylles Entfaltung nur stören. Und selbst ist sie nicht reif für den Ruf des Herrn. Geben wir ihr einige Sommer als Magd. Wenn sie bis dahin keinen Bauernburschen gefreit hat, wenn sie ernsthafter geworden ist, können wir immer noch eine Aufnahme erwägen.«

Was? Sie wollen uns trennen? Die Els darf nicht mit? Nein und nein und nein! Lieber will ich Schwester Scholastika und ihre Novizen erdulden.

Um meine Sünde voll zu machen, belasse ich es nicht beim Horchen, sondern erzähle der Els, was ich gehört habe.

»Das geht nit, das geht auf gar keinen Fall!« Die Els ist ganz fassungslos. »Wie ungerecht, oh, wie sind sie ungerecht! Warum wollen sie mich nit als Novizin? Ich bin doch schon immer katholisch. Und du wirst es erst.«

Wir überlegen hin und her.

»Du musst dich weigern fortzugehen.«

»Das wird nix nützen. Sie werden sagen, ich will mich bloß nit von dir trennen. Sie werden sagen, ich gebe dir den Vorrang vor Gott.«

»Na und? Hat uns der liebe Gott nit zusammengeführt? Warum soll er was gegen unsere Freundschaft haben?«

»Das verstehst du nit, Els«, sage ich überlegen.

»Dann hau doch ab, lass mich im Stich, du gemeines Aas!« Die Els rennt beleidigt fort.

Seither redet sie kein Wort mehr mit mir. Ich bin so unglücklich. Lieber, lieber Gott, hilf mir, ich bin so unglücklich!

Immer wieder gehe ich in die Kapelle und bete den Kreuzweg. Und obwohl ich weiß, dass der Herr Jesus viel, viel mehr gelitten hat als ich, und sogar wenn ich das Bild anschaue, wie er am Kreuz hängt und die dicken, roten Blutstropfen ihm unter der Dornenkrone heraus über das Gesicht laufen –, sogar dann bin ich noch unglücklich wegen der Els. Und weniger wegen dem Herrn Jesus. Bin ich überhaupt würdig, seine Braut zu werden?

Die Beichte

Gleich ist meine erste Beichte. Ich knie in der Bank, vor mir sind bloß noch die Els dran und eine Novize. Mir ist so bang. Ich schäme mich so vor Pater Balthasar. Wenn ich bloß nicht gehorcht hätte! Wenn ich es doch schon gesagt und die Beichte hinter mir hätte!

Da – die Els ist schon fertig. Das Herz klopft mir bis zum Hals. Jetzt weiß ich überhaupt nicht mehr, was ich alles beichten muss. Hab alles vergessen – bis auf das Horchen.

Die Tür klappt, die Letzte kommt heraus. Jetzt bin ich dran.

Das Kreuzzeichen. *Gelobt sei Jesus Christus.* Das weiß ich noch. Was kommt jetzt? Ich hab alles, alles vergessen. Hinter dem Gitter wartet das Ohr. Trotz der Dunkelheit kann ich das Ohr von Pater Balthasar erkennen.

»In Reue und Demut –«, flüstert er.

»In Reue und Demut bekenne ich meine Sünden.«

Und wie weiter? Wo anfangen? Ich weiß gar nix mehr, außer dass ich gehorcht habe. Das Ohr wartet.

»Ich habe gehorcht. Gestern habe ich die Mutter Oberin, Mutter Johanna und Schwester Martha belauscht, wie sie –«

»Aber, aber Kind! Denke daran, dies ist deine erste heilige Beichte. Deine Lebensbeichte. Wir wollen nicht mit den lässlichen kleinen Sünden anfangen. Jetzt musst du dir die echten, die schweren Verfehlungen von der Seele reden.«

Lässliche kleine Sünde? »Aber, aber –«

»Ich merke, du bist verwirrt. Willst du noch einmal hinausgehen und dich im Gebet sammeln? Oder soll ich dir mit Fragen helfen?«

»Bitte, Pater, helft mir.«

»Wir beginnen mit der schwersten aller Sünden. Wann warst du zum ersten Mal unkeusch, mein Kind?«

Unkeusch? Ich habe Mutter Johanna gefragt, was unkeusch ist.

Aber so richtig hat sie es mir nicht erklären können, sie hat etwas von der Unreinheit des Körpers gemurmelt.

»Meint Ihr das Blut, Mutter Johanna, das alle vier Wochen bei mir unten rauskommt?«

Da hat sie gelacht und gesagt: »Nein, nein, diese Last tragen alle Frauen, die hat Gott über uns verhängt. Unkeusch bist du, wenn du beim Gedanken an einen Mann oder deinen eigenen Körper Lust empfindest.«

Wie soll man in Gedanken an einen Mann Lust empfinden? Höchstens, dass ich mir manchmal wünsche, ich wäre bei der Kreuzabnahme dabei gewesen und hätte den Kopf unseres lieben Herrn in meinen Schoß betten dürfen.

»Aber nein, das sind keine verbotenen Gedanken«, sagt Mutter Johanna.

»Ist es unkeusch, wenn ein Mann einer Frau Gewalt antun will?« Und ich habe ihr erzählt, wie der Albrecht es bei der Els versucht hat.

»Ja«, sagt sie, »das ist eine schwere Unkeuschheit von deinem Onkel. Aber die Els war nit unkeusch, sofern sie nicht Freude daran hatte.«

»Freude? Wo denkt Ihr hin? Sie hat das ganze Haus zusammengeschrien.«

»Zerbrich dir nicht den Kopf, Mariezebill, du hast offenbar noch keine unkeuschen Gedanken. Wenn sie dich eines Tages plagen, wirst du wissen, was damit gemeint ist.«

»Nein, Pater, unkeusch war ich nit.«

»Unkeusche Gedanken hast du doch wohl gehabt?«

»Nein, gewiss nit.« Wann würde er denn zu den richtigen Sünden kommen?

»Liebe Tochter, du bist vierzehn Jahre alt. Es ist ganz und gar unmöglich, dass du noch keine unkeuschen Gedanken gehabt hast. So du die Vergebung willst, musst du sie bekennen. Sprich ohne Furcht!«

Mir kommt eine Idee. »Pater Balthasar, ist es vielleicht unkeusch, ohne die Badehr zu baden?«

»In der Öffentlichkeit? Etwa in einem Badehaus? Wer war zugegen?«

»Bloß die Els und die Bas«, sage ich.

»Und weiter?«

»Ja, jetzt fällt es mir wieder ein – vor zwei Jahren haben die Els und ich im Weiher gebadet.«

»Gemeinsam mit Buben?«

»Nein, nein, wir waren ganz allein. Wir hatten uns ein Versteck gesucht, damit niemand uns sieht.«

»Was habt ihr dort getrieben?«

»Die Els ist geschwommen und ich hab es probiert, aber ich hatte zu viel Angst.«

»Deine Gefährtin kann schwimmen?!«

»Ja, denkt Euch. Sie hat gar keine Angst vor dem Wasser.«

»Jetzt beichtest du sofort und auf der Stelle, in welcher Gestalt er zu euch gekommen ist.«

»Wer denn? Keiner ist gekommen, wir waren nur zu zweit.«

»Bei deiner ewigen Seligkeit, Tochter, gestehe mir jetzt: In welcher Gestalt ist er gekommen, wie hat er euch verführt und wozu?«

Meint er den Teufel? Meint er am Ende –?

»Ihr meint doch nit, Pater Balthasar, dass wir Umgang mit dem Teufel hatten?« Auf einmal muss ich kichern.

Der Pater fährt sich mit den Händen an die Ohren und hält

sie zu. Jedenfalls sehe ich, wie er die eine Hand an das große Ohr hinter dem Gitter presst.

»Hebe dich hinweg, Satan«, murmelt er.

Ich habe im Beichtstuhl gelacht. Wie kann ich das wieder gutmachen?

Er lässt die Hand sinken und sagt:

»Geh! Ich kann dir die *Absolution* nicht erteilen. Du bist verstrickt in die Netze des Bösen.«

Mir ist, als hätte der Pater mich mit Ruten gezüchtigt. Ich bin voller Angst. Er hat alles falsch verstanden. Warum kann ich nicht bei Mutter Johanna beichten? Gewiss würde sie mich verstehen. Ja, gewiss würde auch die Mutter Oberin mich besser verstehen. Oder Schwester Martha.

Mit zitternden Beinen gehe ich aus der Kirche und hinüber in die Bibliothek.

»Na«, sagt Mutter Johanna, »bist du sie los, deine Sünden? Bist du jetzt froh, Mariezebill?«

Ich lasse mich auf einen Stuhl fallen, lege die Arme auf den Tisch und weine.

Mutter Johanna stellt einen Becher Kräutertee vor mich hin und sagt:

»Es tut mir Leid, dass deine erste Beichte so schwer war. Für mich ist es immer eine solche Erleichterung, die Absolution zu erhalten.«

»Er hat sie mir nit gegeben, die Absolution«, schluchze ich.

Mutter Johanna fragt nicht warum. Sie sieht mich ganz entsetzt an.

»Ich habe etwas Furchtbares getan«, sage ich und bin auf einmal entschlossen, alles loszuwerden. Jetzt werde ich Mutter Johanna beichten.

»Ich habe Euch und die Mutter Oberin und Schwester Martha belauscht, wie ihr vorgestern über mich geredet habt. Und dann habe ich auch noch der Els verraten, was ich gehört habe.«

»Das ist gewiss nicht schön, Mariezebill. Aber das kann doch nicht der Grund sein, weshalb du keine Absolution erhalten hast?«

»Nein, der Pater wollte gar nix darüber wissen, er hat gemeint, es wäre bloß eine lässliche Sünde. Das Schlimmste ist, dass ich im Beichtstuhl gelacht habe.«

»Gelacht? Während der Beichte?« Mutter Johanna ist fassungslos. »Aber warum, Mariezebill, warum?«

»Er hat gemeint, die Els und ich hätten Umgang mit dem Teufel – da, da ist das Lachen einfach über mich gekommen.«

Mutter Johanna stöhnt auf. »Mariezebill, wie kann er nur auf einen solchen Gedanken kommen?«

»Er wollte wissen, ob ich unkeusch war. Ich habe gesagt, nein. Aber er hat es nit geglaubt und hat weiter gebohrt. Da hab ich ihm erzählt, dass ich zusammen mit der Els im Weiher gebadet habe. Und auf einmal hat er gesagt, es wäre noch einer dazugekommen. Ich habe gesagt nein und habe zuerst gar nit verstanden, dass er den Teufel meint. Und wie ich es verstanden hab, da hab ich auf einmal lachen müssen. – Es tut mir gar Leid.«

Mutter Johanna sitzt da und hat die Hände vors Gesicht geschlagen. Ganz lange sitzt sie so da.

»Ist es arg schlimm, dass ich gelacht habe, Mutter Johanna?«

Sie lässt die Hände sinken und ich sehe, dass ihre Augen voller Tränen sind.

»Nicht vor Gott«, sagt sie. »Es ist ein arges, arges Missverständnis, Mariezebill. Es kann böse Folgen für dich haben. Mit Gottes Hilfe werden wir es aufklären. Ich gehe jetzt sofort zur Mutter Oberin und berate mich mit ihr.«

»Mutter Johanna, verzeiht Ihr mir, dass ich Euch belauscht habe?«

»Ja«, sagt sie und streicht mir über den Kopf.

Da bin ich auf einmal wieder guter Dinge.

Der Hexenspürer

Mit der Els bin ich wieder gut. Heute Nacht im Bett hab ich ihr erzählt, dass der Pater Balthasar meint, wir hätten am Weiher Umgang mit dem Teufel gehabt. Da hat sie angefangen zu lachen und ich musste mitlachen und wir konnten gar nicht wieder damit aufhören.

Bestimmt wird bald alles gut, die Mutter Oberin und Mutter Johanna haben Pater Balthasar ins Kloster gebeten, um das Missverständnis aufklären. Bestimmt darf ich dann noch einmal beichten und kriege die Absolution.

Mutter Johanna hat mir ja schon verziehen und das ist die Hauptsache. Und mit der Els vertrag ich mich auch wieder.

»Wir lassen uns nit trennen, wir lassen uns schon was einfallen«, sagt die Els.

Wie ich in die Bibliothek komme, steht Mutter Johanna am Fenster.

»Was will denn der Jesuit bei uns?«, fragt sie auf einmal.

Ich trete neben sie und sehe Pater Balthasar mit einem fremden Pater durch den Kreuzgang gehen.

»Halte dich bereit, Mariezebill, für den Fall, dass ich dich später zu der Besprechung hole«, sagt sie und geht hinaus.

Jetzt sind schon Stunden vergangen, mir ist gar langweilig. Bald wird die Vesperglocke läuten. Soll ich dann immer noch warten oder darf ich zur Vesper?

Aber noch bevor die Glocke läutet, kommt Mutter Johanna mich holen. Sie sieht gar müde aus. Und ihre Haube sitzt schief. Noch nie hab ich sie mit schiefer Haube gesehen.

»Die Patres wollen dich befragen, Mariezebill. Beantworte alle Fragen wahrheitsgemäß und vertraue auf den Herrn.«

Warum zittert ihre Stimme so seltsam?

»Gelobt sei Jesus Christus.« Meine Stimme hallt durch den großen Saal, dass ich erschrecke. Und der Tisch, an dessen Ende ich schon einmal mit der Els gesessen habe, scheint mir seit damals noch länger geworden.

Zu Häupten des Tisches sitzt eine schwarze Krähe, wird wohl der Jesuit sein. Und die Krähe an seiner Seite mag Pater Balthasar sein. An der anderen Längsseite sitzen in ihren weißen Gewändern die Mutter Oberin, Mutter Johanna und Schwester Scholastika. Schwester Martha ist nicht zugegen.

»Wie heißt du?«, fragt der Jesuit.

Jetzt haben sie stundenlang über mich geredet und er fragt mich, wie ich heiße.

»Marie-Sibylle Vogel.«

»Sieh mich an, wenn ich mit dir spreche.«

Ich hebe den Kopf in seine Richtung und versuche meinen Augen einen festen Blick zu geben, auch wenn ich nichts weiter sehe als eine große verschwommene Krähe. Seine Stimme ist aber jung und angenehm. Ich stelle mir vor, dass sein Gesicht schön und edel ist.

Ist das seine Hand, die sich vorstreckt, weist sein Finger auf mich?

»Wie bist du zu dem Mal gekommen?«

»Zu welchem Mal? Oh – Ihr meint mein Auge?«

Ich würde ihn gerne deutlicher sehen und kneife die Augen zusammen. Sehe ich das richtig, bedeckt er sich die Augen mit der Hand?

»Frau Oberin, ich bitte Euch, bindet ihr ein Tuch über das Auge. Ich bringe es nicht über mich, das teuflische Mal anzuschauen.«

Mutter Johanna eilt hinweg, um ein Tuch zu holen. In der Zwischenzeit ist es totenstill. Ich fühle mich wie aufgespießt.

Nachdem Mutter Johanna mir ein Tuch über das Scheelauge gebunden hat, fährt der Jesuit mit der Befragung fort. Seine Stimme ist plötzlich wieder geduldig und freundlich.

Er will wissen, wer meine Eltern sind, wo ich herkomme, ob ich getauft und im christlichen Glauben unterwiesen wurde.

»Ja, ich bin getauft. Und unterwiesen in der lutherischen Konfession. Und seit ich im Kloster lebe, in der wahren katholischen Lehre.«

Wer mich denn auf die Idee gebracht hätte, bei den Altmunsteren um Aufnahme zu bitten? Ob es nicht ungewöhnlich sei für eine Angehörige der augsburgischen Konfession?

»Gewiss. Aber – ich wusste ja nit, wohin sonst. Und ich war auch neugierig.«

»Neugierig?«

»Ja, auf den katholischen Glauben. Was bei ihnen anders ist als bei uns.«

»Bei UNS?«

»Verzeiht, ich meine anders als bei den Ketzern.«

»Und? Hast du deine Neugier befriedigt?«

»Ja, ehrwürdiger Herr. Jetzt weiß ich, dass der katholische Glaube der richtige ist, viel wahrer als der vom Herrn Doktor Luther.«

»Du Satansbrut«, donnert er so plötzlich, dass ich vor Schreck fast vom Stuhl gefallen wäre, »du wagst es, über unseren Glauben zu urteilen? Du?«

»Verzeiht, Ehrwürden«, sagt Mutter Johanna, »Marie-Sibylle wollte nur mit ihren eigenen Worten sagen, dass sie von der göttlichen Wahrheit der katholischen Lehre durchdrungen ist. Sie ist fest entschlossen, ihrem früheren Irrglauben abzuschwören.«

Plötzlich wird seine Stimme wieder geschmeidig. »Marie-Sibylle, verblendetes Kind, gesteh uns nun, wer hat dich dazu gebracht, im Kloster zu spionieren?«

»Was heißt spionieren?«, flüstere ich. Ich habe das Wort schon gehört, im Zusammenhang mit dem Krieg, aber ich weiß nicht genau, was es bedeutet.

»Du Heuchlerin«, donnert der Jesuit, »gib zu, dass der Teufel dich ins Kloster gesandt hat, die frommen Schwestern zu verführen.«

»Wie kann ich das gestehen? Ich hab den Teufel mein Lebtag nit gesehen.«

»Ach!!«, ruft er und daraufhin wieder in versöhnlichem Ton: »Marie-Sibylle, nun sage uns, wie bist du zu dem Schaden gekommen, den das Tuch gnädig verhüllt?«

»Ich hatte ihn schon immer, ehrwürdiger Herr. Ich bin so geboren.«

»Denke nach, Marie-Sibylle. War eine Hebamme zugegen bei der Geburt? Eine Nachbarin?«

»Ich weiß nit. Vielleicht eine Hebamme.«

»Weißt du ihren Namen? Sag an.«

»Nein, nein, ich weiß keinen Namen. Ich weiß nit einmal, ob überhaupt eine Hebamme zugegen war.«

»Und später? Ist dir je eine begegnet mit dem bösen Blick?«

»Nein, ehrwürdiger Herr.«

»Ist bei euch oder den Nachbarn einmal Vieh gestorben?«

»Ja«, ruf ich, froh, endlich einmal eine Frage bejahen zu können, »ja, unsere Geißen.«

»Wann war das?«

»Im vergangenen Herbst.«

»Und seitdem sitzt dir der Schaden im Auge?«

»Nein, aber nein. Den habe ich schon seit meiner Geburt, das habe ich Euch längst gesagt!«

»Warum lügst du, Marie-Sibylle?« Seine Stimme wird traurig. »So viele habe ich lügen sehen. Doch unter der Folter sagen sie die Wahrheit. Auch du wirst die Wahrheit sagen.«

»Ich sage die Wahrheit, ehrwürdiger Herr.«

»Mit Betrübnis merke ich, du bist gar hartgesotten, Marie-Sibylle. Hast du schon vom hochnotpeinlichen Gericht gehört?«

»Ja«, flüstere ich.

»So weißt du, was Daumenschrauben sind?«

»Ich habe davon gehört.«

»Und spanische Stiefel? Und das Rad?«

»Auch davon habe ich gehört.«

»Du hast davon gehört. Spüren wirst du sie, Marie-Sibylle, spüren. Ist es dir lieber, man bricht dir die Knochen, als uns die Wahrheit zu sagen? Es ist so einfach, die Wahrheit zu sagen. Marie-Sibylle, sag uns die Wahrheit.«

»Ehrwürdiger Pater«, sagt die Mutter Oberin, »ihr habt gar viel Erfahrung mit *Delinquentinnen.* Doch glaubt mir, in diesem Fall irrt Ihr. Dieses Kind spricht die Wahrheit.«

»Oh, Mutter Oberin, wie seid Ihr doch verblendet. Eine so gebildete Frau, schmählich verblendet und verführt.«

Er wendet sich der Novizenmeisterin zu:

»Schwester Scholastika, was ist Euer Eindruck von der *Inquisitin*?«

»Sie und ihre Gefährtin kamen in Männerkleidung ins Kloster. Diese hier berichtete, die Pest habe sie verschont, während ihre ganze Familie daran zugrunde ging. Sie und besagte Gefährtin blieben jedoch verschont.«

»Was schließt Ihr daraus?«

»Ich schließe daraus das, was man vernünftigerweise schließen muss. Der Satan hat sie *festgemacht* gegen die Geißel Gottes.«

»Wie erklärt Ihr Euch, dass die beiden Hexen – denn um solche handelt es sich zweifelsfrei – so freundliche Aufnahme im Kloster fanden? Wie kommt es, dass weder der Beichtvater des Klosters noch die Novizenmeisterin für den Konvertitenunterricht zugezogen wurden?«

»Das lässt sich nicht erklären, außer dass der Satan durch den Mund der Inquisitinnen die ehrwürdigen Frauen mit List getäuscht hat«, sagt Schwester Scholastika.

»Was habt Ihr dazu zu sagen, Frau Oberin?« fragt der Jesuit.

»Ich sehe mit Reue, dass wir einen Formfehler begangen

haben, indem wir Schwester Scholastika übergangen haben. Auch hätten wir früher bei Pater Balthasar Rat suchen sollen. Ich bedaure zutiefst meine Versäumnisse.«

»Einen Formfehler? Nur einen Formfehler gebt Ihr zu? Meint Ihr denn, eine *Frau* habe die Kenntnisse und Seelenstärke, eine Konvertitin zu unterweisen?«

»Ihr kennt Mutter Johanna nicht. Sie ist eine hochgebildete Frau.«

»Mag sein. Aber eine Frau. Ich will mich gewiss nicht in die Angelegenheiten Eures Ordens mischen. Der Heilige Vater jedoch dürfte nicht der Ansicht sein, dass eine Frau einer solchen Aufgabe, wie sie die Unterrichtung einer Ketzerin darstellt, gewachsen ist.«

Er wendet sich an mich: »Wir nehmen dich hiermit in Gewahrsam und verschließen dich an einem sicheren Ort. Morgen überstellen wir dich dem weltlichen Gericht, man wird dich in den Stöckerturm werfen. So du die Wahrheit bekennst, wird dir die Folter erspart bleiben. Zeigst du dich jedoch verstockt, wirst du die Folter schmecken.«

»Ich habe Bedenken, ob dieses Verfahren rechtens ist«, ruft Mutter Emerentia. »Die Inquisitin gehört nicht unserer Kirche an. Müsste sie nicht nach Frankfurt überführt und dort vor Gericht gestellt werden?«

Der Jesuit weiß wohl, dass die Mutter Oberin mich retten will, denn er entgegnet:

»Die Hexe hat versucht, Eurem Kloster Schaden zuzufügen, und Ihr wollt sie ihrer gerechten Strafe entziehen? Die Frankfurter Ketzer würden sie laufen lassen. Genug der *Sophistereien* – holt mir jetzt die andere.«

Was, die Els auch?

Im Verlies

Hier ist es stockfinster, ich kann die Hand nicht vorm Auge sehen. Der Steinboden unter mir ist feucht und eiskalt. Jeden zweiten Atemzug fällt ein schwerer Wassertropfen von der Decke auf meinen Kopf. Jeden zweiten Atemzug. Ich kann mich nicht fortwälzen von dem Tropfen, die Knechte haben mir die Beine in den Block gezwängt, Arme und Hände sind mit Eisenketten gefesselt. Die Glieder sind mir abgestorben, ich habe kein Gefühl mehr in Händen und Füßen.

Weil ich mich nicht rühren kann, werden die Ratten immer frecher. Ich zische und schreie sie an, um sie zu verscheuchen, aber sie huschen immer wieder herbei, sie merken, dass ich mich nicht wehren kann. Eben jetzt macht sich eine an meinen Füßen zu schaffen. Nagt an meinen Schuhen. *Weg, weg du Untier!* Was für ein Glück, dass ich wenigstens die Füße bewegen kann. Wird sie wieder kommen?

Ich hab nicht gewusst, dass die Märtyrer es so schwer hatten. Wie haben sie das bloß ausgehalten? Ich bin erst seit ein paar Stunden hier unten – oder ist es schon ein ganzer Tag? – und meine, ich kann es nicht länger aushalten.

Wenn ich nachgegeben und gesagt hätte, was der Jesuit hören wollte, hätte ich es dann besser? Aber wenn ich sage, ich bin eine Hexe, dann verbrennen sie mich.

Morgen schaffen sie mich in den Stöckerturm, dort soll ich unter die Folter. Mit den Daumenschrauben fangen sie an, dann – lieber Gott, hilf mir. Lieber Herr Jesus, steh mir bei. Wie stehe ich das durch ohne nachzugeben? Ich hab so einen Hass auf den Jesuiten, so einen Hass, dass es nicht zu sagen ist. Der soll von mir kein Geständnis hören, der nicht! Es kann nicht sein, dass der liebe Gott zulässt, dass sie mich unschuldig verurteilen. Nein, das wird nicht geschehen. Ich muss bloß bei der Wahrheit bleiben. Dann wird der Herr Jesus mich retten.

Mein Kopf ist triefend nass geworden von dem einen Tropfen. Die Nässe rinnt mir ins Mieder hinein. Lieber Gott, ich bitte dich ganz herzlich, kannst du nicht wenigstens den Tropfen abstellen?

Horch, der Schlüssel rasselt. Holen sie mich? Lassen sie mich raus? Das ist – das ist ja die Stimme von der Els.

»Ich will nit, ich will nit in das Rattenloch!«, schreit sie.

»Ist bloß bis morgen früh, darfst dich jetzt schon freuen auf die Daumenschrauben.«

Sie scheint um sich zu schlagen, sie haben wohl alle Mühe, sie herunterzuschaffen. Die Tür wird aufgeschlossen, im Schein der Fackel gewahrt mich die Els. Sie hört auf sich zu wehren.

Der Jesuit hält die Fackel, die zwei Knechte stecken ihr die Füße ins Holz und schlingen ihr genau wie mir die Eisenkette um Leib und Arme.

»Nicht einmal der Teufel kann euch hier heraushelfen«, sagt der Jesuit, »besinnt euch auf Gott.«

Der Schlüssel dreht sich rasselnd, sie lassen uns im Dunkeln.

»Haben sie dich verhört, Els? Meinen sie, du wärst auch eine Hex?«

»Ja, die Dummköpp. Mariezebill, woher können die wissen, dass wir im Weiher gebadet haben? Die wissen sogar, dass ich schwimmen kann.«

»Ich war so dumm, es zu sagen. Ich konnte doch nit ahnen, dass sie deswegen meinen, wir wären Hexen.«

»Und weil die Geißen gestorben sind«, sagt die Els.

»Aber ihr stärkster Beweis ist mein Scheelauge. Ohne das blöde Auge hätte keiner damit angefangen.«

»Gestern haben wir über Pater Balthasar gelacht«, sagt die Els. »Was machen wir morgen? Was sagen wir bloß?«

»Die Wahrheit.«

»Aber sie werden uns foltern, Mariezebill«, jammert die Els.

»Trotzdem. Die Märtyrer haben auch alles ausgehalten. Der liebe Gott wird uns Kraft geben.«

Weil die Els so unglücklich ist, komme ich mir auf einmal richtig stark vor.

»Ich werde es nit aushalten, ich werde alles sagen, was sie verlangen«, sagt die Els.

»Els«, sage ich, »wir müssen beten. Wir müssen die Jungfrau um ihren Beistand anflehen.«

»Was nützt das Beten? Ich will hier raus!«, schreit die Els.

»Heul nit«, sage ich, »es nützt noch weniger. Und die draußen werden sich bloß darüber freuen.«

»Mariezebill? Stimmt es, dass in der Bibel steht, wir sollen unsere Feinde lieben?«

»Ja, das sollen wir.«

»Ich hasse sie aber«, sagt die Els, »ich hasse die Knechte. Ich hasse den Jesuiten, ich hasse den tumpen Balthasar. Ich hasse, hasse, hasse sie. Kannst du sie lieben?«

»Die Knechte hasse ich nit«, sage ich.

»Die haben mich angespuckt und Hexengeschmeiß gescholten.«

»Sie wissen es nit besser.«

»Und den Jesuiten? Liebst du ihn auch?«

»Den Jesuiten? Nein. Ich hasse ihn so, dass ich ihn zerreißen könnte.«

Gott wird uns helfen, ganz gewiss. Und den Jesuiten wird er zerschmettern, weil er uns unrecht getan hat. Ich überlege mir, welche Strafe er verdient hat. Und sehe es genau vor mir, wie man ihn vor allem Volk auspeitscht, da –

»Horch«, sagt die Els.

Die Schritte kommen näher. Es sind keine Männerschritte, es sind leichte, ganz leise Schritte. Schickt Gott uns seine Engel?

Die Tür wird aufgeschlossen, auf einmal stehen Mutter Johanna und Schwester Martha mit einem brennenden Kienspan im Gewölbe.

Schwester Johanna hält das Licht, während Schwester Martha unsere Füße befreit und das Eisen an unseren Händen öffnet.

»Rasch, zieht eure Sachen aus«, sagt sie.

Erst jetzt sehe ich, dass Mutter Johanna unsere Burschenkleider über dem Arm hat. Nicht einmal meinen Schlapphut hat sie vergessen.

»Mutter Johanna, Ihr meint doch nit, wir sollen fliehen?«

»Was sonst? Beeil dich, Mariezebill. Bald ruft die Glocke zur Terz, da müsst ihr fort sein.«

»Die Hexenrichter werden aber doch glauben, wir sind schuldig, wenn wir fliehen.«

»Sie werden es so oder so glauben. Wenn ihr nicht flieht, werden sie euch foltern und verbrennen.«

Ich stehe noch unschlüssig, während die Els sich in Windeseile umzieht.

»Mariezebill, um Gottes Barmherzigkeit willen, tummle dich! Ihr müsst fort. Sie werden euch zwingen, uns zu besagen. Sie werden auch uns Nonnen unter Anklage stellen und uns verbrennen. Sie werden unser Kloster verderben.«

Verbrennen? Mutter Johanna verbrennen? Das darf und soll nicht geschehen!

Ich werfe meine Kleider ab, lege Wams und Pluderhosen an, steige in die Stiefel. Wie ich mir den Federhut übers Auge stülpe, da durchfährt mich plötzlich eine übermütige Freude. Wir entkommen der Folter! Wir sind frei! – Aber was wird aus den Schwestern?

»Werden sie nit erraten, dass Ihr uns hinausgeholfen habt?«, frage ich.

»Werft die Frauenkleider auf den Boden, wir lassen die Tür offen. Sie werden denken, der Teufel hat euch geholt.«

Schwester Martha drückt jeder von uns ein Bündel in die Hand. »Kommt jetzt und seid gar leise. Niemand darf uns hören.«

Mutter Johanna geht mit der brennenden Fackel voraus, die Treppe hoch. Sie löscht das Licht, als wir vom Haus ins Freie treten.

»Ihr könnt nicht durch die Klosterpforte, ihr müsst da hinten den Pfad durch das Röhricht nehmen«, flüstert sie.

Wir folgen den Schwestern bis zu der mit Binsen und Schilf bewachsenen Wildnis, die sich zwischen Klostergarten und Stadtmauer hinzieht.

»Hier ist der Pfad«, sagt Schwester Martha, »wenn ihr ihm folgt, kommt ihr bis zur Weißgerbergasse. Ihr geht vorbei an der Bleiche, haltet euch rechts und geht zum Rhein hinunter. Geht bis zum Eisernen Türlein. Schlüpft hinaus, wenn es geöffnet wird, dann steht ihr direkt vor der Fähre. Damit setzt ihr morgen früh über den Rhein.«

Zum Glück ist der Himmel klar, der halbe Mond und die Sterne geben uns einigermaßen Licht. Schwester Johanna steckt mir ein Bündel mit Wegzehr und einen Beutel zu.

»Das schickt euch die Mutter Oberin. Viel ist es nicht, aber für die Fähre und für Brot in den ersten Tagen wird es wohl reichen.«

Ich bedanke mich und stecke den Beutel ein.

»Am besten wäre, ihr geht nach Frankfurt zurück –«

»Nein«, sagen die Els und ich gleichzeitig.

»So du deinen Vater suchen willst, Mariezebill – ich habe herausgebracht, das Heer vom Wrangel liegt in Schweinfurt noch im Winterquartier.«

»Wo liegt Schweinfurt?«

»Mainaufwärts, östlich von Frankfurt.«

»Wir müssen zurück«, flüstert Schwester Martha.

Mutter Johanna legt jeder von uns die Hand auf den Kopf und sagt: »Der Herr behüte euch, meine Kinder. Bleibt brav.«

Schwester Martha umarmt uns und drückt uns an sich: »Die heilige Jungfrau schütze euch.«

Sie gehen rasch davon, während wir uns auf dem Pfad durchs Röhricht kämpfen.

Wo geht es zum Main?

Seit zwei Tagen gehen wir bloß noch kreuz und quer. Vorgestern haben wir mit der Fähre das rechte Rheinufer erreicht. Die Fähre ist gewaltig groß, es haben zwei Fuhrwerke mit Pferd und Wagen auf ihr Platz. Mit armdicken Seilen wird sie zur anderen Seite hinübergezogen. Das war ein ander Ding als die Nussschale, die uns nach Mainz gebracht hat. Dieses Mal hatte ich fast keine Angst auf dem Wasser.

Seit wir hier drüben sind, will uns jedoch nichts mehr glücken. Wir wollten an den Main und dachten, es sei das Beste, wenn wir den Leinpfad entlanggingen, da könnten wir Schweinfurt nicht verfehlen, so es am Main liegt. Aber zunächst mussten wir einen großen Bogen landeinwärts schlagen, um das Franzosenlager am Rhein zu umgehen, das gegenüber von Mainz liegt.

Und jetzt können wir den Main nicht finden, sind ein paar Mal im Kreis gegangen und treffen alleweil wieder auf den Rhein, aber weiter entfernt vom Main als zuvor. Es ist wie verhext, dass sogar die Els immer wieder die Richtung verliert.

Jetzt eben sehen wir ein Städtlein mit einem schönen Burgturm vor uns liegen.

»Ich habe Hunger«, sagt die Els, »wollen wir hineingehen? Bestimmt gibt es in der Stadt ein Backhaus. Vielleicht können wir Brot kaufen.«

Ja, mir knurrt auch der Magen. Das Stück Brot mit gesalzenem Fisch, das wir in Schwester Marthas Bündel fanden, haben wir längst verzehrt. Aber etliche Pfennige und sogar zwei Batzen haben wir noch, Brot könnten wir davon wohl kaufen. Bisher haben wir die Menschen gemieden aus Angst vor Hexenspürern. In der ersten Nacht haben wir in einem Heuschober geschlafen, in der zweiten in einem verwüsteten Bauernhaus. Beide Male haben wir ganz erbärmlich gefroren.

Ob wir verfolgt werden? Selbst wenn es so ist, wir brauchen etwas zu essen, sonst können wir nicht mehr weiter.

Da ist ja schon der Marktplatz. Und nicht weit davon das Bannbackhaus. Davor ist ein Stand, an dem die Bäckerfrau große und kleine Brote verkauft. Wir lassen uns ein kleines Brot geben. Es ist gar knusprig, mir läuft schon das Wasser im Mund zusammen. Ich öffne den Beutel, um das Geld zusammenzusuchen, da ruft die Frau plötzlich: »Ach Gott, die Franzosen!«, und rafft in wilder Hast die Körbe mit den Broten zusammen. Sie will davon, ohne mein Geld zu nehmen. Ehe ich noch begriffen habe, was überhaupt los ist, donnern sie über den Platz, werfen den Markttisch um und der auf dem Pferd ruft:

»Attention, halt! Das ist unser Brot!«

Während die Unberittenen das Brot an sich raffen, ruft die Frau verzweifelt:

»Pardong, Musjeh, das – das Brot kostet Geld!«

Die Landsknechte brechen in lautes Gelächter aus. Böse blitzen ihre Zähne aus wilden Bärten.

»Pardon, Madame – kein Sold, kein Geld«, ruft der auf dem Pferd. »Kein Sold, kein Geld«, johlen die Knechte.

Die Els hat mich gerade noch rechtzeitig in einen Winkel gezogen, von dem aus wir das Geschehen beobachten.

Einer der Knechte reißt der Frau das Brusttuch weg und betatscht ihr den Busen.

»Lass sie laufen, wir haben keine Zeit«, ruft der auf dem

Pferd. »Merci, Madame, für Euer Brot!«, ruft er, schwenkt übermütig den Hut.

Dann gibt er dem Pferd die Sporen. Die Knechte, die Brote in Händen, laufen mit stampfenden Stiefeln hinterdrein.

Die Frau stellt den Tisch wieder auf.

»Saufranzosen, Dreckskerle«, schluchzt sie vor sich hin. Wir gehen zu ihr, ich muss ja noch bezahlen.

»Die haben aber mehr Teutsch geredet als Französisch«, sage ich. »Das waren doch keine richtigen Franzosen?«

»Waren wohl Elsässer. Egal, ob Teutsche oder Franzosen, der Teufel soll sie alle holen.«

»Hier –« Ich reiche ihr die Münze. »– wir haben unser Brot noch nit bezahlt.«

»Ach«, ruft sie, »was seid ihr für brave Burschen! Jeder andere hätte sich davongemacht ohne zu bezahlen.«

Sie nimmt das Geld und holt ein zusammengefaltetes Blatt aus der Tasche.

»Da, die Flugschrift schenke ich euch. Da könnt ihr lesen, in was für schlimmen Zeiten wir leben. Ihr könnt doch lesen?«

Ich nicke. »Danke auch.«

Ich werfe einen Blick auf die Druckschrift und erschrecke. »Komm, wir müssen weiter«, sage ich zur Els.

»Einen Augenblick noch.« Die Els wendet sich an die Frau: »Könnt Ihr uns sagen, wie wir auf dem schnellsten Weg an den Main kommen?«

»An den Main? Wollt ihr nach Mainz?«

»Nein, nein, wir müssen weiter den Main hinauf. Wir wollen aber nit am Lager vorbei.«

»Wollt ihr nach Frankfurt?«

»Nein.« Ich stoße die Els an, aber sie sagt es trotzdem: »Wir wollen bis Schweinfurt.«

»Schweinfurt? Wo das liegt, kann ich euch nit sagen.«

»Aber vielleicht könnt Ihr uns sagen, wie wir jenseits des Lagers auf den Main treffen?«

Sie weist uns zu einem Tor. Es war nicht dasjenige, durch das wir gekommen waren.

»Am besten geht ihr dort hinaus und den Weg weiter. Er führt euch erst durch Weinberge, dann durch den Wald. Ihr müsst den Weg nur immer weitergehen. Und wenn ihr den Wald durchquert habt, fragt noch einmal. Es ist aber gar weit. Heute werdet ihr schwerlich noch zum Main kommen.«

Als wir uns endlich losreißen, ruft die Frau:

»Nehmt euch in Acht, in der Gegend treiben sich nit bloß Franzosen rum, sondern auch Schnapphähne. Wo habt ihr denn eure Degen? Es ist gar leichtsinnig, ohne Waffen zu reisen.«

Ich fasse die Els an der Hand und ziehe sie fort, sonst hätte sie endlos mit der Frau geschwatzt.

»Wir müssen machen, dass wir aus der Stadt kommen, Els«, flüstere ich.

»Aber wieso denn? Jetzt suchen wir erst mal einen Brunnen, setzen uns in Ruhe hin und essen ein Stück Brot.«

»Els, wir müssen fort. Wegen der Flugschrift.«

»Wieso? Was ist damit? Was steht da geschrieben?«

»Frag nit so viel, komm.«

Mit eiligen Schritten gehen wir durchs Tor und den Weg weiter, den die Bäckerfrau uns gewiesen, obwohl ich nicht weiß, ob das klug ist. Wenn sie Verdacht schöpft, wird man uns nachsetzen.

»Ich kann es nit mehr aushalten vor Hunger«, sagt die Els, nimmt das Brot und beißt das *Knärzchen* ab.

»Was fällt dir ein?« Ich entreiße ihr das Brot und beiße das Knärzchen von der anderen Seite ab. Jetzt ist die Gerechtigkeit wiederhergestellt. Wir lachen.

Endlich haben wir die Höhe erreicht, auf der der Wald beginnt. Hier sind wir vor Blicken einigermaßen geschützt und können von oben auf den Weg und die Stadt zurückblicken.

Mit zitternden Händen entfalte ich das Flugblatt.

»Heilige Mutter Gottes!« Die Els guckt entsetzt auf das Bild. Es zeigt zwei Hexen mit bösen Fratzen. Die eine schielt gar schrecklich auf beiden Augen. Sie knien vor dem gehörnten Teufel und küssen ihm den Hintern.

Ich lese laut den darunter gedruckten Text:

Bei den Altmunsteren zu Mainz wurden unlängst zwei gotteslästerliche Hexen entdeckt. Als tugendsame und frumbe Jungfrauen hatten sie sich im Kloster eingeschlichen. Die eine, Marie-Sibylle Vogel geheißen, soll eine Lutherische aus der Stadt Frankfurt sein. Sie und ihre Buhlin, Elisabeth Keck mit Namen, waren vom Bösen auserkoren, das Altenmunster zu verderben und die ehrwürdigen Frauen dem Teufel als Buhlinnen zuzuführen.

Der frumbe Beichtvater der Nonnen fasste Verdacht, als besagte Marie-Sibylle allzu keusch und tugendhaft sich gebärdete. Er zog den erfahrenen Hexenbanner Pater Ignatius von der Gesellschaft Jesu zu Rate. Dieser entlarvte die gottlosen Hexen, die bereits als junge Kinder an einem Gewässer in der Umgebung von Frankfurt mit dem Teufel Unzucht getrieben. Man warf sie in den Klosterkerker und legte sie in Ketten.

Den anderen Tag jedoch, als man sie herausholen und zur hochnotpeinlichen Befragung in den Turm schaffen wollte, war das Gefängnis leer. Man fand lediglich die Hemden und Röck und alles andere, so sie am Leibe gehabt, auf dem Boden liegen. Die Tür war sperrangelweit offen und das Eisen, in das man sie geschlossen, erbrochen.

Keine andere Erklärung ist denkbar, sagt der gelehrte Pater, als dass der Teufel selbst seine Buhlinnen aus dem Verlies geführt.

So jemand zwee verdächtige junge Weiber bemerkt, die eine mit scheelem Blick, den sie durchaus nicht verändern kann, so soll er eilends laufen und die frechen Hexen der Obrigkeit und dem Pfarrer anzeigen.

Gott wolle uns gute Christen vor der Verführung durch den Bösen schützen. Und jene, so Hexenwerk tun, dem reinigenden Feuer anheim geben. Amen.

»Mariezebill, was jetzt?« Die Els guckt mich mit weit aufgerissenen Augen an.

Ich kann spüren, wie groß ihre Angst ist. Und merke verwundert, wie kühl und ruhig mein Herz auf einmal schlägt.

»Els«, sage ich, »sie hat nix gemerkt, sie hat uns für fahrende Schüler gehalten. Und der Hut hat mein Auge alleweil zugedeckt. Sie hat nix gesehen.«

»Wenn aber doch? Wir dürfen nit den Weg gehen, den sie uns gewiesen. Sie werden uns fangen.«

»Wo sollen wir sonst hin? Ich habe genug davon, in der Wildnis herumzuirren und nit zu wissen wohin. Wir gehen zum Main, Richtung Schweinfurt.«

»Müssen wir da nit durch Frankfurt durch?«

»Wir gehen nit durch Frankfurt, wir gehen über Sachsenhausen.«

»Mariezebill, hast du gar keine Angst mehr?«

»Els, wir sind aus dem Verlies entkommen, wir sind aus Mainz geflohen und haben dem Jesuiten eine Nase gedreht. Wir werden ganz gewiss nach Schweinfurt kommen, hab keine Angst. Lass uns noch ein Stück Brot kauen, dann gehen wir weiter.«

»Es wird bald dunkel. Willst du wirklich in den Wald hineingehen? Mir grausts vor den wilden Tieren«, sagt die Els.

»Wenn wir uns eilen, sind wir wieder heraus, bevor die Sonne untergeht«, sage ich.

Aber wie rasch wir auch ausschreiten, es wird immer finsterer. Sieht nicht so aus, als kämen wir vor Einbruch der Nacht aus dem Wald hinaus. Was für Tiere mögen hier hausen, außer Hasen und Rehen und Eichhörnchen? Ich habe von gewaltigen Ebern erzählen hören. Und von Bären. Im Winter kommen sogar die Wölfe. Der Winter ist vorbei, aber

Sommer ist es noch lange nicht. Sind die Wölfe heimgegangen oder sind sie hier geblieben? Mit der Els will ich lieber nicht darüber reden, sonst mache ich ihre Angst noch größer. Wir gehen immer schneller.

»Warte«, sagt die Els, »ich glaube, dort ist eine Hütte.«

Wahrhaftig, eine ärmliche Hütte ohne Fenster steht am Weg. Wir schleichen uns heran und schauen durch die Ritzen. Kein Licht, alles ist still. Wir stoßen die Tür auf und gehen hinein.

»Da muss ein Köhler gewohnt haben«, sagt die Els.

Die Wände sind schwarz, der Fußboden ist dick mit Asche bedeckt, Feuer hat hier schon lange keines gebrannt. Es riecht streng nach Teer und kaltem Rauch. In der Ecke steht ein Bett, der Strohsack ist voller Ruß.

»Na, hier werden wir es uns gemütlich machen«, sagt die Els.

»Wenn wir Stahl und Zunder hätten, könnten wir uns ein Feuer machen.«

»Es geht auch mit Feldspat«, sagt die Els, »aber im Dunkeln finden wir nix. Sogar zum Holzsammeln wäre es jetzt zu dunkel.«

Ja, wir müssen froh sein, dass wir heute Nacht überhaupt ein Dach über dem Kopf haben. Wir setzen uns nebeneinander auf den Strohsack, holen den Rest unseres Brotes aus dem Bündel und essen.

»Haben wir noch genug Geld, um morgen Brot zu kaufen?«, fragt die Els.

»Ja«, sage ich, »für morgen reicht es. Aber übermorgen wird es knapp.«

»Mariezebill«, ruft auf einmal die Els, »dein Goldschatz! Sind die Gulden noch da, in der Pluderhose?«

Ich fühle nach. Richtig, sie sind da.

»Juhu«, schreit die Els, »wir sind reich! Morgen kaufen wir uns nit bloß Brot, wir kaufen auch Speck und Würste!«

»Und Butter und Käs«, rufe ich.

Oh, da sind wir auf einmal wieder guter Dinge. Wir sind so sehr damit beschäftigt, aufzuzählen, was für Schleckbisslein wir kaufen wollen, dass wir sie zu spät hören.

»Was ist das? Horch!«, flüstert die Els.

Jetzt hören wir es deutlich: Pferdehufe und Menschenschritte. »Schnell raus, wir müssen uns verstecken!«

Aber als wir hinauswollen, stehen sie schon vor uns.

»Hoho, wen haben wir denn hier?« Sie leuchten uns mit Fackeln an, dass ich geblendet die Augen schließen muss.

»Was sind denn das für artige Herrlein? In Samt und Seide, oh, sogar in Lederstiefeln!«

Der Reiter ist vom Pferd gesprungen und alle vier stehen da und betrachten uns gierig. Obwohl ich meinen Augen nicht immer trauen kann, so höre ich an den Stimmen, dass es die Landsknechte von heute Mittag sind. Jetzt gnade uns Gott.

»Euch kenn ich doch?«, sagt einer. »Euch hab ich doch gesehen Brot kaufen? Ei der Daus, ihr artigen Herrlein, da habt ihr wohl auch Bares?«

»Her damit, her mit der Geldkatz«, grölen sie.

Ich ziehe den Beutel und reiche ihn dem, der vom Pferd gestiegen ist. Er öffnet ihn.

»Merde! Bloß lumpige Pfennige bietest du mir an, du Hundsfott?«

»M-mehr hab ich nit«, stottere ich.

»Aber einen Hut hast du, mit einer stattlichen Feder. Her damit!« Er will mir den Hut vom Kopf reißen.

Ich halte ihn mit beiden Händen fest und brülle:

»Hände weg! Rührt ihn nit an!« Hab nicht gewusst, dass ich so brüllen kann. Bin ganz verdutzt darüber.

Halb lachend, halb wütend setzt er mir die Spitze seines Degens auf die Brust und drängt mich rückwärts, bis ich an der Wand stehe.

»Sofern du mir nit augenblicklich den Hut gibst, hast du meinen tapferen Degen zwischen den Rippen!«

Ich weiß nicht, wer mirs eingegeben hat, dass ich sage: »Stoßt nur zu, Ihr werdet es bitter bereuen. Mein Vater wird euch den Kopp abschlagen lassen.«

Wie ich mich noch wundere, was ich da gesagt habe, stürzt die Els hinzu und ruft:

»Tut es nit! Sein Vater ist ein großmächtiger Kriegsherr!« Da guckt er mich von oben bis unten an und sagt:

»Wer ist Euer Vater? Was kann so ein Milchbart schon für einen Vater haben?« Lässt aber den Degen sinken.

»Er ist ein Hauptmann, ein gar gefürchteter Offizier«, sagt die Els.

»Kannst du nit selber antworten? Hauptmann bei welchem Regiment? Etwa bei den Kaiserlichen?«

»Gewiss nit. Bei den Schweden, beim Wrangel. Er liegt in Schweinfurt im Winterquartier.«

»Was! In Schweinfurt?!« Er guckt mich wieder von oben bis unten an.

»Sag mir doch, wenn dein Vater ein Hauptmann ist – wie kommt es, dass du ausstaffiert bist wie ein Scholar? Nit einmal einen Degen hast du bei dir.«

»Freilich«, sage ich, »mein Großvater hat mich ins Kloster gesteckt, er wollte nit, dass ich zu den Soldaten gehe. Aber mein Freund und ich, wir sind ausgerissen. Wir sind auf dem Weg zu meinem Vater nach Schweinfurt.«

»Ausgerissen seid ihr den Brüdern? Hoho, das gefällt mir. Habt ihr gehört? Die Herrlein sind ausgerissen!«

Sie schlagen sich auf die Schenkel und lachen.

»Ich will euch glauben, dass ihr ausgerissen seid. Aber dass dein Vater Hauptmann ist – das ist gelogen.«

»Ich schwör Euch, mein Vater ist Hauptmann.«

»Und wie heißt er?«

»Kuno Vogel.«

»Tatsächlich Hauptmann? In Schweinfurt beim Schwed?« Ich nicke.

»Die Wege sind gar unsicher, wie gedenkt ihr denn unbewaffnet bis nach Schweinfurt zu kommen?«

Ich zucke die Achseln. »Ich bin guten Mutes, wir werden es gewiss schaffen.«

Auf einmal brüllt er: »Was steht ihr da rum und glotzt? Habt ihr nichts zu tun? Sattelt die Pferde ab, holt Holz, macht Feuer an!«

Ich fahre zusammen, aber ich merke sogleich, dass er nicht uns, sondern die Knechte meint. Augenblicklich gehorchen sie, gehen hinaus, satteln ab und befreien das zweite Pferd, das sie auf dem Marktplatz nicht dabeigehabt, von seiner Traglast.

Während sie im Schein der Fackel Holz sammeln, winkt uns der Anführer in die Hütte, setzt sich auf den Strohsack und bedeutet der Els und mir, rechts und links von ihm Platz zu nehmen.

»Hört«, sagt er, »es trifft sich gut, dass auch wir nach Schweinfurt unterwegs sind. Ich habe Order, ein Schreiben zu überbringen. Wenn ich es recht bedenke, könnten wir zusammen reisen. Eurem Herrn Vater kann es nur recht sein, wenn ich sein Söhnlein sicher zu ihm geleite. Wie alt bist du, junger Herr?«

»Fünfzehn Jahre«, sage ich und habe mich ein halbes Jahr älter gemacht.

Er zwinkert mir zu: »Behaupte, was du willst. Mehr als dreizehn geb ich dir nit.« Er senkt die Stimme. »Was glaubst du, würde dein Vater springen lassen, wenn wir euch zwei wohlbehalten zu ihm bringen?«

Was soll ich ihm bloß darauf antworten? »Mein Vater ist nit kleinlich.«

»Ha, der schmeißt mit den Gulden nur so um sich«, ruft die Els.

»Abgemacht, ich bringe euch wohlbehalten zu eurem Vater, ihr sorgt mir dafür, dass er mich anständig entlohnt – und es soll euch an nix fehlen. Schlagt ein!«

Er streckt uns die Pranke hin. Was bleibt uns übrig? Wir schlagen ein.

Marschieren

Der *Waibel* und die Knechte schlafen noch. Die Els und ich sitzen tief im Gebüsch und kacken.

»Wir könnten uns hier verstecken, dann müssen sie ohne uns weiter und wir sind sie los«, sage ich.

»Und was machen sie mit uns, wenn sie uns finden? Sie werden denken, wir haben ihnen bloß Lügen erzählt.«

»Haben wir ja auch.«

»Wieso denn? Sind wir nit unterwegs zu deinem Vater?«

»Wissen wir denn, ob er in Schweinfurt ist? Ist er überhaupt noch am Leben? Und wenn wir ihn wirklich finden, glaubst du, er ist froh, uns zu sehen? Wird er den Waibel entlohnen?«

»Freilich wird er«, sagt die Els. »Mariezebill, wir werden allein nit hinfinden. Lass uns wenigstens mitgehen, bis wir den rechten Weg wissen. Wir können immer noch das Weite suchen.«

»Wenn sie entdecken, dass wir Mädgen sind, dann gnade uns Gott«, sage ich.

Nachdem wir uns mit Blättern gesäubert und die Hosen hochgezogen haben, sagt die Els: »Warte noch, Mariezebill.«

Sie löst mir die seidene Cravate vom Hals.

»Was soll das, Els?«

»Das wirst du gleich sehen«, sagt sie, nimmt mir den Hut

vom Kopf und hängt ihn an einen Ast. Dann bindet sie mir die schwarze Cravate über das linke Auge.

»Besser ist besser«, sagt sie, »heute Morgen hattest du deinen Hut nit mehr überm Auge, hattest ihn im Schlaf verschoben. Mit der Schärpe ist es sicherer. Du kannst ja sagen, du hast ein Geschwür am Auge.«

»Els, das ist ein großartiger Einfall!«

Als wir zur Hütte zurückkommen, stehen der Waibel und die Knechte davor und mustern uns mit finsteren Blicken.

»Wo seid ihr gewesen?«, herrscht der Waibel uns an.

»Unser Wasser abschlagen, was sonst?«, versetzt die Els.

»Und dazu müsst ihr euch so tief verkriechen, ihr Milchbärte?«

»Ja nun«, sagt die Els, »schließlich sind wir im Kloster erzogen. Wir brauchen wohl Zeit, bis wir uns an eure Sitten gewöhnt haben.«

Darauf schlagen sie ein ungebärdiges Gelächter an, klopfen sich auf die Schenkel und verschlucken sich vor Lachen.

Nachdem jeder sein Stück Brot mit Speck, von dem der Waibel uns reichlich zugeteilt, verzehrt hat, wird das Reitpferd des Waibels gesattelt, das Lasttier mit allerhand Gerät beladen, darunter zwei Fässchen Wein, die ihm rechts und links von der Seite hängen.

»Wenn du müde wirst«, sagt der Waibel und mustert meine engen Stiefel, die schon recht ramponiert aussehen, »dann melde dich. Ein Stück Wegs magst du bei mir aufsitzen.«

»Danke, ich gehe lieber zu Fuß«, sage ich.

Das fehlt noch, dass ich eng an ihn gedrängt hinter dem stinkenden Klotz sitze. Die Nacht in der engen Hütte mit den Kerlen, die im Schlaf ohne Unterlass furzten, war eine gar schwere Prüfung gewesen.

»Wie du willst, Junker. Aber auf diesen Stiefeln kommst du nit weit.«

Er schwingt sich aufs Pferd und reitet voraus. Die zwei Musketiere nehmen die Els und mich in die Mitte. Und hinter uns folgt der Knecht, der das Lastpferd am Zügel führt.

»Sag mir«, fragt der Soldat, der neben mir geht, »dienen beim Schwed auch so viele Papisten wie beim Franzos? Ist dein Vater ein Papist?«

»Nein, wir sind Lutheraner, wie kommt Ihr darauf?«

»Wie kommt es aber, dass ihr im Kloster wart?«

»Mein Großvater wollte, dass ich Latein lerne.«

»Latein? Gott bewahre! Seid ihr am Ende bei den Jesuiten gewesen?« Er holt den Schleim von ganz unten hoch und spuckt einen grünen Batzen aus.

»Nit doch«, gebe ich zurück, »bei den Zisterziensern.«

»Und wozu soll es dir nützen, das Latein?«

»Wenn du Latein kannst«, sage ich überlegen, »kannst du im Welschland dich immer verständigen mit denen, die auch Latein gelernt haben. Kannst disputieren mit Gelehrten aus aller Herren Länder.«

»In Münster und in Osnabrück«, sagt der Knecht verächtlich, »da sitzen sie und disputieren seit mehr als drei Jahren, wie sie Frieden machen sollen. Und ich sag dir, in hundert Jahren sitzen sie noch immer dort, welschen Latein und schaffen keinen Frieden.«

»Haben nit kürzlich die Bayern und die Schweden Frieden geschlossen?« Mir ist, als hätte Schwester Johanna davon gesprochen.

»Davon weiß ich nix. Ich weiß nur, dass der Krieg weitergehen muss für alle Zeit. Denn sag mir, Junker, wovon soll der Soldat leben? Hunderttausende sind wir, was fangen wir an im Frieden? Wer soll uns satt machen wenn nit der Krieg?«

»Wenn aber die Herren doch den Frieden beschließen, was dann?«, frage ich.

»Die Herren? Mit ihrer Gier nach Beute? Die machen keinen

Frieden. Wenn aber doch, dann machen wir unseren eigenen Krieg. Wie wollen die Herren uns abhalten, weiter auf Partei zu gehen? Wir sind gar viele.«

»Hör zu«, sagt die Els, »ich kann dir sagen, wovon ihr im Frieden satt werden könnt. Ihr braucht bloß die verlassenen Häuser aufzubauen und die vielen wüsten Äcker zu roden und zu pflügen. Dann könnten gar viele satt werden.«

»Potz Blut und Teufel, der Blitz soll mich treffen, wenn ich den Buckel für einen Fronherrn krumm mache!«, ruft der Musketier. »Ich lobe mir das freie Landsknechtleben!«

Da schleppt der sich hin, allein seine Muskete ist so schwer, dass ich sie kaum aufheben könnte, und redet von einem freien Leben? Und der Waibel brüllt ihn an und kommandiert ihn herum. Was ist das für eine Freiheit?

»Gott erhalte uns braven Soldaten den Krieg«, sagt der Musketier neben der Els.

»Was habt ihr da hinten zu schwadronieren und zu schwätzen?«, ruft der Waibel. »Allez, tummelt euch. Bald ist es dunkel und wir haben noch kein Quartier.«

»Wann kommen wir denn endlich zum Main?«, frage ich.

»Zum Main? Da wollen wir nit hin.«

»Wir müssen aber doch zum Main, wenn wir nach Schweinfurt wollen?«

»Nach Schweinfurt ist es weit«, sagt der Soldat gleichmütig, »da haben wir noch viele Tage zu marschieren.«

Viele Tage? Schon jetzt sind meine Füße voller Blasen, sodass jeder Schritt mich schmerzt. Gehen wir überhaupt nach Schweinfurt? Ich nehme mir vor, am Abend den Waibel nach der Route auszufragen. Wieso gehen wir nicht den Leinpfad am Main entlang? Wäre doch bestimmt bequemer, als ständig bergauf und bergab zu stolpern.

Unser Quartier ist ein ausgebranntes Dorf, eigentlich bloß ein Weiler mit vier oder fünf gewesenen Bauernkaten. Den

Pferden werden Sattel und Traglast abgenommen, dann werden sie angepflockt. Die Els und ich helfen beim Holzsammeln. Bald sitzen wir in einem Gemäuer, das früher einmal ein Haus gewesen, vor prasselndem Feuer.

»Sieh her, Junker«, sagt der Waibel, als ich ihn frage, ob es nicht bequemer sei, unseren Weg durch das Maintal zu suchen, »hier liegt Frankfurt und hier Schweinfurt und das da ist der Main.« Mit einem Stöckchen zeichnet er in die Asche das Auf und Ab einer Schlangenlinie zwischen beide Punkte.

»Merkst du nun, welch gewaltige Umwege wir marschieren müssten, so wir dem Fluss folgten? Abgesehen davon, dass in den Flusstälern allerlei gefährliches Volk sich herumtreibt. Und unserer sind nur wenige.«

Wie, dieser raue Landsknecht fürchtet sich?

»Wie lange, denkt Ihr, werden wir unterwegs sein bis Schweinfurt?«

»Das kann ich Euch nit sagen, Junker. Sechs Tage? Acht? Oder länger? Hängt vom Zustand der Wege ab, von den Zufällen, die uns begegnen.«

Am nächsten Morgen zähle ich an meinen Fingern die Tage ab. Kein Zweifel, heute muss Karfreitag sein. Ich schiebe mein Stück Speck dem Knecht zu und esse nur das Brot.

»Schmeckt dir der Speck nit?«, fragt die Els.

»Heute ist Karfreitag.«

»Wir müssen bei Kräften bleiben«, sagt die Els und beißt mit Lust in ihren Speck. »Das wird der liebe Gott wohl einsehen.«

Heute ist mir gar traurig zumute. Beim Marschieren muss ich alleweil daran denken, wie sie unseren armen Heiland ans Kreuz geschlagen haben. Wir ziehen an einem Dorf vorbei, in dem die Glocken läuten. Wie gerne ginge ich jetzt mit Mutter Johanna in die Kirche!

Im nächsten Dorf schweigen die Glocken.

»Dort müssen Papisten wohnen«, sagt Robert, der Musketier. »Das ganze Jahr über bimmeln sie die Glocken, bloß am Karfreitag, wo man unseren Herrn geschlachtet hat, läuten sie nit. Ich hätte gute Lust, hineinzugehen und ihnen den roten Hahn auf den Kirchturm zu setzen.«

»Das lässt du bleiben, wir sind zu wenige«, sagt der Waibel. Ich darf das nicht hingehen lassen. Ich schlucke und sage:

»Du irrst dich, Robert, gerade zum Andenken an den wirklichen Kreuzestod lesen die Katholischen keine Mess am Karfreitag und lassen nit läuten. Sie tun es aus Frömmigkeit, nit aus Verachtung.«

»Freilich und ihre Heiligenbilder beten sie auch aus wahrer Frömmigkeit an.«

»Ist ja gar nit wahr, dass sie sie anbeten«, rufe ich hitzig, »die Bilder sind –«

»Halts Maul«, ruft der Waibel vom Pferd herunter, »bist du unser Schulmeister? Ich will mir deine Pfaffenweisheiten nit anhören.«

»Der Hauptmann wird dir die Flausen schon austreiben«, ruft Robert.

Ich sage nichts mehr, gucke bloß auf meine verdreckten Stiefel, in denen meine Füße stecken wie zwei wunde, geschwollene Fleischklumpen. Und marschiere.

Am nächsten Tag marschieren wir auf der Landstraße. Sie ist nicht gar so schlecht wie das unwegsame Geländer vorher. Wir kommen schneller voran, aber meine wunden Füße schmerzen bei jedem Schritt. Die Els hat ihre Schuhe ausgezogen und geht barfuß.

Was schaukelt denn dort an den Bäumen? Sehen wie ungeheure Fledermäuse aus, die Gestalten. Sehen die anderen sie nicht? Keiner sagt was. Ich traue mich nicht zu fragen.

In der Luft ist ein pestilenzartiger Gestank.

»Els«, sage ich, »was stinkt denn hier so furchtbar?«

»Siehst du es nit? Siehst du sie nit an den Bäumen hängen?«

Ich bleibe stehen und mache meine Augen schmal. »Els, Els – das sind doch nit –«

»Ja, da haben sie welche aufgehängt. Scheinen schon eine Weile zu baumeln.«

Mir wird so angst. Ich will nichts mehr sehen und nichts mehr hören. »Warum hat mich nit die Pest geholt?«

»Darum«, sagt die Els, »weil ich auch noch lebe. Meinst du, ich will leben ohne dich?«

Wir marschieren weiter.

»Mariezebill –« Die Els flüstert, damit die anderen es nicht hören. »– ich bete inwendig. Ich bete die ganze Zeit für ihre Seelen. Ich glaube, es hilft.«

Ich wende meinen Blick von den Bäumen und dem Graben, in dem auch Leiber liegen, sehe wieder auf meine Stiefel und murmle im Rhythmus meiner Schritte:

»Herr, erbarme dich ihrer Seelen, erlöse sie von der ewigen Pein. Herr, erbarme dich …«

Und marschiere.

Ich weiß nicht, wie viele Tage wir schon unterwegs sind. Ich zähle sie nicht mehr. Ich habe die Hoffnung aufgegeben, dass wir jemals in Schweinfurt ankommen. Wir werden marschieren, bis die Welt untergeht.

Hätte ich bloß meine Stiefel ausgezogen, als ich sie noch von den Füßen bringen konnte! Ich beneide die Els. Ihre Füße sind auch kaputt vom Barfußgehen, aber wenn wir an einem Gewässer vorbeikommen, kühlt sie sie im Wasser. Ich glaube, meine Füß und meine Stiefel sind zusammengewachsen. Ich weiß nicht, wo die Füß aufhören und die Stiefel anfangen. Tun mir die Füße weh oder die Stiefel?

Am Abend sagt die Els zum Waibel: »So geht es nit weiter.«

Und dann schneiden sie und der Waibel mir die Schuhe von den Füßen. Die Sohlen muss man mit Wasser abweichen, aber ein paar Fetzen kleben immer noch dran, die gehen einfach nicht ab. Der Waibel wickelt mir Verbandszeug um die Füße und Lappen darüber.

Die anderen stehen dabei und glotzen. Der Pierre schüttelt den Kopp und sagt:

»Aus dir wird nie ein Soldat, Musjeh. Einer mit so weichen Füßen kann nit Soldat werden.«

»Steig auf«, sagt der Waibel am nächsten Morgen, »es ist vollkommen unmöglich, dass du weiter zu Fuß gehst.«

Ich kann nicht mehr gehen, die paar Schritte zum Pferd sind mir sauer genug. Sie heben mich aufs Pferd, ich sitze hinter dem Klotz und halte mich an seinen Schultern fest. Freilich stinkt er. Soll er stinken. Mir doch egal. Ich stinke auch.

»Morgen«, sagt der Waibel am Abend, »morgen sind wir in Schweinfurt. Dann haben wir es geschafft.«

Der kann uns viel erzählen. Ich glaube nicht, dass wir jemals ankommen. Ich will bloß noch hier liegen, die ausgestreckten Beine auf dem Boden. Nie wieder aufstehen, nie wieder marschieren. Auch nicht reiten und dabei die Füße hängen lassen, sodass die Höllenpein darin pulst wie das ewige Feuer.

Endlich am Ziel

»Allez hopp, aufs Pferd, Junker«, sagt der Waibel am anderen Morgen.

Da beiße ich die Zähne zusammen.

Unterwegs kommen wir an einer Wiese vorbei, auf der eine große Schafherde weidet. Ein Schäfer ist weit und breit nicht zu sehen.

»Die kommen uns wie gerufen«, sagt der Waibel, »wir wollen ein paar Lämmer mitnehmen ins Lager.«

Die Schafe springen fort, als er auf sie zusetzt. Bloß ein Mutterschaf bleibt stehen und blökt. Renn weg, denke ich, mach, dass du fortkommst. Aber das Schaf steht da und weiß nicht, wohin. Der Weibel springt ab, nimmt ihm das Lamm unterm Bauch fort und reicht es mir hinauf. Dann schwingt er sich wieder aufs Pferd.

Was soll ich bloß machen? Das Muttertier blökt gar jämmerlich. Am liebsten würde ich das Lämmlein zu seiner Mutter hinunterwerfen, aber ich wage es nicht.

Der Waibel gibt dem Pferd die Sporen, wir setzen davon. Aber – das Mutterschaf läuft mit. Ruft mäh und bäh und kommt hinter uns her. Und plötzlich rennt das eine und andere Schaf hinzu und folgt uns ebenfalls. Und schließlich ist es die ganze Herde, die uns folgt.

Die Männer grölen vor Vergnügen und gebärden sich, als hätten sie eine Heldentat vollbracht.

Die Els geht neben dem Pferd her und sagt:

»Die Herde gehört aber doch jemandem. Wir können sie doch nit einfach mitnehmen?«

»Gehörte«, ruft der Waibel, »gehörte. Jetzt gehört sie uns. Können wir was dafür, dass die Schafe uns so brav folgen?«

Das Lämmlein scheint recht zufrieden in meinen Armen. Ich streichele es und verspreche ihm leise, dass ihm nichts geschehen wird. Immer wieder schaue ich mich nach seiner Mutter um, aber ich kann nicht erkennen, welches der vielen Schafe es ist.

Ich bin vollauf damit beschäftigt, das Tier zu halten und gleichzeitig nicht vom Pferd zu fallen, dass ich gar nicht merke, wie wir uns dem Lager nähern. Ich werde es erst gewahr, als wir schon fast mittendrin sind.

Die Schafe sorgen für eine große Aufregung. Der Waibel hat sie den *Marketendern* und Landsknechten verkaufen wollen, aber daraus wird nix. Sie rennen nämlich herum wie toll und im Lager beginnt eine wilde Jagd. Jeder will sich ein Schaf fangen. Der Waibel schreit, dass die Schafe ihm gehören und dass jeder, der sich eines fängt, es ihm bezahlen muss. Aber sie lachen ihn bloß aus.

»Bleib schön da«, sage ich zu meinem Lamm, »sonst endest du am Spieß.«

Die Wache kommt und der *Profos* auch und fragen den Waibel nach woher und wohin. Er sagt, dass er ein Kurier ist und eine Botschaft für den Obristen hat. Und dass er die Herde unterwegs günstig erworben hat und dem Lager verkaufen will.

»Damit ist es nun Essig«, sagt der Profos, »die Herde kann ich euch nit mehr beschaffen. Ist das euer Sohn, der so lahm auf dem Gaul hockt wie eine kranke Jungfer?«

»Bewahre«, ruft der Waibel, »das ist der Sohn vom Hauptmann Vogel. Ihr habt hier doch einen Hauptmann Vogel?«

»Hauptmann Vogel? Den haben wir. Was habt Ihr mit seinem Sohn zu schaffen?«

»Hab ihn aufgelesen unterwegs. Er ist ausgerissen, will zu seinem Vater.«

»Scheint eure Hauptbeschäftigung, Raritäten aufzulesen.«

Der Profos zeigt dem Waibel den Weg zum Zelt des Obristen.

»Den Jungen hier werd ich unterdessen seinem Vater zuführen«, sagt der Profos.

»Mit Verlaub, der Junker kann bei den anderen warten«, sagt der Waibel, »ich habe ihn gehegt und gepflegt, habe ihn auf meinem eigenen Pferd reiten lassen, da will ich ihn auch selbst dem Herrn Vater übergeben.«

Der Hauptmann Vogel – Gott gebe, dass es sich um meinen Vater handelt – bewohnt ein prächtiges, weißes Zelt, so groß wie eine Bauernkate. Nein, viel größer. Der Waibel, die Els und ich bleiben vor dem Eingang stehen. Der Waibel schickt den Pferdejungen hinein, damit er dem Hauptmann Bescheid sage.

Ich drücke das Lamm an mich, mein Herz klopft. Ist es der Plunzer, der in diesem Zelt wohnt? Und wenn er es ist, wird er mich behalten oder wird er mich fortschicken?

Der Vorhang wird beiseite geschoben.

»Er ist es«, flüstert die Els.

Ja, ich kenne sie wieder, die mächtige Bärenstimme vom Plunzer.

»Was sind das für Narrenpossen?«, herrscht er den Waibel an. »Man sagt, Ihr bringt mir meinen Sohn? Mein Sohn ist hier –« Er deutet in das offene Zelt, wo ein kleiner Junge auf dem Fußboden spielt. »– einen anderen Sohn hab ich nit.«

»Mit Verlaub, Herr Hauptmann, ich meine Euren großen Sohn. Er ist aus dem Kloster geflohen. Zu seinem Glück habe ich ihn getroffen und sicher hierher geleitet.«

»Bist du toll oder besoffen? Was faselst du von einem Sohn aus dem Kloster? Bin ich ein Papist?«

»Herr Hauptmann, halten zu Gnaden – man hat mich hereingelegt. Dieser da –«, er packt mich am Kragen und zieht mich zu ihm, »– dies Bürschchen hat mir geschworen, er wäre Euer Sohn.«

»Nit sein Sohn! Ich habe geschworen, dass er mein Vater ist. Ich bin Mariezebill – Eure Tochter.«

Mein Vater macht ein maßlos erstauntes Gesicht und mustert mich von oben bis unten. Gleich wird er sagen: »Ich kenne keine Mariezebill. Was für eine Tochter?«

Aber es kommt anders. Ein Strahlen geht über sein Gesicht.

»Potztausend Teufel«, brüllt er, »Mariezebill? Meine Tochter aus Frankfurt?«

Mit ausgestreckten Händen geht er auf mich zu. Rasch ergreife ich seine Rechte und schüttele sie, am Ende hätte er mich gar umarmt. Das tut nicht Not, so gut kennen wir einander ja nicht.

»Hast du dich verkleidet? Bist als Bursche gereist? Potzsackerment, ein artiger Streich! – Eva, Eva, komm her, meine Tochter ist gekommen, die Mariezebill aus Frankfurt!« Seine Stimme dröhnt über das ganze Lager.

Er packt mich am Arm und will mit mir ins Zeit, da tritt der Waibel vor und sagt: »Mit Verlaub, Herr Hauptmann, ich habe gewisse Ausgaben gehabt für das Geleit Eures – Eurer Tochter.«

»Gewiss doch.« Mein Vater greift in den Sack und holt eine Anzahl glänzender Gulden hervor, die er in des Waibels Hand gleiten lässt. Der bedankt sich und meint kopfschüttelnd: »Ich hätte mir nit träumen lassen, dass ihr Jungfern seid. Für Jungfern habt ihr euch wacker gehalten.«

Ich winke der Els, sie soll mit hineinkommen.

»Herr Vater, das ist die Els – meine Gefährtin.«

»Willkommen, Els. Bist du das Mädgen, das damals so behände auf meinen Gaul gesprungen?«

Ich hätte dem Plunzer nicht zugetraut, dass er das noch weiß.

Der Vorhang, der den hinteren Teil des Zeltes vom Vorzelt trennt, teilt sich und eine Frau im roten Seidengewand kommt heraus. Sie hat lange schwarze Locken und große blaue Augen. Sie kommt mir gar schön vor.

»Eva«, sagt mein Vater, »das ist meine Tochter Mariezebill. Und das da ist die Els aus Frankfurt.«

Ich mache eine Verbeugung vor der Eva. Anscheinend ist sie seine Frau.

»Und hier, das ist dein Bruder, Mariezebill. Fränzchen, komm her.«

Ich habe einen Bruder! Fränzchen wackelt auf krummen Beinchen nicht zum Vater, sondern zu seiner Mutter. Hält sich an ihrem Kleid fest, hat den Finger im Mund und guckt das

Lamm an. Das Lamm zappelt und will herunter von meinem Arm. Ich setze es vor ihm auf den Boden.

»Da, Fränzchen, ich schenke es dir.«

Fränzchen juchzt und will nach dem Tierlein greifen. Das Lamm bäht und macht eine Pfütze auf den Boden. Dann stakst es auf unsicheren Beinen in einen Winkel, Fränzchen wackelt hinterher. Mein Vater lacht.

»Eva«, ruft er plötzlich, »ein Gastmahl! Sofort müssen wir ein Gastmahl richten. Meine Tochter ist gekommen, das müssen wir feiern!«

»Mir scheint«, sagt Eva, »deine Tochter kann sich kaum mehr auf den Füßen halten. Oh – das sieht gar schlimm aus. Da kommt ja das schiere Blut durch die Lappen. Wir müssen den *Feldscher* holen.«

Die Eva schickt den Pferdejungen zum Feldscher. Mich geleitet sie zu einem Lager, dann reicht sie der Els und mir einen Trunk mit Wasser und Wein, der mir gar wohl tut.

»Ich glaube, das Lamm braucht Milch«, sage ich, »es hat den ganzen Tag noch nichts gekriegt, seit es von der Mutter genommen wurde.«

»Daran soll es nit fehlen«, sagt Eva.

Sie versorgt das Lamm mit einer Schale Milch und hält Fränzchen fest, damit er das Tier nicht beim Trinken stört.

Der Feldscher kommt und wickelt mir die Lappen und Binden ab. An den Sohlen ist keine Haut mehr, das rohe Fleisch hat sich entzündet. Es brennt wie Feuer, als er die Füße mit Kräutersud und reinen Leintüchern säubert.

Der Plunzer geht derweil wie närrisch im Zelt auf und ab und murmelt vor sich hin: »So schlimme Füß hab ich noch bei keinem Kerl gesehen. Allerhand, so ein Mädgen. Und alles, um zu ihrem Vater zu kommen! Allerhand.«

Der soll sich bloß nicht einbilden, ich wäre zu ihm gekommen, wenn ich hätte im Kloster bleiben können.

»Habt Ihr schimmliges Brot?«, fragt der Feldscher die Eva.

Daran ist offenbar kein Mangel. Er bindet mir die Stücke auf die Fußsohlen.

»Es gibt nichts Besseres, um die Entzündung auszutreiben«, sagt er.

Er wendet sich an meinen Vater: »Sie darf unter keinen Umständen aufstehen und umhergehen. Sie muss liegen, bis sie wieder Haut auf den Sohlen hat.«

»Halt, Herr Feldscher«, rufe ich, als er hinauswill, »die Els hat auch schlimme Füß. Bitte, seht sie Euch an.«

Die Els legt sich neben mich und er betrachtet sich ihre Füße. Zum Glück sind sie nicht so arg wie meine. Er reinigt sie mit Kräutersud und schmiert Salbe darauf. Schimmliges Brot sei nicht vonnöten, sagt er. Aber auch die Els solle die nächsten Tage liegen und nicht umhergehen.

»Wie lange kann es dauern, bis die Mariezebill wieder gehen kann?«, fragt Eva.

»Das kann ich nit genau sagen. Zehn Tage mindestens.«

»Und was, wenn das Lager früher abgebrochen wird?«, fragt Eva meinen Vater.

»Entweder sie reitet oder – wenn es noch gar schlimm ist, such ich ein Quartier in der Stadt, dann musst du mit den Mädgen und Fränzchen hier bleiben.«

»Höre, Mariezebill –« Der Plunzer tätschelt meine Backen. »– wenn du gesund bist, gehe ich mit dir zum besten Schuhmacher und lasse dir Schuhe anmessen aus dem allerfeinsten, allerweichsten Leder, so sich finden lässt.«

»Danke, Herr Vater«, sage ich. Seine Freundlichkeit ist mir ein wenig zu viel.

In der Nacht stößt die Els mich an. »Hörst du sie?« Sie erstickt fast vor Lachen. »Hörst du, wie sie minnen?«

Überhören kann ich sie nicht, die abscheulichen Geräusche hinter dem Vorhang.

»Da gibt's nix zu lachen«, gebe ich zurück. »Er grunzt wie ein Schwein und sie vergnügt sich noch dabei.«

»Du verstehst aber auch kein bisschen Spaß«, sagt die Els. »Besser wärst du eine Nonne geworden.«

Ja, das wäre mir auch lieber. Ich ziehe mir die Decke über den Kopf.

Obwohl es hinter dem Vorhang still geworden ist, kann ich nicht einschlafen.

»Mariezebill?«

Was will sie jetzt? Ich will nicht über Minne und all die grauslichen Sachen reden. »Was ist?«

»Er ist so lustig und freigiebig, dein Vater. Ich glaube, er hat dich richtig gern.«

»Du meinst – er hat mich gern?«

»Hast du nit gemerkt, wie er sich gefreut hat, dass du gekommen bist? Was hast du gegen ihn?«

»Er ist ein Rüpel. Hast du gesehen, wie er isst? Macht seinen Mund nit zu beim Kauen, man sieht das ganze Essen drin. Und hinterher hängen ihm die Fleischfetzen in den Zähnen. Und wenn er trinkt, tropft ihm der Rotwein aufs Wams.«

»Du bist aber auch zimperlich«, sagt die Els. »Wenn du eine Bauerntochter wärst, wärst du nit so zimperlich.«

Der Vater begehrt Auskunft

»Sag an, Mariezebill, wie ist es zugegangen, dass du – eine Lutherische – im Kloster gewesen bist? Hat dein ehrenwerter Großvater dich hineingesteckt?«

Was hat der Plunzer gegen den Großvater? Warum zieht er die Augenbrauen hoch, wenn er von ihm spricht?

»Der Großvater ist gestorben. Die Großmutter auch. Und zuletzt die Bas.«

»Ist es die Möglichkeit? Die ganze Familie? Die Bas auch, das alte Schlachtross?«

Was untersteht er sich, die Bas ein Schlachtross zu nennen? Sie war klein und dünn und keinem Schlachtross ähnlich.

»Woran sind sie so plötzlich gestorben? Hattet ihr eine Seuche?«

»Die Pest.«

»Die Pest?! Pfui Teufel – die Pest!«

»Der Großvater ist im November gestorben, bald darauf die Großmutter. Und die Bas im Dezember.«

»Und du, du warst derweil im Kloster?«

»Ins Kloster bin ich erst hinterher. Ich war daheim.«

»Und dann? So rede doch, mach das Maul auf!«

»Als sie alle tot waren, hat die Els die Pest gekriegt –«

»Die Els? Potzsackerment, ist sie davongekommen?«

»Sonst wäre sie nit hier.«

»War sie im Pestilenzhaus? Wer hat sich um sie gekümmert?«

»Nein, sie war daheim. Ich hab mich um sie gekümmert.«

»Wer war bei euch? Eine Verwandte, eine Nachbarin?«

»Nein, nein, wir waren allein.«

»Ihr zwei – allein?« Er lässt sich auf einen Stuhl fallen.

Was soll die Fragerei? Wozu will er das alles wissen? Ich habe keine Lust, darüber zu reden. Schon gar nicht mit ihm.

»Es ist aus und vorbei«, sage ich.

»Vorbei, ja. Da meinen manche, der Krieg ist schlimm. Ist der Krieg schlimm? Er ist ein ehrlich Hauen und Stechen. Die Pest ist schlimm, viel schlimmer als der Krieg. Du hast sie nit gehabt, die Pest?«

»Nein. Wir waren in Quarantena von November bis Januar. Danach hat man uns Gesundheitspässe gegeben.«

Er soll mir nicht auch noch damit kommen, wir brächten die Pest ins Lager.

»Und währenddessen hat sich keiner um euch gekümmert?«

»Die Knechte vor der Tür, die uns bewacht haben, haben uns Wasser geholt und eingekauft. Und manchmal ist der Pfarrer an die Klappe gekommen und hat mit mir gebetet.«

»Sonst konnte der nix, außer Beten?«

»Nach der Quarantena sollte ich in sein Haus kommen.«

»Und? Bist du gegangen?«

»Nein. Er wollte nit, dass ich die Els mitbringe. Deshalb sind wir geflohen aus Frankfurt. Es hat uns einer mit einem kleinen Boot nach Mainz gerudert. Dort sind wir zu den Altmunsteren.«

»Was hattet ihr im Kloster zu schaffen? Ihr seid doch nit katholisch.«

»Doch, ich bin katholisch, Herr Hauptmann«, sagt die Els, die die ganze Zeit bloß zugehört hat.

»Siehst gar nit aus wie eine Papistin. Hast du die Mariezebill angestiftet, zu den Nonnen zu gehen?«

»Ja«, sagt sie.

»Ich habe es selber gewollt«, sage ich, »ich habe gemeint, zwei Mädgen finden am besten Schutz im Kloster.«

»Hattest du nit einen Vater?«

»Hab nit gewusst, wo ich Euch suchen soll, Herr Vater.«

»Hat euch aber nit gefallen, der Hokuspokus im Kloster? Oder warum seid ihr wieder fort?«

»Wohl hat es mir gefallen. Wir mussten fort, weil ein Jesuit gekommen ist und hat uns als Hexen verdächtigt. Er hat uns in Eisen gelegt und in den Kerker geworfen.«

»In Eisen gelegt? In den Kerker geworfen? Meine Tochter?«, brüllt er. »Ei, ich werde die Nonnen lehren! Hin will ich mit ein paar Männern, das Kloster werd ich ihnen anstecken, sie sollen es mir büßen!«

Wütend schlage ich mit der Faust auf den Tisch: »Warum hört Ihr mir nit zu, Herr Vater? Hört mir einmal im Leben zu! Die ehrwürdigen Frauen wollten uns nix Böses. Sie haben nit geglaubt, dass wir Hexen sind. Sie haben uns zur Flucht verholfen.«

»So. Aha. Das will ich ihnen geraten haben. Wie heißt der Jesuit?«

»Pater Ignatius.«

»Ignatius, so. Den Namen merke ich mir. Lass mich eines Tages nach Mainz kommen, den brate ich mir lebendig!«

Aus der Els bekam er schließlich die ganzen Einzelheiten über unsere Flucht heraus. Ich bin ganz ärgerlich auf die Els. Warum erzählt sie so viel? Was geht es ihn an?

Der Plunzer wünscht sich eine kecke Draufgängerin als Tochter. Und weil ich Männerkleidung angezogen und mich auf den Weg gemacht habe, glaubt er, ich wäre eine Draufgängerin. Während die Els erzählt, klatscht er sich ständig auf die Schenkeln vor Vergnügen. Und ich sitze da und ärgere mich. Weil er alleweil alles falsch versteht.

»Mariezebill, Els«, sagt er, »habt ihr von der Königin Christina gehört? Sie ist die Tochter von Gustav Adolf und wurde erzogen wie ein Junge. Kann fechten, schießen, kann sogar Latein. Mariezebill, willst du reiten und fechten lernen?«

Reiten meinetwegen. Es kann nützlich sein, damit man sich die Füß nicht zu Schanden marschiert.

»Fechten nit, Herr Vater«, sage ich, »Ihr wisst ja, ich bin schwachsichtig. Es würde mir kaum gelingen, den Streichen richtig auszuweichen. Und meine eigenen Streiche würden wohl meist daneben gehen.«

»Richtig, du bist ja schwachsichtig. Weshalb hast du eigentlich immer die schwarze Schärpe über dem Auge?«

»Nit jeder braucht mein Scheelauge zu sehen«, sage ich. »Alleweil glauben die Leut, es wär verhext.«

»Richtig, richtig.« Ich sehe ihm an, dass ihm jetzt erst wieder einfällt, dass ich schiele. »Fürwahr, siehst ganz verwegen aus mit der Schärpe.«

»Vielleicht will ja die Els fechten lernen«, sage ich.

»Willst du, Els?«, fragt er.

Und ob die Els will. Er verspricht ihr Degen und Lehrmeister. Ob er es halten wird?

»Und was willst du lernen, Mariezebill?«

Mein Herz tut einen Sprung, »Latein, Herr Vater.«

»Latein? Narrenpossen!«

Hätte ich mir ja gleich denken können, dass er das nicht versteht.

»Wozu um Himmels willen soll ein Weiberrock Latein können?«

Hat er nicht vorhin selbst gesagt, die Königin Christina könnte es auch? Und jetzt redet er immer weiter davon, wie überflüssig es ist und dass es den Weibern die Köpp verwirrt, wenn sie gar zu gelehrt werden. Ich lasse ihn reden, gebe ihm keine Antwort. Aber er hört nicht auf, will mir mit Gewalt einreden, dass Bildung gefährlich sei für Mädgen. Und Lesen und Schreiben schon zu viel. Weil er überhaupt nicht mehr davon aufhört, werde ich zuletzt zornig und sage:

»Nehmt an, Herr Vater, wir kommen mit dem Regiment ins Welschland, wo Ihr die Leut nit versteht. Da könnte ich dem Pfarrer oder anderen gelehrten Herren auf Lateinisch erklären, was Euer Begehr ist.«

Darüber muss er laut lachen, klatscht sich auf die Schenkel und fragt: »Im Weiberrock?«

»Ich kann genauso gut Hosen anziehen wie Ihr, Herr Vater. Und einen Bart kann ich mir ankleben, so man meint, einen Milchbart muss man nit ernst nehmen.«

Ich sage es voller Zorn, aber mein Vater lacht umso ungebärdiger, je zorniger ich werde.

Warum hat Gott mir bloß so einen Rüpel zum Vater gegeben?

Die Els erkundet das Lager

Meine Füße werden jeden Tag besser, im Zelt humpele ich schon wacker herum. Aber hinausgehen darf ich noch nicht. Ich bin ganz froh darüber, denn wie sollte ich mich draußen zurechtfinden? Die Els sagt, das Lager wäre so groß wie eine Stadt, ja, bald so groß wie Frankfurt. Aber hier gäbe es noch mehr Menschen.

Das kann ich nicht glauben, da hat sie gewiss übertrieben.

»Und was die alles für Sprachen welschen – Schwedisch und Böhmisch und Kroatisch. Und Italiener und Franzosen sind dabei. Und oft versteht man nit einmal die Teutschen. Richtiges Teutsch reden bloß die Hessen und die Sachsen.«

Mir schwirrt der Kopp bloß vom Zuhören.

»Gibt es noch mehr so fürnehme Zelte wie das unsere?«

»Viele. Der Feldherr und der Herr Oberst haben die prächtigsten von allen. Aber die einfachen Landsknechte schlafen in Quartieren mit Strohdächern. Liegt einer neben dem anderen, manche mit ihren Frauen. Und viele schlafen auf ihren Karren. Die Marketender haben die größten Karren. Und die allerreichsten haben ein Marketenderzelt. Es graust einen, wenn man daran vorbeigeht. Sie sitzen darin und würfeln und saufen. Und schreien und streiten. Und alleweil haben sie Händel und raufen. Manchmal stechen sie einander sogar tot.«

»Dürfen sie denn die eigenen Kameraden totstechen?«

»Dürfen tun sie es nit. Wenn es herauskommt, werden sie bestraft. Denk dir, Mariezebill, hier gibt es sogar einen Stockmeister und einen Henker.«

Mir grausts. In Frankfurt wohnt der Henker weit draußen. Nicht dort, wo die anderen Leute wohnen.

»Meinst du, wir könnten ihm gar begegnen?«

»Freilich, ich hab ihn schon gesehen.«

»Wie sieht er aus?«

»Nit anders als gewöhnliche Leut. Erst wenn man es weiß, sieht man, wie unheimlich er aussieht.«

Heute kommt die Els herein und sagt: »Weißt du, dass es hier so Weiber gibt, die – ich meine die Weiber, mit denen wir nit reden dürfen.«

»Hast du eine gesehen?«

»Ich hab sogar mit einer geredet.«

»Was – was hast du mit ihr geredet?«

»Die hat mich gefragt, ob ich mir einen Batzen verdienen will.«

»Waas? Und was hast du geantwortet?«

»Was sollte ich antworten? Gott bewahre, hab ich gesagt. Da hat sie ganz böse gelacht und gesagt: ›Wirst ja sehen, ob er dich bewahrt. Wirst noch an mich denken.‹«

»Els, es gehört sich nit, dass du mit derlei Weibern redest. Lauf nit so viel draußen rum.«

»Mir passiert schon nix«, ruft sie und ist schon wieder verschwunden.

Und dann kommt sie mit einer anderen Neuigkeit. »Weißt du, dass es im Lager eine Schul gibt?«

»Eine Schule?«

»Ja, eine Schul für die Buben. Für die, die hingehen wollen. Die meisten gehen natürlich nit.«

»Wer hält denn Schul? Ein Waibel?«

»Nein, der Regimentsschreiber. Er soll ein gelehrter Magister sein. Die Leut sagen, er ist nit ganz richtig im Kopp, weil er ein hoher Herr ist und umsonst die schlimmen Buben lehrt. Ohne dass einer Schulgeld zahlt.«

»Hast du ihn schon gesehen?«

»Noch nit. Man soll es ihm ansehen, dass er nit ganz richtig ist. Die Leut sagen, er sieht aus wie ein Uhu.«

Dass die Els sich allein da hinaustraut unter die umherwimmelnden, fremden Menschen, ich würde das nicht wagen.

»Wenn es noch mehr Zelte gibt wie unseres – wieso verirrst du dich nit?«

»Man kann sich nit verirren. Es gibt richtige Lagerstraßen, es ist nit schwer, sich zurechtzufinden.«

Ich fürchte, auch wenn ich gut sehen könnte, würde ich mich in den Lagerstraßen verirren. Manchmal ist es gut, schwachsichtig zu sein, so hat man wenigstens eine Ausrede.

Warum muss die Els immer hinaus und draußen herumstreifen? Kann es sein, dass sie nach den Ihrigen Ausschau hält? Wahrhaftig, es sähe ihr ähnlich. Närrische Els. Aber ich hab nicht das Herz, sie geradezu danach zu fragen. Ich kann ihr doch nicht die Hoffnung nehmen.

Mir ist so langweilig. Ich wollte, die Els bliebe bei mir, dann könnten wir Mühle spielen. Das Fränzchen ist gar possierlich, ich habe es sehr lieb. Aber manchmal wird es mir zu viel, immer dasselbe zu spielen. Er reicht mir sein Holzpferchen, sagt: »Da.« Dann freue ich mich und sage: »Danke.« Darauf gebe ich ihm das Pferdchen wieder zurück. Und das Spiel fängt von vorne an. Freilich bin ich froh, wenn er dabei lacht und jauchzt, aber auf die Dauer wird es öde. Wenn er einmal verständiger ist, werde ich ihm Märlein und Geschichten erzählen, da freu ich mich jetzt schon drauf. Aber Hexenmärlein erzähle ich ihm lieber nicht.

Das Lamm ist recht zahm geworden. Oft flüchtet es zu mir aufs Lager und will beschützt und gestreichelt werden. Ich glaube gar, es hält mich für seine Mutter. Fränzchen ist oft hinter ihm her. Er will ihm freilich nichts Böses tun, er will bloß mit ihm spielen. Dabei greift er aber so ungeschickt zu, dass es vor Schreck zu mir aufs Lager springt. Dann halte ich es im Arm und Fränzchen darf ihm den Kopf graulen. Das gefällt allen beiden.

Seit heute Morgen ist das Lamm weg. Die Eva guckt in alle Ecken und ich humple auch herum und suche nach ihm. Es ist nicht da, auch nicht vorm Zelt. Die Els macht sich auf den Weg, es im Lager zu suchen, aber die Eva sagt:

»Es mag hinausgelaufen sein und dann hat es einer weggefangen. Das sehen wir nit wieder.«

Warum sagt sie das? Gewiss spürt die Els es auf. Aber mittags kommt die Els zurück und hat es nicht gefunden.

Ich bin gar traurig. Erst hat es nach seiner Mutter gebäht. Dann hat es sich an mich gewöhnt und war froh. Jetzt hat einer es mitgenommen, der wird es schlachten und am Spieß braten. Und ich hab dem Lamm nicht geholfen. Mein Herz ist mir schwer. Ich drehe mich an die Wand. Ich will nicht mit der Els reden. Und ich will nicht mit Fränzchen spielen. Ich will bloß traurig sein.

Der Uhu

Seit drei Tagen regnet es. Die Wege draußen sind ganz aufgeweicht, deshalb kann das Heer noch immer nicht aufbrechen. Auch wenn der Regen aufhört, müssen wir warten, bis die Wege wieder trocken sind, sonst versinken Pferde und Wagen im Schlamm.

»Es wird wahrscheinlich Mai, bis wir endlich marschieren«, sagt mein Vater.

Ich bin ganz froh, dass es noch so lange dauert. Zwar humple ich schon fleißig im Zelt umher, aber die Krusten auf meinen Fußsohlen sind noch nicht ganz abgeheilt. Bis zum Mai sind es noch zwei Wochen, bis dahin sind sie bestimmt gut.

Vielleicht kriegen wir auch ein Pferd, die Els und ich. Der Vater hat so eine Andeutung gemacht. Allein würde ich mich nicht zu reiten getrauen. Aber zusammen mit der Els hab ich keine Angst.

Ich habe gehört, wie mein Vater mit der Eva gesprochen hat, und habe aufgeschnappt, dass es nach Eger gehen soll. Zuerst wollen sie Eger einnehmen und von dort weiter ins Böhmische. Einerseits freue ich mich, dass wir so weit in die Welt reisen, andererseits ist mir auch recht beklommen zumute. Ich hoffe, die Leut in Eger sind vernünftig und ergeben sich gleich. Vor einer richtigen Schlacht wäre mir bange.

Noch immer tropft der Regen auf das Zelt. An einigen Stellen läuft das Wasser herein, wir müssen Schüsseln unterstellen. Und die Els und der Peter müssen dauernd aufwischen. Peter heißt der Pferdejunge. Ich darf nicht helfen, damit meine Füße nicht nass werden. Ich langweile mich. Statt mit mir Dame oder Mühle zu spielen, rennt die Els in den Regen hinaus, wenn sie mit dem Aufwischen fertig ist.

Die Eva war fort. Jetzt kommt sie mit einem Menschen ins Zelt, der sieht zum Fürchten aus. Eine große schwarze Brille sitzt ihm im Gesicht.

»Hier stelle ich dir unseren Regimentsschreiber vor, Mariezebill«, sagt die Eva, »das ist der Magister Schäuble.«

Der Uhu?

Er gibt mir die Hand. »Ich habe viel von Euch gehört, Jungfer Mariezebill.«

Er stottert ein bisschen bei meinem Namen. Ich kneife die Augen zusammen und betrachte ihn. Es kommt mir so vor, als sei sein Gesicht recht jung hinter der schwarzen Brille.

»Was habt Ihr von mir gehört?«, frage ich verwundert.

»Das ganze Lager erzählt sich, wie Ihr, Jungfer Mariezebill, in Männertracht dem Kerker entflohen seid und den Jesuiten ein Schnippchen geschlagen habt …«

»Woher weiß man das?«, frage ich erschrocken.

»Dein Vater ist stolz auf dich!« Die Eva lacht.

Ach! Hat er geprahlt, hat er alles herumerzählt?

»Ihr dürft bloß die Hälfte glauben. Mein Vater *strunzt* gern«, sage ich.

»Mariezebill!«, ruft die Eva tadelnd.

Ist doch wahr. Was hat er mit mir zu strunzen? In Zukunft werd ich ihn nicht mehr Plunzer, sondern Strunzer nennen.

Die Eva gießt dem Magister einen Becher Wein ein und mir Wasser mit einem Schuss Wein. Sie weiß, dass ich nicht gerne schieren Wein trinke, weil ich einen klaren Kopp behalten will. Und nicht so viel Unsinn reden will wie mein Vater, wenn er besoffen ist.

»Ich habe von Euch auch schon gehört«, sage ich.

»Ach! Und was?« Er wird ja rot!

»Dass Ihr Schul haltet für die Buben.«

»Ja, das mache ich. Ein paar muss es noch geben, die in Kriegszeiten Lesen lernen.«

»Lernen sie es denn, die Hosenscheißer?«

»Die, die kommen, lernen es. Es kommen nicht gar viele.«

»Und warum lehrt Ihr keine Mädgen?«

»Mädgen? Nun – es kommen keine. Kämen welche, wollte ich auch die Mädgen lehren.«

»Ha, das ginge nit, Herr Magister. Die Buben würden bloß die Mädgen ärgern und keines würde etwas lernen. In Frankfurt hat immer der Magister Piesolt die Buben gelehrt und die Magisterin die Mädgen.«

»Wie lange seid Ihr in die Schule gegangen, Jungfer Mariezebill?«

»Bis ich zwölf war. Hab aber im Kloster bei Mutter Johanna noch etwas dazugelernt.«

»Auch Latein?«

»Ein klein wenig die Anfänge. Konnte leider nit lange genug dort bleiben.«

»Der Herr Magister ist bereit, dir Stunden zu geben, Mariezebill«, sagt die Eva.

»Ooohh.« Ich bin so aufgeregt, dass ich keine Worte finde. Hat der Vater das angeordnet? Oder hat die Eva dafür gesorgt? Ich bin mit ihr gut Freund. Habe gemerkt, dass sie mir wohlgesinnt ist.

»Freust du dich denn nit?«

»Doch, gar sehr! Was wird aber der Vater dazu sagen?«

»Es ist ja seine Idee«, sagt die Eva.

Das werd ich ihm nicht vergessen. Vielleicht ist er doch ein guter Vater? Die Els hat Recht, so übel ist er gar nicht.

Bis das Lager abgebrochen wird, kommt der Uhu jeden Tag eine Stunde und lehrt mich.

Er ist recht schüchtern, ich brauche keine Furcht vor ihm zu haben. Im Gegenteil, ich foppe ihn manchmal. Dann wird er rot.

Er ist sehr gescheit. Ich lerne nicht nur Latein bei ihm – eigentlich lerne ich Latein am allerwenigsten –, sondern wir reden über alles, über die ganze Welt. Besonders über die Hohe Schul in Tübingen, wo er vor Zeiten studiert hat.

Immer aufs Neue muss ich seine Brille betrachten, weil ich neugierig bin, ob ich damit vielleicht besser sehen könnte.

»Könnt Ihr durch die Gläser besser sehen als ohne, Herr Magister?«

»Freilich sehe ich damit besser.«

»Lasst Ihr mich einmal durchgucken – nur ein einziges Mal?«

Er nimmt seine Brille ab und reicht sie mir. Auf einmal sieht er gar nicht mehr aus wie ein Uhu. Sieht jung aus und ein wenig bloß, wie ein junger Vogel.

Ich gucke durch die Brille und bin enttäuscht. Es ist wieder genauso wie damals, als der Großvater mit mir beim Brillenmacher war.

»Ich sehe damit viel schlechter als ohne Gläser. Alle Dinge sind größer als in Wirklichkeit, liegen aber so im Nebel, dass sie gar nit zu erkennen sind.« Ich gebe ihm die Brille zurück.

Er reibt die Gläser mit einem Tuch blank, ehe er sie wieder aufsetzt. So, als hätte ich sie schmutzig gemacht. Das ärgert mich.

»Mir geht es damit anders, ich kann die Welt schärfer sehen durch die Gläser«, sagt er.

»Woher kommt das?«

»Es kommt daher, dass ich weitsichtig bin und Ihr vermutlich *myop*.«

Jetzt erfahre ich von ihm interessante Zusammenhänge.

»Im Auge von Richtigsehenden entsteht das Bild der Welt auf der Netzhaut. Bei mir kommt es erst hinter der Netzhaut zustande, dadurch wird die Welt umso verschwommener, je näher die Dinge meinem Auge sind. Lesen kann ich kaum ohne die Gläser.«

»Die Gläser bewirken also, dass das Bild an der richtigen Stelle entsteht?«

»So lehrt es der Herr Doktor Kepler.«

»Was aber ist an meinen Augen verkehrt? Gibt es für mich nit die richtigen Gläser?«

»Noch nicht, Jungfer Mariezebill. Aber gewiss wird es sie eines Tages geben. Der Herr Kepler ist der Meinung, dass bei Augen wie den Euren die Lichtstrahlen zu weit vor der *Retina* aufeinander treffen. Gegen diesen Fehler müsste man eine Sorte von Gläsern erfinden, die den Treffpunkt nicht vorverlegen wie bei mir, sondern weiter nach hinten verlegen.«

»Wer ist dieser Doktor Kepler?«

»Ein großer Gelehrter. Leider ist er schon vor etlichen Jahren gestorben.«

»Schade«, seufze ich, »vielleicht hätte man ihm schreiben und ihn bitten können, eine Brille für mich zu machen.«

»Er war kein Brillenmacher und auch kein Augenarzt. Er

war Mathematiker und Astronom, hat bloß die Gesetze studiert, die hinter der Wirkung der Brillen liegen.«

»Dann gibt es also niemanden, der mir zu einer schärferen Sicht verhilft?«

»Die berühmtesten Augenärzte leben in Paris«, sagt der Magister.

»In Paris? Meint Ihr, dass wir eines Tages mit dem Heer bis vor die Tore von Paris ziehen?« Wenn wir Paris erobern, könnte ich zu einem der Augenärzte gehen und –

»Nach Paris kommen wir gewiss nicht, Mariezebill. Die Franzosen sind unsere Verbündeten. Außerdem gibt es bald Frieden.«

»Frieden?« Ich lache ihn aus. »Für so leichtgläubig hätte ich Euch nit gehalten, Herr Magister.«

»Die Gesandten der Kriegsparteien verhandeln in Münster und in Osnabrück. Ich bin ganz sicher, dass es dort zu einem guten Ende kommt und wir den Frieden bald bekommen.«

Ich schüttle den Kopf. »Wie kann es Frieden geben, wenn immer neue Völker sich einmischen und Krieg anfangen? Ein so großer Krieg wie dieser lässt sich gar nit mehr abstellen.«

Ich sperre immer die Ohren auf und höre zu, wenn der Vater mit der Eva darüber redet oder mit den Offizieren, die ihn besuchen kommen.

»Oh, doch, wenn die Menschen den Frieden ehrlich wollen und wenn man geduldig verhandelt, dann muss er eines Tages kommen.«

»Selbst wenn die Herren alle den Frieden wollten – aber sie wollen ihn nit alle –, selbst wenn sie wollten, kann es keinen Frieden geben. Was, Herr Magister, würde dann aus den vielen Landsknechten und ihren Weibern? Wo sollen sie alle hin? Wer gibt ihnen zu essen?« Ja, Robert, der Musketier, hat mir das gut erklärt.

»Es wird nicht leicht sein und es wird lange dauern, aber die Menschen werden sich wieder an den Frieden gewöhnen.

Sie werden die Häuser aufbauen und die Felder bestellen. Sie werden ihrem Handwerk nachgehen und Handel treiben. Glaubt mir, Mariezebill, der Frieden kommt.«

Er glaubt es wirklich, der arme Magister. Redet auf einmal genauso närrisch daher wie die Els.

»Ich glaube nit an Märlein«, sage ich.

»Ihr werdet ja sehen«, sagt er.

Dann kommt er auf ein anderes Thema.

»Erlaubt, dass ich Euch etwas frage, Mariezebill. Was verbirgt sich hinter der schwarzen Binde? Habt Ihr eine Verletzung am linken Auge?«

Was geht es ihn an?

»Nein«, sage ich, »es sieht recht verwegen aus, deshalb trage ich das Tuch.« Gerade noch rechtzeitig ist mir der Spruch meines Vaters eingefallen.

»Das stimmt, Ihr seht verwegen aus, Einauge.«

Ein Paar Kuhmäuler

Übermorgen soll es fortgehen, das Lager wird abgebrochen. Der Feldscher hat mir erlaubt, das Zelt zu verlassen. Mein Vater geht mit mir und der Els nach Schweinfurt hinein.

»Wisst ihr eigentlich, dass in Schweinfurt ein großes Waffenmagazin ist? Sogar Kugeln lassen die Schweden hier gießen«, sagt der Vater.

Er geht mit uns in ein Gewölbe und zeigt uns die mächtigen Geschütze, die man hier aufbewahrt. Der Vater meint, er mache uns damit eine Freud. Mir machen die Kanonen aber bloß Angst, ich will sie gar nicht sehen.

Doch dann stehen wir und staunen über das Rathaus, es ist

gar hoch und prächtig und hat einen Turm, fast wie eine Kirche. Der Vater zieht uns weiter, er geht mit uns zu einem Schuhmacher. Der soll uns die neuen Schuhe anmessen, die er uns versprochen.

»Mit hohen Absätzen und Rosetten drauf?«, fragt der Schuhmacher.

»Freilich«, ruft der Vater »und zeigt uns das beste, weichste Leder, das Ihr habt. Es wird Euer Schaden nit sein.«

Absätze? Rosetten? Solche Schuhe müssen gar unbequem sein. Die vermaledeiten zierlichen Stiefel vom Albrecht haben mir wahrlich genug Schmerz zugefügt.

»Mit Verlaub, Herr Vater, Absätze tun nit not. Ich hätte lieber *Kuhmäuler*.«

»Kuhmäuler!«, ruft der Schuhmacher und schüttelt den Kopf, »Kuhmäuler für das Fräulein?«

»Herr Hauptmann«, sagt die Els, »mit Verlaub, ich hätte auch gern Kuhmäuler.«

»Hört, ihr Mädgen«, sagt der Vater, »Kuhmäuler geziemen sich für Landsknechte. Ihr zwee sollt prächtige Schuhe bekommen.«

»Was nutzen aber prächtige Schuhe, wenn mir die Füß darin kaputtgehen?«

»Wohl wahr, das sollen sie nit. Was meint Ihr, Meister?«, fragt er den Schuhmacher.

Der Schuhmacher kratzt sich den Kopf. »Üblich ist es nit. Kuhmäuler sind nit mehr gefragt. Selbst die Herren lassen sich lieber Stiefel anmessen.«

»Stiefel – wollt ihr nit lieber Stiefelchen haben?«, ruft der Vater.

»Gewiss, ich könnte den Fräulein schöne Halbstiefel machen, vielleicht mit einer Rosette an der Seite?«

»Warum nit?«, sagt die Els. »Wenn genug Platz ist in den Stiefeln, kann es nit passieren, dass sie an den Füßen anwachsen.«

»Also messt ihnen Stiefelchen an«, gebietet der Vater.

Werde ich überhaupt nicht mehr gefragt? »Ich will aber Kuhmäuler.« Herausfordernd gucke ich den Plunzer an. Wird er mich zu den Stiefeln zwingen?

Er schüttelt den Kopp und hebt die Arme, dann lässt er sie fallen und sagt: »Also meinetwegen, für dich Kuhmäuler und für die Els Stiefelchen.«

Die Els schlägt sich die Hand vor den Mund, dann ruft sie: »Mit Verlaub, das geht nit. Wenn die Mariezebill Kuhmäuler kriegt, muss ich auch Kuhmäuler haben.«

Da donnert der Vater: »Schluss jetzt mit den Possen, ihr Weibervolk! Messt der einen die Kuhmäuler an, der anderen die Stiefel und dabei bleibts.«

Wir sind richtig zusammengefahren, so hat er gebrüllt. Warum hat die Els auf einmal auch Kuhmäuler wollen? Weil sie meint, sie ist die Magd und darf keine besseren Schuhe haben als ich? Possen! Der Vater hat Recht, ihr die Stiefel anmessen zu lassen.

Morgen wird das Lager abgebrochen. Heute hat der Schuhmacher die neuen Schuhe gebracht. Sie passen und sind recht bequem. Ich bin stolz auf meine Kuhmäuler. Die Els hat die Stiefel gleich wieder ausgezogen und gesagt:

»Viel zu schade zum Anziehen. Die heb ich mir für meine Hochzeit auf.« Lieber geht sie barfuß.

Ich bin richtig erschrocken, wie ich gesehen hab, wie viel Gulden der Vater dem Schuhmacher hat geben müssen. Leise habe ich die Eva gefragt:

»Hat er denn genug Geld übrig behalten, dass wir Brot und anderes Essen kaufen können?«

Aber sie hat bloß gelacht und gesagt: »Mach dir keine Sorgen, Mariezebill, letzten Winter vor Weihnachten haben wir Bregenz erobert und fette Beute gemacht. Darunter auch große Schiffe. Mit diesen Schiffen sind seekundige Männer auf dem Bodensee herumgefahren und haben den reichen Pfeffersäcken, die mit warenbeladenen Schiffen über den Bodensee fahren wollten, gegen Lizenz die Durchfahrt verkauft. Die Pfeffersäck wurden ordentlich geschröpft und ein gut Teil ist in deines Vaters Beutel geflossen.«

»Waren sie denn Feinde? Haben sie den Evangelischen oder den Schweden Schaden zugefügt?«

»Was weiß ich. Darauf kommt es nicht an, Mariezebill. Im Krieg ist jeder ein Feind, der Hab und Gut hat. Sind alle miteinander Spitzbuben, diese Pfeffersäcke. Alleweil haben sie andere übers Ohr gehauen. Könnten sie sonst so reich sein?«

»Aber sie haben uns vorher nichts getan?«

Ich habe uns gesagt. Obwohl ich mir nicht sicher bin, ob ich mich zu den Evangelischen zähle oder ob ich im Herzen nicht doch katholisch bin.

»Mariezebill, eines musst du dir merken: Wenn du überleben willst, ob als Soldat, ob im Tross – dann musst du nehmen, was du kriegen kannst. Rasch ändert sich das Kriegsglück. Dann frierst du und hungerst und man nimmt dir das letzte Hemd.«

Ich habe die Eva lieb. Aber die Rede, die sie da führt, gefällt mir nicht. Der Herr Jesus kann doch nicht gemeint haben, dass wir so denken sollen? Ich muss den Magister dazu befragen.

Wer hat Recht und wer Unrecht?

Im Zelt wird gepackt. Ich sitze mit dem Magister auf dem Gras hinterm Zelt.

»Kann es rechtens sein, Herr Magister, wenn die Schweden

zum Bodensee gehen und die Schiffe der Kaufherren ausrauben? Sie führen doch nit Krieg gegen die Kaufleute? Oder waren es katholische Kaufleute?«

»Es ist auf keinen Fall rechtens, Mariezebill, egal ob es katholische oder evangelische Kaufleute waren.«

»Wenn die Schweden so viel Unrecht tun – sind am Ende die Kaiserlichen doch mehr im Recht?«

Er schüttelt den Kopf. »Keiner ist im Recht. Alle, alle miteinander sind im Unrecht. Alle morden und sengen und haben keine Ehrfurcht vor dem Herrn, der uns das Leben gibt.«

»Ihr redet wie die Bas«, sage ich ungeduldig, »jetzt will ich endlich wissen, wer hat Recht und wer Unrecht? Ihr seid ein gelehrter Magister, Ihr werdet mir Auskunft geben können.«

»Ich kann Euch nichts anderes sagen, Mariezebill, als dass der Krieg ein gewaltig Unrecht ist auf beiden Seiten.«

»Und wieso hat man ihn denn angefangen, den Krieg, einer muss doch schuld gewesen sein?

»Das ist eine lange Geschichte, Mariezebill.« Er seufzt. »Angefangen hat es mit Unduldsamkeit. Die Katholischen haben die Evangelischen und die Lutherischen haben die Katholischen allenthalben drangsaliert. Haben alleweil gedacht, die Leut mit der anderen Konfession wären keine Christenmenschen. Der Kaiser, statt zu mäßigen und zu vermitteln, wie es seine Aufgabe gewesen wäre, warf den Funken in das Pulverfass, indem er sich nicht länger an die Glaubensfreiheit der böhmischen Stände hat halten wollen, die ihnen doch verbrieft war. Er tat gar, als gehöre Böhmen zu seinen Erblanden, obwohl er ein gewählter König war – von den Böhmen gewählt. Da setzten sie ihn ab und boten flugs dem pfälzischen Kurfürsten die Königswürde an. Es war recht keck von dem Pfälzer, sie anzunehmen; denn dass hieraus ein Krieg entstehen würde, das war gewiss.«

»Was sonst hätte man gegen den Kaiser unternehmen können?«

»Die evangelische Union hätte mit dem Kaiser verhandeln müssen, dass er die Rechte der böhmischen Stände und die Glaubensfreiheit respektiert, stattdessen hat der Führer der Union die Königswürde angenommen und damit den Krieg entfesselt.«

»Der Pfälzer ist ja dann schmählich besiegt worden in der Schlacht am Weißen Berg. Wieso ging der Krieg dann immer noch weiter?«

»Die Katholischen wollten nicht ablassen, mit Gewalt hier und dort ihre Konfession wieder einzuführen in Ländern, die längst lutherisch oder reformiert waren. Da hat dann Christian von Dänemark eingegriffen und die Evangelischen unterstützt. So ist es in diesem Krieg immer gewesen: Wenn eine Partei am Boden lag, haben die Sieger, anstatt einen redlichen Frieden auszuhandeln, immer noch mehr erobern wollen, immer weiter auf den Besiegten eingeschlagen. Bis wiederum ein Retter sich gefunden hat und das Kriegsglück sich wendete. Je länger aber der Krieg dauert, desto weniger geht es um die Religion, desto mehr geht es um Macht und Beute.«

»Und worum geht es Euch selber, Herr Magister? Wie kommt es, dass Ihr beim Regiment seid, wenn Ihr doch meint, dass der Krieg ein großes Unrecht ist?«

Der Magister seufzt wieder.,»Vor langer Zeit, im dreißigsten Jahr unseres Jahrhunderts, lag die evangelische Sache ganz am Boden, keine Hoffnung war mehr für unseren Glauben. Auf einmal war die Rede vom Löwen aus der Mitternacht, der mit gewaltigem Mut und neuen Truppen für die gute und gerechte Sache streiten würde –«

»Gustav Adolf, der König aus Schweden«, rief ich.

»Er schien uns wie von Gott gesandt, den evangelischen Glauben zu retten. Auch ich wollte ihm dienen, wenn nicht mit der Waffe, so mit der Feder. In seinen Regimentern ging es gänzlich anders zu als in den Heerhaufen zuvor. Bei ihm herrschten Anstand und Sitte.«

»Ha«, rief ich.

»Damals war es anders als heute, Mariezebill. Ein heiliger Ernst war im Regiment.«

»Aber wann wurde es anders? Wann haben sie mit dem Unrecht angefangen? Nachdem er gefallen war, der Löwe aus der Mitternacht?«

»Ich glaube, schon früher. Er hat sich mit dem Sieg nicht begnügt. Statt nach der Schlacht von Breitenfeld Frieden zu schließen, hat ihn die Gier gepackt. Wie die anderen vor ihm konnte er nicht aufhören zu siegen und zu erobern.«

»Stimmt es, was die Katholischen sagen, wollte er sich zum Kaiser machen?«

»Vielleicht«, sagt er.

»So ist er gar kein Held?«

»Es tut nicht Not, dass wir Helden sind. Wir sollen Menschen sein«, sagt der Magister.

Ich verlaufe mich

Die Eva ruft mich hinein.

»Hilf uns zusammenpacken, Mariezebill.«

Wildes Durcheinander herrscht im Zeit. Kleider, Weißzeug, Decken und Teppiche liegen auf Tisch und Betten. Auf dem Boden stehen Pfannen, Brunzscherben, Schüsseln und Zinnbecher. Auch das Dutzend Porzellanteller, das mein Vater der Eva vom Bodensee gebracht. Ich weiß nicht, wo ich hintreten soll. Alles, was für die Nacht nicht gebraucht wird, soll auf den Bagagewagen.

Eva und Els räumen und packen, Peter trägt die Lasten hinaus zum Wagen. Missmutig stehe ich in dem Durcheinander, mit den Gedanken bin ich noch bei dem Gespräch mit dem Magister.

»Was ist zu tun?«, frage ich schließlich.

In dem Moment hat Fränzchen neben mir die Büchse mit dem kostbaren Zucker entdeckt. Mit seinen dicken Händchen greift er hinein und streut den Zucker auf den Boden. Ich weiß nicht, hab ich es nicht rechtzeitig gesehen oder war mir nicht bewusst, dass er etwas Verbotenes macht? Ich lasse ihn streuen, stehe in Gedanken versunken daneben.

»Mariezebill«, ruft Eva, »nimm ihm den Zucker ab, rasch! Siehst du denn nicht, was er macht?«

Ich nehme Fränzchen die Büchse aus der Hand und überlege, wo ich sie wohl hinstellen könnte.

Eva reißt sie mir endlich weg und faucht: »Mariezebill, tu mir einen Gefallen. Nimm Fränzchen an die Hand und gehe mit ihm vors Zelt. Dann seid ihr uns wenigstens nit im Weg.«

»Komm, Fränzchen«, krächze ich. Mein Stimme will mir nicht recht gehorchen. In der Brust spüre ich das wehe Ziehen, das ich immer gespürt, wenn die Großmutter mich gescholten hat. Ich weiß wohl, dass die Eva Grund hat, ungehalten zu sein. Aber es zieht trotzdem.

Ich nehme Fränzchen auf den Arm. Es tut wohl, ihn fest an mich zu drücken und seine Ärmchen um meinen Hals zu spüren. Ohne nachzudenken gehe ich mit raschen Schritten die Lagerstraße hinunter.

Nach einer Weile komme ich zu mir und merke, dass alles um mich herum fremd ist. Verwirrt bleibe ich stehen. Wo bin ich, wo ist unser Zelt?

Bisher bin ich nur zweimal mit der Els im Lager umhergegangen. Hier war ich noch nie. Ich muss umkehren, aber welchen Weg muss ich nehmen? Ich befinde mich nicht mehr auf der großen Lagerstraße. Wo bin ich hergekommen, wie finde ich zur Lagerstraße zurück? Ich glaube, ich muss nach links gehen.

Nein, hier bin ich doch nicht vorbeigekommen, an dieser langen Reihe von armseligen Zelten? Ich muss zurück und dann nach rechts gehen. Die Gegend wird immer fremder, jetzt finde ich nicht einmal mehr den Ausgangspunkt von vorhin.

Fränzchen fängt an zu weinen. Er will sich gar nicht trösten lassen, er will zu Eva. Und er ist auf einmal so schwer. So schwer, dass ich ihn nicht mehr tragen kann. Ich stelle ihn auf die Füße, aber jetzt schreit er noch erbärmlicher, will wieder auf den Arm.

Auf einmal steht ein altes Weib vor mir.

»Hast du dich verirrt, Mädgen?«, fragt sie ganz freundlich, sodass ich Zutrauen fasse.

»Ja«, sage ich, »ich suche das Zelt von Hauptmann Vogel.«

»Soso, das Zelt eines Hauptmanns? Bist du aus der Stadt?«

»Ja«, sage ich. Sie muss nicht wissen, dass ich seine Tochter bin. Die, die dem Jesuiten ein Schnippchen geschlagen hat.

»Komm mit zu den anderen, vielleicht weiß einer von ihnen, wo das Zelt von deinem Hauptmann zu finden ist.«

Ich folge ihr zu einem Feuer, an dem eine ganze Gesellschaft zerlumpter Knechte und Dirnen sitzt und würfelt. Eine Kanne Branntwein macht die Runde. Ich beginne mich ein wenig zu fürchten.

»Seht her, was für eine Prinzessin ich euch mitgebracht habe. Seht doch, was sie für prächtige neue Schuhe trägt.« Die Alte lacht und zeigt ihren einzigen schwarzen Zahn. »Ooohh«, rufen die Dirnen.

Da fürchte ich mich noch mehr.

»Die Prinzessin aus Schweinfurt sucht das Zelt vom Hauptmann Vogel. Kann einer von euch sagen, wo sie es findet?«

»Was für ein Vogel? Ein Hauptmann?«, grölt einer.

»Er ist weggeflogen, Prinzessin, dein Vogel!« Sie lachen und grölen und schlagen sich auf die Schenkel.

Ich will doch nur den Weg wissen. Warum veräppeln sie

mich? Ich wende mich und will fort, aber eine der Dirnen stellt mir ein Bein. Ich stolpere, dabei lasse ich Fränzchen fallen. Die Alte hebt ihn auf, er schreit.

Sie zetert: »Was schmeißt du dein Kind auf die Erde? Ich werde dich dem Stockmeister anzeigen!«

»Gebt ihn her, es war keine Absicht. Er ist mein Bruder.«

»Habt ihr gehört, ihr Bruder!«, rufen sie und lachen.

Ich werde zornig. »Da gibt es nichts zu lachen, er ist mein Bruder und der Sohn vom Hauptmann Vogel.« Jetzt werden sie gleich Angst kriegen.

Aber nein, sie brüllen vor Lachen: »Habt ihr gehört, der Sohn vom Hauptmann Vogel!«

»Den braten wir uns am Lagerfeuer, er ist gar zart!«

Fränzchen schreit und tritt und strampelt gegen die Alte. Mir wachsen vor Angst Bärenkräfte. Ich reiße ihn ihr weg. Bloß fort!

»Halt.« Die Dirne, die mir das Bein gestellt, ist aufgesprungen und vertritt mir den Weg. »So entkommst du nit, du gemeine Diebin. Erst gibst du uns die gestohlenen Schuhe.«

»Ich habe sie nit gestohlen«, rufe ich empört, »mein Vater hat sie mir machen lassen.«

»Der Hauptmann Vogel?!«, grölen sie.

Jetzt sind auch die anderen aufgesprungen, man hält mich fest und zieht mir mit Gewalt die Schuhe von den Füßen. Ich kann mich nicht wehren, ich muss doch das Fränzchen festhalten.

Endlich lassen sie von mir ab. Auf Strümpfen, blind von Tränen, gehe ich fort. Wenigstens halte ich Fränzchen im Arm. Er ist so schwer, er weint nicht mehr. Er schläft. Die Arme wollen mir abfallen, aber ich muss ihn weitertragen. Ich traue mich nicht mehr nach dem Weg zu fragen. Ich hab nicht gewusst, dass so böse Leut im Lager sind. Bleibt mir nichts übrig, als weiter herumzuirren und zu hoffen, dass ich mit Gottes Hilfe unser Zelt wieder finden.

»Mariezebill!« Auf einmal steht die Els vor mir. »Wo treibst du dich bloß rum? Die Eva ist schon in Sorge.«

Ach, bin ich erleichtert, dass die Els uns gefunden hat!

»Wieso läufst du denn auf Strümpfen? Jetzt sind sie ganz verdorben. Wo sind deine neuen Schuhe?«

»Man hat sie mir weggenommen.« Ich breche in Tränen aus.

»Was? Wer?«

»Eine Dirne. Die Knechte haben mich festgehalten und –«

»Heul nit«, sagt die Els, »ich geb dir meine. Was braucht eine Bauerntochter so prächtige Stiefel?«

»Nein, Els, es ist mir nit um die Schuhe. Es ist wegen …«

»Wegen was?«

»Wegen – weil der Vater mir die Schuh gekauft hat für so viel Geld. Und jetzt sind sie fort.«

Der Vater wird sehr böse. Aber nicht auf mich, er ist böse auf das Gesindel. Er lässt den Profos kommen und sagt, er soll die Schuhe wieder beschaffen.

Der Profos fragt mich: »Wo war es, wo hat man sie Euch entwendet?«

»Ich weiß nit, ich hatte mich verirrt.« Er muss mich für gar töricht halten, ich schäme mich.

»Wie sah das Diebsvolk aus?«

Da beschrieb ich ihm die Alte mit dem Zahn, die mich zu den anderen geführt. Auch jene konnte ich gut beschreiben, besonders die, die meine Schuhe genommen hat. Sie hatte ja dicht vor mir gestanden.

Er war zufrieden. »Ich werde Eure Schuhe finden«, sagt er.

Wirklich, die Schuhe sind gefunden. Noch am Abend hat der Profos sie ins Zeit gebracht.

»Die Dirne habe ich zu Stockschlägen verurteilt. Noch heute gibt der Stockmeister ihr fünfundzwanzig auf den Arsch«, sagt er.

Wenn er wüsste, wie sie mit mir umgesprungen, hätte er sie vielleicht gehenkt. Er muss es nicht wissen. Schrecklich genug, dass eine erwachsene Frau Schläge bekommen soll, schließlich hab ich meine Schuhe wieder.

Der Vater meint, fünfundzwanzig wären nicht zu viel bei so einem Delikt. Mir fallen die Bodenseeschiffe ein. Oder kann man das nicht vergleichen?

Das Heer bricht auf

Bumbum, dröhnen die Trommeln. Ich sitze auf dem Karren, er holpert zum Richtplatz. Bumbumbum, die Trommeln werden immer lauter, gleich werden wir dort sein. Gleich werden sie mich an den Pfahl binden und als Hexe verbrennen. Bumbum.

»Wach auf, Mariezebill«, sagt die Els. »Sie trommeln schon für das Fußvolk.«

Bin ich froh, dass das eben bloß ein Traum war!

Der Vater kommt mit einer Fackel aus dem hinteren Raum, er ist bereits gestiefelt und gespornt. Und jetzt blasen die Trompeten, das ist das Zeichen für die Reiter. Der Vater winkt uns einen Gruß zu und stapft hinaus.

Die Eva ist schon angezogen, die Els und ich müssen uns sputen. Voller Vorfreude steigen wir in die Pluderhosen. Wir reiten in Männerkleidung. Für die Zeit im Lager hatte die Eva uns Röcke, Mieder und Jacken gegeben. Aber unterwegs sind Wams und Hosen bequemer. Der Vater hat nichts dagegen. Vielleicht weil er meint, dadurch werden wir der Königin Christina ähnlicher. Wie verschieden ist er doch vom Großvater. Der hätte solche Kleidung niemals geduldet.

Wie immer, wenn ich Hosen anhabe und mir den Hut mit der Straußenfeder aufsetze, fühle ich mich ganz übermütig.

Obwohl ich keinen Hunger habe, kaue ich wie die anderen ein Stück Brot und Käse und nehme einen Trunk Wasser. Wir wissen ja nicht, wann wir unterwegs Zeit haben, etwas zu essen.

Dann tragen wir unser Bettzeug zum Trosswagen. Peter und der neue Pferdejunge, er heißt Lukas, nehmen in Windeseile das große Zelt auseinander. Ich staune, wie rasch sie die Haken und Stangen verwahren, die großen Planen säuberlich zusammenlegen.

Als sie mit allem fertig sind, leuchtet die Sonne rot über dem Lager. Aber ist es noch ein Lager? Alles löst sich auf, die Zelte verschwinden, die Menschen rennen herum wie Ameisen. Doch in Wirklichkeit weiß jeder, was zu tun ist, wo er seinen Platz hat in dem gewaltigen Zug. Die Spitze ist schon unterwegs.

»Ganz vorne«, erklärt uns die Eva, »reitet die Vorhut, danach kommen die Zimmerleut und Brückenmeister mit ihren Handlangern, die die Wege in Ordnung bringen. Damit wir nit im Schlamm versinken, damit die umgefallenen Bäume oder Flüsse uns nit den Weg versperren. Oder die Wagenräder an den Steinen zerschellen.«

Jetzt ziehen die Reiterscharen an uns vorbei. Stolz wehen die Fahnen.

»Guck, dort reitet der Vater«, sagt die Eva.

Die Fahne, unter der der Vater reitet, ist grün und trägt einen aufgestickten Spruch.

»Der Spruch heißt: Für Gott und die Königin Christina«, sagt die Eva.

Es dauert lange, bis die vielen Reiter vorbei sind. Endlich setzt sich das Fußvolk in Bewegung. Ihre Piken stechen in die Luft wie ein Wald von Bäumen, denen man die Blätter und Äste genommen.

Wir stehen an der Seite und lassen sie vorbeimarschieren. Und obwohl er schön aussieht, der Pikenwald, so muss ich daran denken, dass die Piken dazu bestimmt sind, lebendige Menschen aufzuspießen.

»Träum nit, Mariezebill, es geht los.«

Der Tross stellt sich auf. Der Tross – das sind die vielen Frauen und Kinder und Pferdeknechte, Marketender und Handwerker – und wir. Es sind viel mehr, vielleicht drei- oder viermal so viel Menschen, als Soldaten sind. Und die hoch beladenen Bagagewagen gehören zum Tross. Die meisten werden von Pferden gezogen. Die kleineren Karren werden manchmal von Menschen, oft von Weibern gezogen, die kein Pferd besitzen. Und eine Viehherde zieht mit, geleitet von Hüteknechten, für die Zehrung unterwegs.

Die vornehmen Frauen reiten. Ihrer sind es nicht viele. Alle anderen gehen zu Fuß neben den Packpferden und den Wagen her.

Der *Hurenwaibel* sitzt auf dem Pferd und brüllt Befehle, der Rennfähnrich und der Rumormeister geben sie weiter, hetzen hin und her und schreien, schlagen auch manches Mal, bis der Tross ordentlich in Reih und Glied steht.

Eva sitzt mit Fränzchen im Arm bereits im Sattel. Sie reitet einen Grauschimmel mit hohem Hals und schlanken Beinen. Die Eva sitzt darauf wie angewachsen, so stolz und edel wie ihr Ross. Ich muss sie alleweil angucken, weil sie so schön ist. Den Zügel hält sie mit einer Hand, im anderen Arm hält sie das Fränzchen. Sie trägt Stiefel und altmodische Hosen – keine Pluderhosen – unter ihrem Rock, sodass es nicht unanständig ist, wenn der Rock beim Reiten sich schürzt. Auf dem Kopf hat sie einen roten Sammethut, unter dem ihre schwarzen Locken hervorquellen. Ich hab die Eva noch nie mit einer Haube gesehen.

»Hopp, hinauf«, ruft die Els.

Das Pferd, das der Vater für uns beide gekauft hat, ist eine brave Stute mit dicken Hinterbacken und einem Rücken, der sich in der Mitte senkt. Ihre Beine sind kurz und stark – »Da fallt ihr nit von so hoch«, hat der Vater gemeint und mit den Augen gezwinkert.

Nein, Angst hab ich vor der Stute nicht. Die Els und ich sind ein paar Mal bei ihr gewesen, haben ihr Hafer vors Maul gehalten und haben sie gestreichelt. Damit sie uns kennen lernt. Wir haben sie Lies getauft wie unsere Geiß in Frankfurt.

Jetzt stehe ich vor ihr, halte mich an Zügel und Mähne fest und will hinauf. Aber es will mir einfach nicht gelingen, mich hinaufzuschwingen. Der Peter steckt meinen Fuß in den Steigbügel und hilft mir. Als ich endlich draufsitze, springt die Els in einem Satz hinter mir auf. Ach, wenn ich doch auch mit so einer Leichtigkeit aufspringen könnte.

Endlich sind wir daran, uns in den Zug einzureihen. Das Reiten fällt mir weniger schwer, als ich befürchtet, weil alles recht gemächlich vonstatten geht. Wir reiten im Schritt und so langsam, dass Peter und Lukas ohne sich zu beeilen nebenher gehen können. Alleweil stockt der Zug, dann müssen wir stehen bleiben und warten, bis es wieder vorangeht. So langweilig hab ich mir das nicht vorgestellt.

Wir halten auf einer Anhöhe, da sagt die Els ganz aufgeregt: »Guck nach hinten, Mariezebill!«

Ich blicke zurück und mache meine Augen schmal. Wahrhaftig, ich kann den Zug erkennen, wie er sich hinter uns wie ein Lindwurm mit langem Schweif weit durchs Land windet.

»Das, was dort unten in der Sonne blitzt, sind die Kanonen«, sagt die Els.

»Und hinter den Geschützwagen – so weit können wir nicht sehen – folgen die Musketiere und Reiter der Nachhut. Wer weiß, ob sie schon aufgebrochen sind«, sagt Eva.

»Die Nachhut hat es gut«, sagt die Els, »die können sich lange ausschlafen.«

»Dafür sind sie die Allerletzten, die im Lager ankommen«, meint Eva.

Es geht wieder weiter. Die Menschen marschieren, die Pferde traben, die Trosswagen rumpeln. Der Boden unter uns bebt. Auf den Feldern ringsum sehen wir nicht einen Menschen. Was für eine Angst müssen sie haben in den Dörfern, wenn sie hören, dass die Erde bebt, wenn sie wissen, die Soldaten ziehen vorbei.

Je länger wir reiten, umso dichter wird der Staub. Die Augen jucken, der Rotz läuft mir aus der Nase, ich kann bald nicht mehr atmen. Wenn ich aus Versehen den Mund aufmache, muss ich husten. Wir auf den Pferden haben es freilich noch besser als die, die zu Fuß gehen. Die schlucken den meisten Dreck. Die Staubwolke ist so dicht, dass man nicht einmal mehr die Sonne sieht.

»Dort unten glitzert Wasser, dort ist ein Fluss«, ruft die Els aufgeregt.

»Ich sehe nichts, der Staub ist zu dicht. Wie kann dort ein Fluss sein? Wir sind doch vom Main weggezogen?«

»Gewiss«, sagt die Eva, »der Main hat eine Biege gemacht und wir sind den geraden Weg marschiert. Die nächsten zwei Tage geht's im Maintal weiter. Dann müssen wir ihn überqueren und dann –« Sie kann vor Husten nit mehr weiterreden.

»Wenn wir Schiffe hätten, kämen wir schneller weiter und es wäre auch nit so staubig.«

»Aber Mariezebill, wir ziehen doch den Fluss hinauf. Da müssten wir treideln und das geht gewiss nit schneller.«

Wir müssen alle husten und reden eine lange Zeit lieber nicht.

»Kommen wir dahin, wo der Main herkommt?«, frage ich die Eva.

»In die Richtung, wo er herkommt. Zuletzt müssen wir den Roten Main überqueren, vielleicht auch noch den Weißen Main.«

»Roter Main? Hat er rotes Wasser und der Weiße Main weißes?«

»Nein, das sind zwei kleine Flüsse, die fließen bei Kulmbach zusammen und von dort an heißt der Main Main.«

»Ist vielleicht einmal Blut in den Roten Main hineingeflossen?«

»Gut möglich. Aber die Erde dort, wo er herkommt, ist rötlich. Vielleicht heißt er deswegen so.«

Die Eva kennt sich gut aus. Sie ist eine Offizierstochter und im Lager auf die Welt gekommen. Von jeher zieht sie mit dem Heer. Sie hat viel gesehen von der Welt.

Der Uhu und ich reden weiter über den Krieg

Im Lager angekommen bauen Peter und Lukas an der dafür bestimmten Stelle das Zelt auf. Die Els hilft ihnen, aber ich stehe mal wieder tump in der Gegend herum. Woher wissen sie bloß, zu welcher Stange welche Plane gehört? Und all die Haken und Schnüre? Das Zelt wächst so hurtig aus der Erde wie durch Zauberei. Allenthalben wachsen die Zelte.

Ich helfe die Betten und das nötige Gerät hineinzutragen. Das meiste bleibt auf dem Bagagewagen. Peter und Lukas müssen die Nacht über dabei bleiben und abwechselnd wachen, damit nichts gestohlen wird.

Obwohl wir so langsam geritten sind, tut der Rücken mir gar weh. Ich bin froh, mich nach dem Essen im Gras hinter dem Zelt auszustrecken.

»Wie ist Euch der erste Marschtag bekommen, Jungfer Mariezebill?« Der Magister steht vor mir.

»War nit viel zu überstehen, bei dem Schneckentempo.« Er muss nicht wissen, wie weh mir alles tut, trotz des Schneckentempos.

»Wo wart Ihr den ganzen Tag, Herr Magister? Reitet morgen mit uns, da können wir uns die Zeit vertreiben und ein wenig Latein repetieren.«

»Wo denkst du hin, Mariezebill«, sagt die Eva, »der Herr Magister ist erster Regimentsschreiber. Er muss immer in der Nähe des Feldherrn reiten.«

Ständig erinnert die Eva mich daran, wie wichtig der Uhu ist. Sie schilt mich jedes Mal, wenn sie hört, wie ich ihn necke. Er hat freilich einen Sparren mit dem Schulehalten, hat sie einmal gesagt, aber deshalb musst du ihn nicht unterschätzen.

Jetzt aber sticht mich wieder der Hafer, ich frage ihn:

»Aus welchem Grund, Herr Magister, habt Ihr eigentlich einen Degen um? Wenn Ihr sowieso nit kämpft und den Krieg verabscheut?«

»Das wisst Ihr doch, Mariezebill. Ihr wisst, ein Kavalier muss einen Degen tragen, die Sitte gebietet es.«

»Und weshalb habt Ihr keine Muskete?«

»Weil ich ein Schreiber bin und kein Krieger. Glaubt mir, mit der Muskete würde ich nimmermehr umgehen können.«

Ich will das Gespräch von gestern fortsetzen.

»Erzählt mir mehr vom Löwen aus der Mitternacht. Habt Ihr ihn selbst gesehen? Wie sah er aus?«

»Gewiss hab ich ihn gesehen. Er war nicht groß, sah nicht aus, wie man sich einen Kriegshelden vorstellt. Und er war – schwachsichtig.«

»Schwachsichtig? Gustav Adolf war schwachsichtig?«

»Gewiss. Es heißt, nur seine schwachen Augen seien die Ursach gewesen, dass er hat fallen müssen in der Schlacht zu Lützen.«

Wie ich höre, dass der Löwe aus der Mitternacht schwachsichtig gewesen ist, da ist er mir auf einmal wie ein Bruder.

»Gestern habt Ihr gesagt, er hat nit aufhören können zu kämpfen und zu erobern. Warum war das falsch?«

»Nachdem er auf dem Breitenfeld gesiegt, hätte man den Frieden aushandeln, den Kaiser zur Aufhebung des schimpflichen *Edikts*, so dieser gegen die Evangelischen erlassen, zwingen können. Stattdessen –«

»Stattdessen?«

»Begehrte er die katholischen Länder zu unterwerfen. Wollte sie alle lutherisch machen. Weiß Gott, auch nach Beute stand ihm der Sinn.«

»So wie zuvor der Kaiser und der Herzog von Bayern es mit den protestantischen Ländern machen wollten. Ist denn dem Kaiser nit Recht geschehen?«

»Dem Kaiser? Gewiss. Jedoch –«

»Jedoch?«

»Mariezebill, Ihr habt nie eine Schlacht erlebt. Ich war dabei, in Breitenfeld. Habe das Pulver gerochen, habe das Metzeln gesehen. Habe die Angstschreie gehört. Das Schlimmste aber war die Nacht danach. Das Stöhnen der Sterbenden, ihr Flehen. Und die Pferde. Mit aufgerissenen Bäuchen jagten sie über das Feld, zogen ihre Därme hinter sich her. Haben dabei geschrien. Die ganze Nacht.«

Der Magister starrt ins Leere wie früher die Els.

Ich sehe alles vor mir, wie der Magister es schildert. Und es graust mir. Ich sehe auf einmal unsere dicke Lies schreiend über das Schlachtfeld galoppieren und ihre Hufe sich im Gedärm verwickeln.

»Was können die Pferde dafür?«, frage ich.

»Was können die gewöhnlichen Menschen dafür, wenn die Großen sich bekämpfen?«, sagt der Magister.

»Die Landsknechte sind selber gar grausam«, sage ich.

»Gewiss. Der Krieg hat sie gelehrt, grausam zu sein. Friede tut Not, endlich Friede.«

Ach, jetzt ist er wieder bei seinem Lieblingsthema.

»Friede gibt es nun mal nit«, sage ich. »Aber weshalb, Herr Magister, seid Ihr beim Heer? Wieso seid Ihr nit längst auf und davon, wenn Ihr den Krieg so hasst?«

»Wo soll ich hin?«, fragt er. »Wer braucht einen Schreiber? Ich habe kein Geld, habe seit langem keinen Sold gesehen. Eltern, Geschwister, alle meine Verwandten sind in Magdeburg umgekommen. Das Elternhaus verbrannt. Ich selbst bin am Leben, weil ich, als Tilly Magdeburg eroberte, auf der Hohen Schul zu Tübingen war.«

So ist der Magister ganz allein auf der Welt? Er nimmt seine Brille ab und putzt sie mit dem Sacktuch blank. Wieder sieht er schutzlos aus wie ein junger Vogel.

»Herr Magister, wie heißt Ihr eigentlich mit Vornamen?«

»David«, sagt er.

Wir belagern Eger

Wochenlang sind wir nach Osten gezogen. Haben Moore durchwatet, Flüsse überquert, sind durch Wälder geritten, die Berge hinauf und ins Tal hinunter. Am schlimmsten waren die Rückenschmerzen in der ersten Woche. Seither habe ich gelernt, mich dem Pferd anzupassen. Auch habe ich mir angewöhnt, öfter abzusteigen, mich zu strecken und eine Weile zu Fuß zu gehen.

Am ärgsten leidet Fränzchen, dass er den lieben Tag lang auf dem Pferd sitzen muss. Wenn ich sein Geschrei nicht mehr hören kann, nehme ich ihn auf die Schultern und gehe neben dem Pferd her. Aber das beruhigt ihn nur für eine Weile, dann will er wieder zur Eva. Wenn er allzu sehr jammert, lässt die Eva ihn am Leinensäckchen suckeln, das sie mit Mohnsamen gefüllt hat. Danach wird er müde und schläft ein. Dafür weint er dann in der Nacht und will nicht wieder schlafen.

Seit dem fünfzehnten Junius liegen wir vor der Stadt Eger. Aber die Bürger wollen und wollen nicht akkordieren. Gleich am ersten Tag der Belagerung haben die Unsrigen die Stadt beschossen. Zum ersten Mal hab ich den Kanonendonner aus nächster Nähe gehört. Ich habe gedacht, ich werde taub von dem Lärm. Die Geschütze wollten gar nicht mehr stille sein, viel hundert Mal haben sie gekracht und gedonnert.

Die Els hat gesagt: »Bestimmt haben sie die arme Stadt bald in Grund und Boden geschossen.«

Aber nein, der Stadt ist nicht viel passiert, sie hält sich wacker. Die Unsrigen rennen umsonst gegen sie an. Es heißt sogar, der Kaiser selbst sei in der Stadt.

Heute ist der fünfte Tag der Belagerung. In aller Herrgottsfrühe sind heute zehn Reiterschwadronen, der Vater war auch dabei, heimlich durch die Eger gewatet. Sie wollten die Stadt im Handstreich nehmen und den Kaiser fortführen. Fast wäre es ihnen geglückt – fast. Drei ganz verwegene Männer sind in das Haus eingedrungen, in dem er schlief. Leider sind sie zu früh entdeckt worden, es gab ein Getümmel, bei dem einer der Unseren getötet wurde. Der Kaiser ist im Nachthemd entkommen. Und die Stadt konnten sie auch nicht einnehmen, sie wurden zurückgeschlagen, die Unsrigen.

Die Eva ist froh, dass der Vater heil zurückgekommen ist. Ich auch. – Die Unseren lachen und spotten über den Kaiser, der im Nachthemd fliehen musste. Ehrlich gesagt, mir tut er eher Leid.

Seither sind beinahe sechs Wochen vergangen und wir belagern noch immer die Stadt Eger. Die Hitze ist so groß, dass ich den ganzen Tag schlapp im Zelt liege, ohne mich zu rühren, außer wenn die Läus und Flöhe mich allzu sehr plagen. Schlimmer als die Hitze ist aber der Hunger. Die Bauern in der Umgegend haben uns schon alles gegeben, was sie hatten. Der Magister schimpft, dass unsere Landsknechte ständig auf Partei gehen und die Bauern ausplündern. Die Felder sind längst abgeerntet oder zertrampelt.

Von dem Vieh, das wir im Tross mitgeführt, ist kaum mehr ein Stück übrig, weil jeden Tag geschlachtet werden muss. Brot haben wir schon lange keines mehr. Die Eva hat gesagt, wenn es ganz schlimm kommt, müssen wir die Lies schlachten. Die Els und ich wollen es nicht zulassen. Aber vielleicht kommt es nicht so schlimm.

Nach dem furchtbaren Geschützdonner am ersten Tag hab ich immer mit Zittern darauf gewartet, dass es eine große Schlacht gibt. Aber seither wird nur wenig geschossen. Die Unsrigen hoffen, dass die Bürger in der Stadt noch mehr hungern als wir und sich aus Verzweiflung ergeben. Aber vielleicht ist unsere eigene Verzweiflung bald größer.

Wenn der Magister mir noch einmal von Frieden schwätzt, lache ich ihm ins Gesicht. Es ist Essig mit Frieden. Die Bayern haben uns den Waffenstillstand aufgekündigt. Der Vater sagt, sie werden uns am Ende in den Rücken fallen. Deswegen brechen wir morgen das Lager ab und ziehen fort.

Ich bin froh, dass wir endlich hier fortkommen. Ich freue mich sogar aufs Reiten. Bloß die Lies ist arg mager geworden. Die Els und ich haben ausgemacht, dass wir uns abwechseln beim Reiten, damit es nicht so schwer für sie wird.

Hunger und Kälte

Wir marschieren jetzt Richtung Norden, nach Sachsen. Es ist keine richtige Ordnung mehr im Heer. Alle laufen durcheinander wie sie wollen. Der Profos und seine Gehilfen können noch so viel brüllen, keiner will gehorchen. Viele von den Landsknechten sind desertiert und die Übrigen sind missgelaunt. Ich auch, weil wir nie richtig satt sind.

Die Bauern in Sachsen sind recht böse Leut. Sie geben uns gar nichts. Und oft tun sie sich zusammen und lauern denen auf, die entfernt vom Hauptheer gehen, als wenn sie selber Soldaten wären.

»Das müsst Ihr verstehen, Mariezebill«, sagt der Magister, »die Bauern sind es leid, immer bloß ausgeplündert zu werden, sie haben selbst nicht genug.«

»Die Sachsen sind aber Verbündete«, sage ich, »wenigstens könnten sie mit uns teilen.«

»Wer weiß, wer jetzt noch unsere Verbündeten sind«, sagt der Klugschwätzer, »die Bauern gewiss nit. Sie haben am wenigsten Grund, unsere Verbündeten zu sein.«

Jetzt ist es Herbst. Es regnet und die Wege sind voller Schlamm. Wir kommen kaum noch weiter. Aber wir müssen. Die Verfolger sind hinter uns her.

Wie war es schön, nach Eger zu reiten, als die Sonne schien und es warm und trocken war. Das bisschen Staub wollte ich gerne wieder in Kauf nehmen. Und damals hatten wir noch satt zu essen. Jetzt haben wir schon lange kein Brot mehr gesehen. Fleisch gibt es auch nur selten. Unterwegs kauen wir Baumrinde gegen den Hunger. Zum Glück hat der Vater noch einen heimlichen Vorrat von Dinkel. Die Eva weicht ihn lange in Wasser ein. Wenn er gequollen ist, kocht sie ihn zu Grütze. Uns geht es besser als den meisten, wir haben jeden Abend einen Napf warme Grütze. Die Eva kocht immer noch gleich eine Portion für morgens. Aber keiner von uns kann es aushalten, etwas für den nächsten Tag aufzuheben, wir essen immer alles auf einmal. Und sind trotzdem nicht satt. Bloß für Fränzchen muss für den nächsten Tag noch etwas übrig bleiben.

Heute sind wir durch Lützen gekommen. Die Eva hat mir das Feld gezeigt, wo damals die Schlacht war. Es ist fünfzehn Jahre her, dass der Schwedenkönig hier gefallen ist. Und ich bin kürzlich fünfzehn Jahre alt geworden.

Wäre es nicht besser gewesen, er wäre gar nicht erst gekommen, der Löwe aus der Mitternacht? Dann hätten wir längst Frieden. Wären wohl alle katholisch, alle teutschen Völker. Na und? Wäre doch besser, als ohne Ende zu jagen und gejagt zu werden.

Dauernd werden jetzt Leute krank. Soldaten und andere. Bleiben am Weg liegen und sterben. Wir sind nicht mehr viele, und wenn uns der Feind einholt, macht er ein Schlachtfest.

Heute haben uns zwei gute Nachrichten erreicht. Die Feinde haben die Verfolgung abgebrochen und liegen im Winterquartier. Gott sei Dank! Und der Feldherr Königsmarck wird mit seinen Truppen zu uns stoßen. Wir werden wieder eine starke Armee sein. Auf einmal sind alle gut gelaunt.

Bloß der Hunger macht uns zu schaffen. Peter und Lukas, die Pferdejungen, bewachen nachts abwechselnd die Pferde. Es kommt vor, dass Soldaten oder andere nachts den Pferden Tücher um die Hufe binden und sie heimlich aus dem Lager führen. Sie schlachten sie im Wald und essen das Fleisch roh.

»Aber wenn es so weitergeht«, sagt der Vater, »müssen wir eines davon selber schlachten, sonst verhungern sie alle drei und wir mit.«

»Wenn der Vater sagt eines, meint er die Lies, so viel ist gewiss«, sage ich zur Els.

Jeden Abend beten wir um die Lies, dass der liebe Gott sie am Leben lässt. Lange Zeit hab ich nichts mehr vom Beten gehalten. Nutzt nix, hab ich gedacht. Jetzt bete ich wieder.

Inzwischen ist es Winter geworden. Die Wege sind gefroren, da kommen wir viel schneller voran. Der Vater hat gestern gesagt, dass wir auf Schweinfurt zu halten. Wenn wir dort ankommen, haben wir seit Mai einen großen Kreis durch die teutschen Länder geschlagen. Ich freue mich, wenn wir ankommen und lange Zeit an einem Platz bleiben dürfen. Vielleicht gibt es in Schweinfurt wieder Brot?

Arg kalt ist es geworden. Die Els und ich ziehen alles übereinander an, was wir haben. Männer- und Frauenkleider. Und hängen uns noch die Schlafdecken um.

Brot

Ich weiß nicht woher, aber der Vater hat zwei Sack Roggen aufgetrieben. Er hat sie wollen zu Mehl mahlen lassen, aber allenthalben ist das Wasser zugefroren, sodass die Mühlen nicht mahlen.

»Ich wüsste wohl Rat«, sagt die Els. »Wir brauchen bloß zwei Schleifsteine. Man muss das Korn dazwischen tun und die Steine aneinander reiben.«

Da hat der Vater einem Müller zwei Schleifsteine abgekauft. Oder auch abgepresst, das würde mich nicht wundern.

Und jetzt mahlen der Peter und der Lukas mit viel Kraft und Geduld das Korn zu Mehl. Die Els steht alleweil dabei und sagt ihnen, wie sie es machen sollen.

»Dann kann ich ja endlich wieder eine Mehlsuppe kochen«, sagt die Eva.

Wir freuen uns alle auf die Mehlsuppe.

Die beiden mahlen und mahlen. Und alleweil wenn ein kleines Häufchen fertig ist, sieben die Els und ich es in eine Schüssel.

»Schade, dass wir kein Brot davon backen können«, sagt der Lukas. »Wie gerne würde ich doch mal wieder ein Stück Brot essen.«

»Freilich könnten wir backen«, sagt die Els, »wir brauchen bloß einen Backofen.«

»Das weiß ich auch, du Neunmalkluge. Aber woher nehmen wir mitten im Wald einen Backofen?«

»Wir könnten einen bauen«, meint die Els.

Und so kommt es, dass wir einen kleinen Hügel suchen. Und wie wir ihn gefunden, schlagen der Peter und der Lukas mit Pickel und Hacke ein tiefes Loch in die gefrorene Erde. Es ist eine gar harte Arbeit.

Die Els und ich suchen große, glatte Steine, damit legen wir den Backofen aus. Zwei flache Steine passen genau vor das Ofenloch, sodass wir sie als Ofentür gebrauchen können.

Wir holen die Eva und den Vater. Sie staunen nicht wenig und loben uns.

»Auf alle Fälle können wir darin Fladen backen«, sagt die Eva. »Aber vielleicht hat eine der Marketenderinnen noch ein wenig Sauerteig?«

Der Vater geht und schaut, ob er Sauerteig auftreiben kann.

Wir sammeln Holz. Dann legen wir die Scheite in unseren Backofen und entzünden ein munteres Feuer. Der Vater hat wahrhaftig ein wenig Sauerteig bekommen. Die Eva knetet den Brotteig. Er muss ein paar Stunden gehen. Das macht aber nichts, wir füttern derweil das Feuer mit Scheiten und sorgen dafür, dass die notwendige gewaltige Hitze entsteht.

Endlich ist es so weit. Wir lassen das Feuer ausgehen,

schieben die Brotlaibe auf die Glut und verschließen unseren Ofen mit den Steinen.

Jetzt heißt es warten. Warten, bis die Brotlaibe gar sind. Jetzt schon läuft uns das Wasser im Mund zusammen.

Und als wir das Brot endlich herausholen können – es ist schon längst Nacht –, da ist es so heiß, dass wir immer noch warten müssen, bis es abgekühlt ist und der Vater es anschneiden kann.

»In der Bärenkälte hier draußen ist es bald abgekühlt«, sagt die Eva. »Wisst ihr was? Zieht eure Kleider aus und legt euch ins Bett. Ich tue unsere Leibwäsche, die Strümpf und alles Übrige in den heißen Backofen, damit wir die Läus und Flöhe loswerden.«

Ja, das Ungeziefer plagt uns weidlich. Besonders wenn wir am Feuer sitzen und warm werden, beißt es und juckt und kribbelt und krabbelt, dass man davon närrisch werden kann.

Die Eva kennt sich aus. Ich hab gar nicht gewusst, wozu ein Backofen alles gut ist. Wir machen es so, wie sie gesagt hat.

Und wahrhaftig, wie wir die Kleider später aus dem Backofen holen, brauchen wir sie bloß auszuschütteln und das Ungeziefer ist tot und fällt heraus.

Und endlich ist auch unser Brot fast kalt geworden, sodass wir davon essen können. Ich habe nie, nie in meinem Leben Brot gegessen, das so gut geschmeckt hätte wie dieses.

Wir geben auch dem Magister davon ab. Aber vor den anderen halten wir es geheim, dass wir Brot haben, sonst hätten wir bald selber nichts mehr.

Wir haben noch Mehl und könnten mehr Brot backen, aber das Heer marschiert weiter und wir müssen unseren schönen Backofen hier lassen. Unterwegs ist keine Zeit mehr, einen neuen zu bauen. Wegen der Kälte dürfen wir nirgendwo länger verweilen, sondern müssen machen, dass wir nach Schweinfurt ins Winterquartier kommen.

Es friert Stein und Bein, manchen sind schon die Füße abgefroren. Oft scheucht uns die Eva vom Pferd, dass wir ein Stück zu Fuß gehen. Sie sagt, dann kommt das Blut in Bewegung und es friert uns nicht so schnell etwas ab.

Kurz vor Schweinfurt treffen wir mit den französischen Regimentern des Feldherrn Turenne zusammen. Die Regimenter vom Königsmarck sind schon vor Wochen zu uns gestoßen. Jetzt sind wir wieder ein starkes Heer. Die Kaiserlichen sind aus lauter Angst nach Bayern geflohen. Bin ich froh, dass wir endlich angekommen sind und in Schweinfurt bleiben, solange der Winter dauert.

Brot gibt es auch hier nur selten. Wir wohnen nicht im Zelt, dafür ist es zu kalt. Der Vater hat zwei Stuben gemietet bei dem Schuhmacher, der uns im letzten Jahr die Schuhe gemacht hat. In der einen Stube schlafen der Vater, die Eva und das Fränzchen. In der anderen die Els und ich. Peter und Lukas schlafen im Giebel, im Heu. Zusammen mit dem Gesellen des Schuhmachers.

So viel Platz wie wir haben nicht alle. Die Stadt ist voller Soldaten, die hier im Quartier liegen, und auch in den Dörfern ringsum sind viele untergekommen.

Das Amulett

In Schweinfurt müssen wir auch Hunger leiden. So viele Menschen kann die Stadt nicht satt machen. Alleweil gibt es deshalb Streit zwischen Bürgern und Soldaten. Die Bürger haben selber nicht genug zu essen. Es ist mir zuwider, dass unsere Soldaten so böse mit ihnen umspringen.

Ich bin froh, dass der Winter endlich vergangen und der

Schnee geschmolzen ist. Jetzt müssen wir nur warten, bis die Wege wieder trocken sind, dann ziehen wir fort.

Seit Ostern scheint die Sonne. Das Heer sammelt sich, am ersten Mai brechen wir auf. Wir marschieren zur Donau. Die Unsrigen sind jetzt ein riesiges Heer: die Soldaten vom Wrangel und die vom Königsmarck, dazu der Turenne mit seinen Franzosen. Es heißt, die Kaiserlichen sind arg schwach geworden, jetzt laufen ihnen die Soldaten fort. Das Kriegsglück hat sich wieder einmal gewendet. Sie fliehen, wir jagen sie.

Wir haben die Donau überquert. Und jetzt heißt es auf einmal, der Tross soll zurückbleiben und warten. Vielleicht wird es zu einer Schlacht kommen. Nun liegen wir still, horchen auf Geschützdonner und lauern auf Nachricht. Die Eva läuft ruhelos aus dem Zelt hinaus, wieder ins Zelt hinein.

»Sie hat Angst um deinen Vater«, sagt die Els.

Ich habe auch Angst, aber ich rede nicht darüber. Sie lachen mich ja doch bloß aus. Nicht so sehr um den Vater hab ich Angst, obwohl – ich hätte nicht gedacht, dass ich mich so an ihn gewöhnen kann. Ich freue mich alleweil, wenn ich seine raue Stimme höre und er ins Zelt kommt. Jedoch, er kann sich wehren, sie werden ihn schon nicht kriegen.

Was aber ist mit dem Magister? Er hat ja nicht einmal eine Muskete zum Schießen. Hält den Krieg für Unrecht und hat doch müssen mit ihnen ziehen, um die Schlacht – so es eine gibt – zu protokollieren. Angst hat er aber keine gezeigt. Ist gekommen, hat mir die Hand geschüttelt:

»Behüt Euch Gott, Mariezebill. Dass wir einander gesund wiedersehen.«

Ich habe bloß ein Krächzen herausgebracht: »Behüt Euch Gott, Herr Magister.«

Warum war mir der Mund verschlossen? Warum hab ich nicht wenigstens gesagt: *Kommt lebendig wieder und mit gesunden Gliedern – David*?

Die Eva hat den Vater zum Abschied geküsst. Wild geküsst.

Was wäre, wenn ich dasselbe mit dem Magister gemacht hätte? Nein, nein, solche Gedanken gehören sich nicht für eine Jungfer. Aber wenn sie ihn totschießen? Wenn er wiederkommt, will ich ihn küssen.

»Dort drüben, am Lagerausgang, steht der Karren einer Wahrsagerin«, sagt die Els, »sie verkauft auch einen Zauber zum *Festmachen*. Manche sagen gar, sie ist eine Hex.«

»Meinst du, er wirkt, der Zauber?«, frage ich.

Ich weiß, dass viele Soldaten, besonders aber die großen Feldherren, fest sind gegen die feindlichen Kugeln. Es heißt, jene, die unverwundet sämtliche Schlachten überstehen, sind allesamt durch einen Zauber gefeit.

»Er soll gar teuer sein, der Zauber. Wäre ja eine Schand, wenn er nit wirkt für das viele Geld.«

»Lass uns hingehen zu der Wahrsagerin, Els.«

»Was? Willst du einen Zauber kaufen? Für wen?«

»Gewiss nit. Mit welchem Geld auch? Ich will sie bloß sehen, die Hex. Habe doch noch nie eine gesehen.«

»Willst du den Zauber für deinen Vater?«, fragt die Els.

Sie lässt es sich nicht ausreden, dass ich einen Zauber kaufen will. Soll sie denken, was sie will.

Die Els führt mich zu einem Karren, der von außen ganz gewöhnlich aussieht. Wir klettern hinein und im ersten Moment sehe ich das kleine, verhutzelte Weiblein nicht vor der blauen Leinwand, auf der das Himmelszelt mit allen Sternbildern aufgezeichnet ist. Staunend bleibe ich davor stehen.

»Was führt euch her, ihr Jüngferlein?«

Ich fahre zusammen, als ich plötzlich die Stimme dicht vor mir höre, und bringe im ersten Schrecken kein Wort heraus.

»Wollt Ihr, dass ich Euch das Schicksal voraussage oder – wollt Ihr –?« Sie kneift ein Auge zu, unterbricht sich und fragt: »Ihr macht Euch Sorgen um einen Kavalier?«

Die Els stößt mich an, dass ich antworten soll.

»Ich bin hergekommen um zu erfahren, was es mit Eurem Zauber auf sich hat. Wodurch wirkt er, durch welche Kräfte? Und was bewirkt er?«, frage ich.

»Wenn dich der Profos schickt«, sagt die Alte streng und duzt mich plötzlich, »dann geh ruhig wieder deiner Wege. Hier gibt es keinerlei Zauber. Hier geht alles rechtens zu. So du zahlst, will ich dir die Sterne deuten. Mit verbotenen Künsten geb ich mich nit ab.«

»Mit dem Profos hab ich nix zu schaffen«, sage ich. »Ich würde mir wohl gerne die Zukunft sagen lassen, allein – ich habe kein Geld.«

»Dann trollt euch«, sagt die Alte.

»Vielleicht habe ich ja Geld«, sagt die Els plötzlich. »So sagt doch, was kostet ein Horoskop?«

»Ein kleines einen halben Gulden. Für ein ausführliches Schicksalsbild müsst ihr mir fünf Gulden berappen.«

»Und Ihr könnt uns sagen, was in den Sternen steht? Könnt Ihr auch sehen, ob mein Vater noch lebt und meine Brüder?«, fragt die Els.

»Nur im großen Horoskop«, sagt die Alte. »Willst du mir nun die fünf Gulden zahlen? So nit, geh deiner Wege.«

»Wenn ich reich wäre, würde ich es gerne zahlen«, seufzt die Els, während wir den Karren verlassen.

»Weil ihr es seid, Jüngferlein, so will ich euch einen guten Preis machen und euch das große Horoskop für dreieinhalb Gulden lassen«, ruft uns die Alte hinterher.

»Glaubst du, sie hat gar keinen Zauber zum Festmachen?«

»Ich verwette meinen Kopf, dass sie Amulette und dergleichen verkauft«, sagt die Els. »Sie hat bloß Angst vor dem Profos. Sie hat Angst, als Hexe angeklagt zu werden.«

Das können wir wahrhaftig verstehen. Wir stoßen einander an und lachen.

»Wenn ich bloß Geld hätte«, sage ich, »dann würde ich –«

Auf einmal bleibe ich stehen. »Els! Meine alte Pluderhose! Vielleicht ist das Geld noch immer drin!«

»Hoffentlich sind die Pluderhosen noch da, hoffentlich hat die Eva sie nit weggeworfen«, sagt die Els.

Und dann rennen wir. Wir rennen zum Zelt, machen die Kleiderkiste auf und wühlen.

»Da ist sie!«, schreit die Els und zieht meine alte Pluderhose hervor. Ach, wie schmutzig ist sie geworden, wie löcherig und dürftig, meine erste Pluderhose. Aber – die Gulden sind da. Sie sind immer noch da, ich fühle sie hart durch den Stoff.

Die Els trennt die Hose auf. Fünfzehn Gulden, welcher Reichtum! »Zwei große Horoskope kosten zehn Gulden«, rechne ich, »ob fünf Gulden für ein Amulett reichen?«

»Die Alte hat gesagt, sie macht es für dreieinhalb Gulden, also brauchen wir bloß sieben. Acht Gulden reichen ganz gewiss für einen Zauber«, meint die Els.

Sie reißt ein Stück Stoff aus der Hose – mir tut das Reißen in den Ohren weh – und knotet es zu einem Beutel für die Gulden.

»Du brauchst kein Amulett für deinen Vater«, sagt die Els, »er ist schon längst *gefroren.* Hast du nit gesehen, dass er unter seinem Hemd eine Kette um den Hals trägt mit einem Brief?«

Was die Els alles sieht!

»Meinst du, die Eva hat es ihm umgehängt?«, frage ich.

»Gewiss, sie wird ihn doch nit ungeschützt in die Schlacht lassen.«

Wir gehen zum Karren der Alten zurück und begehren jede ein großes Horoskop.

»Macht zehn Gulden zusammen«, sagt sie.

»Macht sieben Gulden«, sagt die Els, »vorhin habt Ihr dreieinhalb gesagt.«

»Da müsst ihr euch verhört haben. Meinetwegen, zahlt mir acht Gulden zusammen.«

Die Els knotet den Beutel auf und fängt an zu zählen.

»Einen Augenblick«, sage ich. »So wir acht Gulden zahlen, verkauft Ihr uns auch ein Amulett zum Festmachen?«

»Nix da, hier gibt es keinen faulen Zauber.«

»Hört«, sagt die Els, »wir zwee sind um ein Haar am Feuer vorbeigegangen in Mainz. Glaubt Ihr, wir besagen Euch?«

»In Mainz? Den Jesuiten entgangen? So seid ihr keine andere als die Mariezebill vom Hauptmann Vogel und die Els.«

»Gewiss«, ruft die Els stolz.

»Wo hatte ich meine Augen? Ich hätte Euch kennen müssen an der schwarzen Binde, die Ihr über dem Auge tragt.«

»Was kostet nun das Amulett?«, frage ich ungeduldig.

»Eile mit Weile«, antwortet sie. »Zuerst die Horoskope. Dann wollen wir sehen, was sich machen lässt.«

Recht umständlich befragt sie mich nach Tag, Stunde und Ort meiner Geburt.

»Ich wurde geboren am frühen Morgen des fünfundzwanzigsten October anno 1632 zu Frankfurt.«

»Die genaue Geburtsstunde könnt Ihr mir nit angeben?«

»Es muss kurz vor der siebten Stunde gewesen sein.«

Das wenigstens hat die Bas gesagt.

»Nun wohl. Ihr seid im Zeichen des Skorpion geboren, Beharrlichkeit und Wissbegierde zeichnen Euch aus. Nehmt Euch in Acht, zu viel Wissbegierde könnte Euch zum Schaden gereichen. Das Männervolk sieht es nit gern, wenn ein Weib wissen will. Auch habt Ihr einen Hang zu tiefem Sinn und eine Vorliebe für die Nachtseite des Lebens. Allzu oft wird Euer Blick angezogen von Not und Tod, Krankheit und Sünde. Hütet Euch davor, wissen zu wollen, was Euch nit frommt, verliert nit die Ehrfurcht vor hergebrachten Sitten …«

Was soll mir das Geschwafel, sie erzählt mir nichts Neues. Schon der Frankfurter Astrologe hat bei meiner Geburt herausgefunden, dass ich im Zeichen des Skorpion geboren, zu tiefem Sinn und Grübelei neige. Das weiß ich von der Bas.

»So es Euch jedoch gelingt, den Nachstellungen des Bösen zu entgehen, mag es sein, dass Ihr im Alter über große Weisheit verfügen werdet.«

Was soll Weisheit in ferner Zeit mir nützen?

»Habt Ihr mir sonst nichts zu sagen? Werde ich – einen Mann freien? Oder werde ich lernen und forschen, werde ich Geheimnisse wissen, die andere nit kennen? Ich meine nit erst im Alter, sondern bald?«

»Freilich wirst du freien. Du stehst ja lichterloh in Flammen. So du den Richtigen wählst, wirst du auch die Geheimnisse ergründen, nach denen dich gelüstet.« Die Alte kichert.

Treibt sie ihre Possen mit mir?

»Und der, den ich wähle – könnt Ihr mir sagen, ob er mir wohlgesinnt?«

»Er ist dir wohlgesinnt, mein Täubchen, freilich ja, das ist er.«

Das Blut schießt mir ins Herz vor Freude. Er ist mir wohlgesinnt. David ist mir wohlgesinnt. Ich höre kaum, was die Alte der Els prophezeit.

»Mann und Kinder. Vier Kinder, die am Leben bleiben. Und ein festes Haus. Du wirst glücklich werden.«

»Ein festes Haus? So wird der Friede kommen?«, fragt die Els.

»Freilich wird er kommen, aber Geduld musst du haben, viel Geduld.«

»Und mein Vater? Und meine Brüder? Werden sie wiederkehren aus dem Krieg?«

»Einer deiner Brüder ganz gewiss. Und der Vater wohl auch. Bei den anderen kann ich es nit genau sagen.«

»Ich hab nur zwei Brüder«, sagt die Els.

»Nein«, sagt die Alte, »einer von ihnen kehrt nit zurück, so viel ist gewiss.«

»Wisst Ihr das ganz sicher?«

»Fast sicher.«

»Fast? Nit ganz gewiss?«

»Ich kann nur wiedergeben, was die Sterne sagen. Der Herr der Sterne jedoch kann ihren Lauf verändern. Er mag sie anhalten durch seinen Willen. Was mir gewiss erscheint, kann sich wenden durch das Eingreifen des Allmächtigen.«

»Wenn es nit ganz gewiss ist, so will ich weiter hoffen, dass sie alle drei am Leben sind«, sagt die Els.

Ich trete von einem Bein aufs andere, bis sie endlich fertig sind. »Ich bitte Euch, verkauft mir ein Amulett.«

»Ein Amulett?«, wispert die Alte. »Das ist nit billig, Täubchen, dafür brauchst du viele Gulden.«

»Ich gebe Euch dafür alles, was ich habe – sieben Gulden. Verkauft es mir, ich bitte Euch sehr.«

Die Alte flüstert geheimnisvoll:

»Zuvor legt Eure Hand aufs Herz und schwört, dass Ihr nit verratet, wo Ihr es herhabt. Dann will ich Euch helfen.«

Ich lege die Hand auf mein Herz, auch die Els muss die Hand auf ihres legen. Dann lässt die Alte mich schwören auf den Kopf dessen, der mir der Allerliebste ist, und die Els lässt sie schwören beim Leben ihres Vaters und ihrer Brüder, dass wir sie nicht verraten.

Danach holt sie ein zusammengefaltetes, versiegeltes Papier aus der Lade und händigt es mir aus. Das Siegel enthält ein kleines Loch, durch das die Kette geführt wird, an der man es demjenigen, den man gefeit wünscht, um den Hals hängt.

»Dieses Amulett«, flüstert die Alte, »macht fest vor jeder Art Kugeln – ausgenommen silberne. Es schützt seinen Träger gegen Verwundung und Tod. Sorge dafür, dass er es unter dem Hemd auf der nackten Haut trägt.«

»Nun sage mir in aller Welt, wen minnst du?«, fragt die Els.

»Das geht dich nichts an. Außerdem habe ich dir tausendmal gesagt, dass minnen ein unanständiges Wort ist.«

»Es ist doch nit etwa der Uhu?«

»Wo bleibt ihr denn?«, ruft die Eva. »Es ist Kunde gekommen aus Zusmarshausen. Die Unsrigen haben die Nachhut der Kaiserlichen geschlagen. Jetzt setzen sie dem Hauptheer nach. Der Vater ist gesund und am Leben!«

Die Eva singt den ganzen Tag. Vom Magister sagt keiner etwas. Heißt das, er lebt?

Die Goldene Stadt

Die Els und ich haben ein neues Pferd bekommen. Es ist ein Rappe mit langen Beinen, er läuft hurtig wie der Wind. Und wie der Wind reiten wir durch Böhmen.

Die Lies ist ein Packpferd geworden und kommt kaum hinterher. Zuerst hat der Vater nicht wollen, dass wir mitkommen. Die Eva, das Fränzchen und wir sollten beim Hauptheer bleiben. Der Königsmarck will keinen großen Tross bei seinem Vorhaben. Schnell will er sein. Je kleiner der Tross, desto schneller die Truppe. Auch führt er wenig Fußvolk mit, nur tausend Musketiere, wohl aber zweitausend Reiter. Gemessen am Hauptheer sind es freilich nur wenige Fähnlein. Eines der Fähnlein führt der Vater.

Die Eva hat nicht geduldet, dass wir zurückbleiben.

»Ich bin eine Soldatenfrau«, hat sie zum Vater gesagt, »mein Platz ist an deiner Seite. Ich ziehe mit.«

Es ist ihm gar nichts übrig geblieben als ihr den Willen zu tun. Jetzt singt die Eva, wenn sie auf dem Pferd sitzt. Und das Fränzchen jauchzt, weil der Wind ihm durch die Locken streicht. Wenn spätabends der Vater zu uns in den Karren klettert – wir nehmen uns oft nicht die Zeit, das Zelt aufzuschlagen –, pfeift er und reibt sich die Hände.

»Was habt Ihr vor, wo reiten wir hin?«, frage ich ihn.

Er schüttelt den Kopf und legt den Finger auf die Lippen. »Streng geheim.«

So geheim, dass wir, seit wir bei Pilsen abgebogen sind, die Nähe von Dörfern meiden. Wir haben unseren Proviant dabei, es ist den Soldaten verboten, unterwegs zu plündern oder auch nur zu den Bauern zu reiten und etwas zu kaufen. Niemand soll uns sehen. Wenn der Mond scheint, reiten wir nachts und verstecken uns tagsüber im dichten Wald.

Der Magister reitet auch mit uns, er ist dem Königsmarck als Schreiber zugeteilt. Ich bin froh, dass er dabei ist.

Kürzlich, als er aus der Schlacht zurückkam, war mir freilich wiederum der Mund verschlossen, ich konnte ihm meine Freude nicht zeigen.

»Na, habt Ihr die Feinde ordentlich aufgespießt mit Eurer Feder?« Nichts als Spott habe ich herausgebracht.

Das Amulett habe ich gut verwahrt. Wenn es wieder eine Schlacht gibt, dann hänge ich es ihm um. Ganz gewiss, ich werde es machen.

Wir waren noch im Lager bei Zusmarshausen, kurz bevor wir mit Königsmarck aufgebrochen sind, da ist mir etwas widerfahren, das mein Herz pochen lässt, sooft ich daran denke.

Ich wollte einmal versuchen, ohne die Els auf unserem neuen Pferd zu reiten. Der Rappe – er heißt Silberhuf – folgte mir erst artig, sodass ich ganz stolz war. Mit einem Mal galoppiert er mit mir davon und lässt sich nicht Einhalt gebieten. Ich kann *brrrrr* rufen, soviel ich will, er jagt weiter. Ich halte mich mit allen Leibeskräften an der Mähne fest, aber es nutzt nichts, zuletzt wirft er mich aus dem Sattel, ich lande im Gebüsch. Noch bevor ich weiß, wie mir geschehen, steht auf einmal der Magister da.

»Habt Ihr Euch wehgetan, Mariezebill?«

Ich schüttele den Kopf und rappele mich auf. Er schaut

mich an und streicht mir sachte über das linke Auge. Ich erschrecke. Das schwarze Tuch, das ich stets darüber trage, hatte sich verschoben. Doch er sagt mit sanfter Stimme:

»Mariezebill, Euer Auge guckt ja nach innen.« Er sagte es ganz ohne Abscheu, bloß verwundert. Als sei es eine besondere Gabe, dass mein Auge nach innen blickt.

Jetzt weiß ich, wohin wir reiten, der Magister hat sich verplaudert. Von der Goldenen Stadt hat er geredet. Wir reiten nach Prag. Ich musste ihm versprechen, dass ich es niemandem verrate.

Manchmal, wenn wir dahinreiten, schließe ich die Augen und stelle mir unser Ziel vor. Dann sehe ich die Stadt vor mir mit Mauern, Dächern und Türmen aus Gold. Freilich weiß ich, dass Prag nicht wirklich Mauern aus Gold hat, aber eine reiche Stadt muss es sein. Märchenhaft reich.

Der Königsmarck will Prag im Handstreich nehmen. Und mein Vater pfeift, weil er sich auf die Beute freut.

»Wieso seid auch Ihr so gut gelaunt, David?« Neuerdings bin ich so keck, den Magister beim Vornamen zu nennen. David ist ein so schöner Name, finde ich. Da-vid. – »Ihr könnt doch nit billigen, dass das goldene Prag zerstört wird?«

»Mariezebill, es wird nicht mehr dazu kommen. Bis wir in Prag sind, ist der Frieden geschlossen. Täglich erwarte ich den Kurier.«

»Wie kann denn ein ausgewachsener Mann an das Märlein vom Frieden glauben?«

Ich bin fast sechzehn Jahre alt und so viel weiß ich, es wird alleweil Krieg geben. Der Krieg hat angefangen vierzehn Jahre vor meiner Geburt und hat gedauert bis jetzt und er wird nimmermehr enden.

»Ihr werdet es sehen, Mariezebill. Sie verhandeln ernstlich, sie schließen Verträge in Münster. Und daraus wird der Friede hervorgehen.«

»Aus Verträgen? Pff – wer wird sich daran halten?«

»Das ist es ja. Sie haben sich an die alten Verträge nicht mehr gehalten, daraus ist der Krieg entbrannt. Jetzt sind die Menschen die Rechtlosigkeit leid. Sie sind den Krieg leid. Sie wollen sich vertragen.«

Sieht er denn nicht, was vorgeht? Der Königsmarck will Beute machen. Mein Vater will Beute machen, sogar die Eva freut sich auf Beute. Alle wollen den Krieg. Sie leben davon.

Wir lagern in einem Wald bei Rakonitz. Prag soll nicht mehr weit sein. Die Reiter sind fort. Sogar die Musketiere sind mitgeritten. Haben die Packpferde genommen, haben Trosspferde und Geschütze ausgespannt und sind mitgeritten.

Kaum zweihundert Männer und kein einziges Pferd sind beim Tross zurückgeblieben. Aber das ganze schwere Geschütz. Sogar unsere alte Lies hat müssen mit. Sie trägt den Peter auf dem Rücken.

Es heißt, Königsmarck will die Stadt im Handstreich nehmen. Wird ihm das gelingen? Mit so wenigen Soldaten und ohne Kanonen?

Im Lager geht es fein leise zu. Niemand soll uns entdecken, keiner den Pragern vermelden, dass wir hier sind. Wir haben Angst. Es ist ein ander Ding, mitten im Heer zu ziehen, beschützt von Tausenden von Soldaten, als wenn ein kleiner Tross in der Obhut von Kranken und Fußwunden zurückbleibt. Was würden die Bauern mit uns anstellen, wenn sie uns entdeckten?

Dieses Mal habe ich es gewagt. Die Trompeten riefen schon, als David endlich herbeieilte mir die Hand zu reichen. An seinem Gesicht konnt ich merken, wie sauer es ihn ankam, gegen Prag zu reiten. Er hat mich gedauert. Wo bleibt er nun, sein Friede? Da hab ich es gewagt.

»Macht die Augen zu«, hab ich gesagt.

Er hat getan, wie ich wollte. Ich habe ihm das Amulett an der Kette, die ich der Eva abgebettelt, um den Hals gehängt und unter Wams und Hemd geschoben.

»Gott beschütze Euch«, hab ich gemurmelt und bin davongelaufen.

Ich werde rot, wenn ich daran denke. Und doch habe ich recht getan. Jetzt kann ihn keine Kugel treffen, jetzt ist er fest.

Ein Kurier ist gekommen und hat Kunde gebracht. Der Überfall ist geglückt! Gestern im Morgengrauen ist die Vorhut über den Stadtwall, hat die Wachen überrascht, die Tore geöffnet und die anderen in die Stadt gelassen. Als die Bürger aufwachten, waren die Schweden in den Mauern.

Der Bote sagt, es ist nur ein Teil der Stadt, den sie erobert. Er heißt die Kleinseite und liegt auf der westlichen Seite der Moldau. Es ist ungewiss, sagt er, ob sie die andere, größere Seite der Stadt nehmen können mit bloß dreitausend Mann. Der Wrangel wird uns Nachschub schicken müssen.

Aber das Wichtigste ist, es hat fast keine Toten gegeben. Der Vater und der David sind am Leben. Der Zauber hat gewirkt.

Der Kurier sagt, die Kleinseite von Prag ist die reichste. Dort, sagt er, steht die Burg, die ist geheißen Hradschin und ist angefüllt mit unermesslichen Schätzen. Das aber ist noch nicht alles, sagt der Bote. Palast liegt dort neben Palast. Dort finden sich die reichsten und merkwürdigsten Dinge auf der Welt. Allein aus dem Palais des Stadtkommandanten habe man zwölf Tonnen Dukaten und über zweieinhalb Tonnen Silber herausgetragen.

»Es wird also nach Herzenslust geplündert?«, fragt die Eva. Ihre Augen glitzern, als wolle sie sich ohne Federlesens aufs Pferd schwingen und in die Goldene Stadt reiten.

»Zwei Tage und zwei Nächte darf geplündert werden, hat der Königsmarck angeordnet. Er hat einen Plan aufgestellt, welche Hauptleute sich welchen Palast vornehmen mit ihren Männern. Die Häuser der gemeinen Leute sollen dieses Mal verschont werden. Die gesamte Beute aus dem Hradschin aber ist für die schwedische Krone bestimmt.«

Und dann setzt er hinzu: »Der Schreiber muss alles in eine Liste schreiben. Kommt gar nit mit beim Schreiben, obwohl er noch etliche Gehilfen hat. Er scheint schon ganz wirr im Kopp, der arme Magister, vom vielen Schreiben. Steht bei den alten Folianten und schreibt sie in die Liste, statt Geschmeide und Juwelen zu registrieren. Und –« Der Bote muss lachen. »– dabei läuft ihm alleweil das Wasser aus den Augen, als ob das Plündern ihn schmerze, hehe.«

So musst du den Räubern die Buchführung machen, mein David? Verstehst du jetzt, dass niemals Friede sein wird?

Der Löwe von Prag

»Mariezebill, komm mit, tummle dich. Sie haben einen Löwen aus Prag gebracht.«

»Einen Löwen? Einen lebendigen Löwen?«

»Ja, ein lebendiges Untier, ein richtiger Löwe. Er ist in einen vergitterten Wagen gesperrt. Alle laufen hin ihn zu betrachten. Tummle dich, Mariezebill.«

Wahrhaftig, die Soldaten haben den Löwen aus des Kaisers Tiergarten gefangen und ins Lager gebracht. Er soll von hier nach Stockholm geschafft werden. Als Präsent für die Königin Christina.

Das alles erfahre ich, während wir mit den vielen Menschen warten, die vor dem Käfig versammelt sind und das Untier zu sehen begehren.

Es dauert lange, bis wir dicht genug vor den Gittern stehen, sodass ich den Löwen erkennen kann. Ich mache meine Augen schmal. Das soll ein Löwe sein? Gar elend liegt er in dem Wagen, der so eng ist, dass er sich kaum rühren kann. Er scheint zu müde, den Kopf zu heben oder auch nur die Augen zu öffnen. Sein schmutziges gelbes Fell sieht aus, als wären die Motten darin. Zerzaust ist es und voller Löcher. Ich weiß nicht warum, aber ich werde gar traurig, als ich ihn so schmachvoll liegen sehe.

Ein paar Kerle wollen ihn aufscheuchen. Sie bewerfen ihn mit Steinen. Zornig wende ich mich nach ihnen um.

»Hört auf! Seht ihr nit, dass er besiegt ist? Lasst ihn in Ruhe.«

Die Knechte lachen und schmeißen noch ein paar Steine um mir zu zeigen, dass sie sich nicht vor mir fürchten. Dann trollen sie sich.

Wie die Els und ich zum Zelt zurückgehen, begegnet uns der Magister. Alt sieht er heute aus und so traurig wie der Löwe. Zum ersten Mal werde ich inne, dass er zwei tiefe Falten um die Nase hat. Lieber, alter Uhu.

Die Els ist auf einmal verschwunden, ich stehe allein mit ihm da. »Gott zum Gruß, Jungfer Mariezebill.«

»So seid Ihr zurück aus Prag?«

»Ich hab müssen einen Teil der Kriegsbeute hergeleiten.«

Mich ärgert, dass er so vornehm *Kriegsbeute* sagt.

»Wurde tüchtig geplündert?«, fährt es mir heraus.

»Gott sei es geklagt, ja. Wenn es bloß um Geld und Gut ginge – nun wohl, der Krieg gibt, der Krieg nimmt. Die Schätze jedoch, Mariezebill, die Schätze an Kunst und Wissenschaft, die Prag seit Hunderten von Jahren bewahrt, die sollen nun verschleppt werden in schmutzigen Karren, auf feuchten Schiffen über Flüsse und Meere ins finstere Schweden …«

Was jammert er? Ist er nicht selber dabeigestanden, hat sie gezählt und aufgeschrieben, die Schätze aus Jahrhunderten?

»Warum macht Ihr denn mit? Warum seid Ihr beim Heer?«, frage ich streng.

»Am Anfang wegen der gerechten Sache«, sagt er, »später, weil das Heer mir Brot und Schutz gab. Doch jetzt –« Er macht eine Pause. »– jetzt quittiere ich den Dienst.«

Was sagt er da?

»Ihr wollt fort? Wo wollt Ihr aber hin?«

Er zuckt die Schultern. »Irgendwohin. Eine Stadt will ich mir suchen, die der Krieg nicht gar so gezaust. Eure Heimatstadt vielleicht, Frankfurt. Sie halten dort alle Jahre wieder Messe, hört man. Die Stadt blüht. Vielleicht brauchen sie einen Schreiber. Oder ich wandere gen Hamburg, in den hohen Norden.«

»Wie wollt Ihr aber hinkommen? Die Wege sind zu unsicher. Überall lauern Soldaten und *Marodeure*. Man würde Euch unterwegs totschlagen.«

»Ich kann nicht länger warten«, sagt er. »Jahr um Jahr hab ich auf den Frieden gehofft. Jetzt hab ich den Glauben verloren, dass er noch kommt. Wenn ich jetzt nit fortgehe, gehe ich nimmermehr.«

»Das dürft Ihr nit! Ihr dürft nit fort!«

Wie ich ins Zelt komme, ist der Vater zurück. Tisch, Betten und Fußboden sind bedeckt mit Pelzen, mit Gewändern aus Seide und Sammet, mit Straußenfedern und Spitzen. Nicht zu reden von Schmuck, Juwelen und wertvollem Gerät.

Die Eva wühlt mit funkelnden Augen darin herum. Sie kann gar nicht schnell genug alles anprobieren. Der Vater wirft ihr hintereinander einen seidenen Rock, einen brokatenen Umhang, schließlich einen spinnwebfeinen Schleier zu. »Probier das. Und das. Und das auch noch.« Fränzchen sitzt auf der Erde wie ein Pilz, versteckt unter einem Pelzhut, sodass man ihn fast nicht sehen kann.

Die Els ist angetan mit einem hochgerafften purpurnen

Sammetkleid, unter dem ein Unterrock aus grüner Seide hervorsticht. Auf dem Kopf wippt ihr eine schwarze Straußenfeder.

»Wie gefall ich dir, Mariezebill?«

»Siehst aus wie eine Franzosenmätress, nit wie die Els«, sage ich unwirsch.

»Da ist ja das Töchterlein!«, brüllt der Vater. »Hier, nimm, wie gefällt dir das? Und das? Und das da?« Und fängt an mich ebenfalls mit dem Firlefanz zu bewerfen.

»Ich will nix davon.« Ich schüttele die Kleider ungeduldig ab und werfe sie auf den Boden.

»Oho, Fräulein, komm mir nit so! Das sind wertvolle Stücke – ehrliche Kriegsbeute!«

Ehrlich. »Trotzdem will ich nix davon haben. Lasst mich in Ruhe.«

»Sei keine Spielverderberin«, sagt die Els.

Und die Eva: »Verdirb uns doch nit die Freud.«

Ich gehe hinaus, damit sie meine Tränen nicht sehen.

In der Nacht hören die Els und ich es hinter dem Vorhang klirren. Der Vater murmelt Zahlen.

»Er zählt die Dukaten«, flüstert die Els ehrfürchtig. »Hörst du, wie viele es schon sind? Siebentausendachthundertdreiundzwanzig hat er gerade gesagt.«

»Er ist ein Plünderer«, sage ich.

»Was ist bloß in dich gefahren, Mariezebill?«, fragt die Els bekümmert. »Hat es was mit dem Magister zu tun?«

Da muss ich auf einmal weinen.

»Arme Mariezebill«, sagt die Els, »hast du ihn so lieb? Und er – minnt er dich nit?«

Ich puffe sie mit dem Ellenbogen in die Seite. »Wann gewöhnst du dir endlich die Bauernsprach ab?«

Ich erzähle ihr, dass er fort will. Und dass ich mein Lebtag nicht mehr froh werde, wenn er geht.

Die Els sagt: »Mariezebill, gewisslich wirst du wieder froh. Du bist so jung. Und er – er ist ja schon so alt.«

Alt? Vierunddreißig Jahre ist er alt. Na und? Die Els hat keine Ahnung.

Fauler Zauber?

»Dein Magister will uns den Dienst aufkündigen«, sagt der Vater. »Der Mensch muss einen Sparren haben. Will lieber Schreiber sein hinter dumpfen Stadtmauern als mit den Söhnen Fortunas zu reiten.«

»Wann zieht er, Vater?«

»Wir können ihn nit ziehen lassen, wo denkst du hin? Wir brauchen ihn. Er ist ein gar geschickter Schreiber.«

Obwohl ich einerseits froh bin, dass sie ihn nicht fortlassen, packt mich der Zorn, wie ich den Vater so reden höre.

»Ist er euer Knecht oder euer Gefangener, dass ihr ihn wider seinen Willen festhaltet?«

»Wie redest du mit deinem Vater? Hab gemeint, du hättest Vernunft genug, ihm die Possen auszureden.«

Der Magister kommt nicht mehr zu unserem Zelt. Seit wir mit dem Königsmarck unterwegs sind, haben wir kein Latein mehr studiert. Oft gehe ich an seinem Zelt vorbei, aber es fügt sich nie, dass ich ihn treffe.

Eines Tages wird er fort sein und nicht wissen, wie lieb ich ihn habe. Wie ein Stein liegt der Kummer mir auf der Brust. Alle sind guter Dinge, bloß ich nicht. Mit niemandem kann ich von meinem Kummer reden, auch nicht mit der Els. Die macht bloß ihre Possen und neckt mich und denkt, sie bringt mich damit auf andere Gedanken. Ich will nicht auf andere Gedanken kommen. Es ist mein Kummer. Sie sollen mich in Ruhe lassen.

Ich gehe zu den Pferden, besuche Silberhuf und die Lies. Wenn ich mein Gesicht an den warmen Hals von der Lies lehne und sie mir ihren Atem warm über den Kopf bläst, meine ich, sie will mich trösten.

Silberhuf schnaubt und wiehert, wie er mich sieht. Er denkt, wir reiten aus.

»Wir dürfen nit allein ausreiten, Silberhuf, sie sagen, es ist zu gefährlich.«

Der Rappe hört nicht auf zu wiehern, tänzelt auf seinen Beinen und ist sich ganz gewiss, dass ich ihn hinausführe. Je mehr ich auf ihn einrede, er solle vernünftig sein, umso ungeduldiger wird seine Vorfreude. Da bring ich es nicht fertig, ihn zu enttäuschen.

»Also gut, Silberhuf.« Ich hole Zaumzeug und Sattel und lege ihm alles an.

Wenn ich daran denke, was für ein ungeschicktes Ding ich einmal war, dass ich kein Ross allein besteigen konnte und Angst hatte vorm Reiten!

Ich führe den Rappen aus dem Lager und reite ein Stück am Flüsschen entlang. Auf einmal sehe ich einen Reiter mir entgegenkommen. Was tun? Umkehren und zurück zum Lager galoppieren? Sicher würde er es nicht wagen, mich zu verfolgen. Auch ist Silberhuf gar schnell. Es scheint mir aber zu schmählich, Reißaus zu nehmen. Trotzig reite ich weiter. Er kommt näher, mein Herz klopft. Wäre ich doch umgekehrt, jetzt ist es zu spät.

»Mariezebill«, ruft er, als er in Hörweite ist, »seid Ihr wieder einmal auf Abenteuer aus, so allein?«

Es ist die Stimme des Magisters.

»Pah«, sage ich, »Silberhuf lässt es sich nit mehr einfallen, mich abzuwerfen. Er ist an mich gewöhnt.«

»Der Rappe mag Euch nicht gefährlich sein. Ihr wisst aber, Mariezebill, dass Euch Schlimmeres widerfahren könnte, wenn Ihr mutterseelenallein hier draußen reitet?«

»Es ist mir leid, ständig zu hören, was einer Jungfer alles zustoßen kann. Ihr seid ja auch allein unterwegs, David.«

»Nun, Ihr habt doch dafür gesorgt, dass ich gefeit bin, Mariezebill. Oder glaubt Ihr selber nit an Euer Amulett?«

Das Amulett. Eine wilde Freude ist in mir, dass er mein Amulett trägt.

Er springt vom Pferd. »Lasst uns ein wenig Rast halten, Jungfer Mariezebill.«

Er reicht mir die Hand, ich steige ab. Wir lagern im warmen Gras und lassen die Pferde äsen.

»Es hat Euch also beschützt, das Amulett«, sage ich mit belegter Stimme.

»Ach!« Er lacht. »Darüber wollte ich schon lange mit Euch reden. Glaubt Ihr wahrhaftig an derlei faulen Zauber?«

Fauler Zauber? Das Blut steigt mir in den Kopf. Das Amulett, für das ich so viele Gulden aufgewendet, fauler Zauber? Ich hätte nie gedacht, dass er mein Geschenk so grob beleidigt. Abgewiesen komme ich mir vor.

»Wenn es Euch zu nichts nütze ist, das Amulett, so gebt es mir zurück.« Soll ihn doch meinethalben die nächste Kugel durchbohren.

»Das wollte ich im ersten Augenblick. Jedoch – es war keine Zeit, Euch zu erklären, weshalb. Da hab ich es behalten und trage es seither als Gabe von Euch, als Zeichen Eurer Gunst.«

Bei seinen Worten überläuft es mich heiß. Was soll ich bloß dazu sagen?

»Herr Magister«, sage ich schließlich, »wieso wollt Ihr nit glauben, dass es wirkt? Das Amulett hat Euch fest gemacht. Euch wurde kein Haar gekrümmt in dem Kampf um Prag. Ist das nit Beweis genug?«

»Kampf? Es hat doch gar keinen richtigen Kampf gegeben. Und keine Toten.«

»Und wie erklärt Ihr Euch, dass große Feldherren wie der Wrangel und ganz besonders unser Königsmarck stets heil aus der Schlacht hervorgehen? Dass keine Kugel sie trifft? Und auch bei den einfachen Soldaten gibt es genügend Beispiele. Sind das nit alles Beweise für den Zauber des Festmachens?«

»Das sind keine Beweise. Es ist nichts anderes als die Hand Gottes, die über jenen wacht, die der Schlacht entrinnen. Euer Vater würde es Fortuna nennen. Vielleicht ist es auch einfach – Mut.«

»Der Vater trägt auch ein Amulett. Gewiss glaubt er daran.«

»Mariezebill«, sagt der Magister, »habt Ihr nicht am eigenen Leib erfahren, was blinder Aberglaube ausrichtet? Euch selber wollte man als Hexe anklagen zu Mainz.«

»Ja, ja. Aber dass ich keine bin, das ist noch lange kein Beweis, dass es keine Hexen gibt. Menschen können sich irren. Es weiß doch jedes Kind, dass Hexen und Zauberer existieren. Wollt Ihr das etwa bestreiten?«

»Ganz gewiss bestreite ich das. Ich will nicht in Abrede stellen, dass es böse Weiber gibt, Kindsmörderinnen und Giftmischerinnen. Geht aber alles mit rechten Dingen zu.«

»Mein Großvater hat auch nit geglaubt, dass Hexen auf Besen reiten und sich verwandeln können. Wohl aber hat er gewusst, dass sie Schad tun können. Mit Gedanken und Blicken.«

»Habt Ihr noch nie jemandem Böses gewünscht?«

»Freilich, aber –«

»Seht Ihr? Und seid doch keine Hexe. Jeder Mensch hat böse Gedanken, auch der Frömmste. Der Fromme nicht so oft, ein anderer öfter. Schaden tun solche Gedanken am meisten der eigenen Seel. Krankheit oder Tod kann man einem anderen nicht anhexen.«

Klingt vernünftig, was er da sagt. Klingt so vernünftig, dass ich es fast glaube.

»Haben Eure Nonnen zu Mainz Euch jemals von der Cautio Criminalis gesprochen?«

»Nein, was ist das?«

»Es ist eine lateinische Schrift, die sich gegen die Hexenprozesse wendet und ihre Rechtmäßigkeit bestreitet. Sie ist vor etlichen Jahren anonym erschienen. Es heißt, ein Jesuit habe sie verfasst.«

»Ein Jesuit?! Aber die Jesuiten sind es doch gerade, die die Hexen aufspüren und verfolgen.«

»Es gibt wohl überall solche und solche. Es ist eine gar kluge Schrift. Freilich bestreitet sie nicht geradezu die mögliche Existenz von Hexen, das wäre für den Verfasser wohl allzu gefährlich gewesen. Aber zwischen den Zeilen –«

»Besitzt Ihr die Schrift? Gebt Ihr sie mir zu lesen?«

»Sie würde Eure Lateinkenntnisse überfordern, jedoch –«

»Ich will es aber versuchen.« Es passt mir nicht, dass er so herablassend daherredet. Ich werde schon einiges verstehen, wenn ich mir Mühe gebe. Das andere reime ich mir dann selbst zusammen.

»Im letzten Jahr ist die Schrift in teutscher Übersetzung erschienen. Heißt *Gewissens-Buch*. Gerade gestern hat ein Gelehrter in Prag mir davon berichtet. Ich könnte Euch das Buch besorgen.«

»Gebt mir ruhig beide Schriften, die lateinische und die teutsche. So ich mit dem Latein nit weiterkomme, kann ich in der teutschen Schrift nachschlagen.« Er soll mich nicht für dumm verkaufen.

»Das ist ein guter Einfall. Ihr werdet dabei viel lernen.«

»Was ist nun mit dem Amulett? Wenn es bloß eine Posse für Euch ist, solltet Ihr es nit weiter um den Hals tragen.«

»Mariezebill, das Amulett ist für mich ein Zeichen Eurer Gunst und keine Posse.«

Ja gewiss, für ihn bin ich eine törichte Jungfer, dafür ist es ein Zeichen.

»Wenn es doch einen Beweis dafür gäbe, dass das Amulett wirkt – oder nit wirkt«, sage ich.

»Vielleicht gibt es den. Ich wüsste allzu gern, was in dem Brieflein steht. Ihr auch?«

»O ja, das möchte ich gar gerne wissen.«

»Was meint Ihr –« Er holt es unter seinem Hemd hervor, streift die Kette über den Kopf und dreht und wendet das Amulett in seinen Händen. »– was könnte wohl darin stehen?«

»Magische Formeln? Beschwörungen?«

»Mariezebill – ich hätte gute Lust, nachzusehen.«

»Das Siegel erbrechen? Bewahre, das dürft Ihr nit! Daraus könnte Euch ein schlimmes Unheil erwachsen!«

»Meint Ihr? Ja, dann werden wir es wohl nie erfahren. Schade. Ich bin gar neugierig, was der Brief enthalten mag.«

David will sich die Kette wieder überstreifen und das Amulett wegstecken.

»Halt«, sage ich »gebt es mir, ich will es mir noch einmal betrachten.«

Ich nehme es und betrachte es von allen Seiten. Ich schüttle es und rieche daran. Zuletzt mache ich meinen Finger mit Spucke nass und befeuchte es. Aber es ist bloß ein bräunliches Papier mit einem großen roten Siegel. Keine Zeichen oder Buchstaben erscheinen durch das Befeuchten.

»Ich möchte gar zu gern wissen, was darin steht«, sage ich.

»Es wäre ein Leichtes, das Siegel zu erbrechen, dann könnten wir es erfahren.«

»Und wenn Euch ein Unheil trifft?«

»Das schlimmste Unheil für mich wäre, wenn ich fürderhin so neugierig sein müsste. Tut mir das nicht an, erlaubt, dass ich das Brieflein öffne.«

Ich kann meine eigene Neugier nicht länger bezähmen. »Dann macht es auf, in Gottes Namen.«

Als ich es gesagt habe, schlage ich mir die Hand auf den Mund. Was wird geschehen?

David zerbricht das Siegel. Kein Donnerschlag ertönt. Er faltet das Brieflein auseinander und wirft einen Blick darauf. Im nämlichen Augenblick beginnt er unbändig zu lachen. Alles andere hätte ich erwartet, aber nicht, dass er lacht. Ich bin wie vor den Kopf geschlagen.

»Hier.« Er reicht mir das Papier. Es steht nichts weiter darauf als

Wehr dich, du Hundsfott!

Das ist so unerwartet, dass ich eine Zeit lang brauche, bis ich mitlachen kann. Dann können wir gar nicht mehr aufhören zu lachen.

Der Krieg ist aus

So schnell, wie er gewollt hat, kann David den Dienst nicht quittieren. Man zahlt ihm seinen Sold nicht aus.

»Die Herren scheuen sich nicht, mich durch Erpressung zu halten«, beklagt er sich. »Solange kein Geld in der Kasse war, war ich es zufrieden, ohne Sold zu dienen. Nun aber sind die Kassen voll!«

Insgeheim freue ich mich über die Unverschämtheit der Herren, verschiebt sich dadurch doch Davids Abreise.

»Wenn Ihr ohnehin nit fortkönnt«, sage ich, »könnt Ihr die Zeit nutzen und mir noch ein wenig Latein beibringen.«

Der Pfalzgraf Karl Gustav ist mit einem großen Heer nach Prag gekommen und belagert nun die östliche Seite der Stadt, die die Schweden nicht haben einnehmen können. In letzter

Zeit mehren sich die Gerüchte, dass Friede geschlossen werden soll, aber sie kämpfen weiter um die rechte Seite der Moldau. Das Lager ist weit weg von der Stadt, trotzdem hören wir tagelang die Geschütze donnern.

Der Oktober geht seinem Ende zu. Es wird gar kalt. Morgens glitzert der Reif auf Gras und Bäumen. Werden wir hier im Quartier bleiben? Vielleicht gar in der Stadt selbst, falls sie eingenommen wird? Oder werden wir wieder durch die Kälte marschieren und frieren und hungern?

»Was sagen die Astrologen?«, frage ich David.

»Die Astrologen lügen auch. Sie behaupten, es gibt Frieden.« David glaubt jetzt noch weniger daran als ich.

»Heute hört man gar keinen Geschützdonner«, wundert sich die Els.

Aber wir denken uns nichts weiter dabei. Auf einmal weht der Wind fernes Glockenläuten von Prag herüber. Wir treten aus dem Zelt und horchen.

»Was bedeutet das? In Prag läuten sie die Glocken.«

Ein Kurier hetzt herbei, hat ein großes Papier in der Hand. Er steht auf einem Tisch, verliest die Bekanntmachung. Alle hören ihm atemlos zu.

Unser allergnädigster Kaiser hat Frieden geschlossen. Frieden mit den Schweden, Frieden mit den Franzosen. Friede zwischen den teutschen Völkern. Dank sei Gott!

Die Männer nehmen ihre Hüte ab. Die Frauen weinen. Die Männer weinen auch. Ich bekomme eine solche Gänsehaut, dass ich denke, die Haare müssten mir schräg gegen den Kopf stehen. Da wehre ich mich nicht länger und weine mit.

»Kommt, Kinder, wir satteln die Pferde«, ruft Eva.

Jeder, der ein Pferd hat, sattelt es, die anderen laufen zu Fuß nach Prag. Bloß die Wache muss im Lager zurückbleiben.

Je mehr wir uns Prag nähern, umso lauter brausen die Glocken. Als wir die Mauern erreicht haben, können wir unser eigenes Wort nicht mehr verstehen.

»Dort reitet der Magister«, trompetet die Els mir ins Ohr.

Er galoppiert auf uns zu. Sieht auf einmal so jung aus. Und strahlt.

»Jetzt ist er da, der Friede, endlich, endlich ist er da!« Er reitet dicht zu mir heran, da sehe ich, dass er Tränen in den Augen hat. Er legt mir den Arm um die Schultern und küsst mich auf beide Backen. Vor allen Leuten. Die Eva sieht es und lacht. Sonst nimmt keiner davon Notiz. Die Menschen sind alle wie trunken vor Freude. Sie werfen die Hüte in die Luft, sie schreien, sie jubeln, sie fallen einander in die Arme, auch wenn sie einander fremd sind, auch wenn sie vorher Feinde waren. Und sie werden nicht müde, einander immer wieder zuzurufen: »Es ist Frieden, es ist wirklich und wahrhaftig Frieden!«

Als wir in die Stadt kommen, stehen in allen Kirchen die Türen offen, überall wird Gottesdienst gehalten. Und weil die Kirchen nicht alles Volk fassen, müssen die Türen offen bleiben, damit sie vor den Türen stehen und mitsingen und mitbeten können.

Ich wäre gern in den großen Dom gegangen, von dort klingt das Agnus Dei aus vielen hundert Kehlen so schön und rein, da packt mich auf einmal die Sehnsucht nach Mutter Johanna. Aber der Magister führt uns zu einer kleinen Kirche, in der ein lutherischer Gottesdienst von unserem Regimentspfarrer abgehalten wird.

Er liest aus dem Buch Jesaia zuerst das 34. Kapitel:

Da werden ihre Bäche zu Pech werden und ihre Erde zu Schwefel, ja, ihr Land wird zu brennendem Pech werden … Und werden Dornen wachsen in ihren Palästen, Nesseln und Disteln in ihren Schlössern; und wird eine Behausung sein der Drachen und Weide für die Straußen …

Wie wenn der Prophet unseren Krieg vorausgesehen hätte,

so genau hat er ihn beschrieben. Aber dann kommt der Pfarrer zum 35. Kapitel, wo es heißt:

Und wo es zuvor trocken gewesen ist, sollen Teiche stehen; und wo es dürre gewesen ist, sollen Brunnquellen sein. Da zuvor die Schlangen gelegen haben, soll Rohr, Heu und Schilf stehen.

Und da wissen wir, mit Gottes Hilfe wird es in Zukunft werden, wie der Prophet Jesaia es vorausgesagt hat. Und wir sprechen das Dankgebet und das Vaterunser. Ganz zum Schluss singen wir den neuen Choral: *Nun danket alle Gott, mit Herzen, Mund und Händen.*

Als der Gottesdienst aus ist, treffen wir auf den Vater.

»Eva, es ist Friede!!!«, brüllt er, als erführen wir es erst aus seinem Mund. »Mariezebill, Els, es ist Friede!«

Ganz Prag feiert. Bürger und Soldaten, Hohe und Niedere, Alte und Junge füllen die Straßen.

Der Vater führt uns über die Karlsbrücke, die die Kleinseite mit dem anderen Prag verbindet. David und ich gehen ein wenig hinter den anderen her. Auf einmal bleibt er mitten auf der Brücke stehen und fragt:

»Wollt Ihr mich freien, Mariezebill?«

Da mache ich einen Luftsprung, falle ihm um den Hals und rufe: »Ja, gewiss will ich Euch freien!« Er legt die Arme um mich und zieht mich so dicht an sich, dass ich sein Herz pochen spüre. Plötzlich fällt mir alles wieder ein. Ich stemme die Arme gegen seine Schultern. »Halt, halt, es geht ja nit.«

»Warum nit?«

»Weil – Ihr habt gewiss nit an mein scheeles Auge gedacht.« Wer wird eine freien, die scheel ist, hat die Großmutter gesagt.

»Ich hab es nicht vergessen, Prinzessin Einauge. Ihr habt eine gute Art, nach innen zu schauen und die Dinge auf Eure Weise zu betrachten. Ihr seid genau die Richtige für mich.«

Er umarmt mich wieder und ich muss gleichzeitig weinen und lachen.

In diesem Augenblick dreht sich der Vater um und will sehen, wo wir bleiben.

»Schreiberlein«, dröhnt er, »Hände weg von meiner Tochter!«

So haben wir es miteinander abgemacht

Es ist durchaus kein leichtes Stück, den Vater zur Zustimmung zu bewegen. Es will ihm gar nicht in den Kopf, dass ich einen Schreiber freien will.

Nach und nach begreife ich, was in ihm vorgeht. Die Eva erklärt es mir. Er ist traurig. Er ist wahrhaftig traurig, dass unsere Wege sich trennen sollen. Einer wie der Vater kann nicht einfach traurig sein. Einer wie der Vater brüllt lieber, damit er selber nicht merkt, wie traurig er ist.

Die Eva und die Els helfen mir beide ihn zu besänftigen. Immer wieder reden sie ihm gut zu. Bis er endlich einsehen muss, dass ich den David freien will und keinen anderen, am allerwenigsten einen tapferen Offizier.

Zuletzt sagt er: »Wohlan, es ist nit zu ändern. Bist eine gar eigensinnige Jungfer mit deinen sechzehn Jahren. Meinethalben, bestellt das Aufgebot. Tüchtige Regimentsschreiber muss es auch geben.«

Dann wendet er sich an David: »Hört, Herr *Eidam*, was ich plane: Der Krieg im teutschen Vaterland ist fürs Erste vorbei. Ein tüchtiger Krieger muss jetzt anderswo sein Auskommen suchen. Ich habe beschlossen, einige Fähnlein anzuwerben – die meisten meiner Männer bleiben mir treu – und mit diesen

Unentwegten ein Regiment zusammenzustellen. Damit will ich nach Petersburg ziehen und meine Dienste anbieten. Der Zar, wie man hört, sucht tapfere Soldaten. Dort werden wir unser Glück machen. Wohlan, freit meine Mariezebill und kommt mit als mein Schreiber.«

»Verzeiht, Herr Hauptmann, ich habe andere Pläne. Der Krieg ist nicht mein Handwerk. Je länger ich dem Krieg gedient, umso überzeugter bin ich, dass der Friede das höchste Gut der Menschen ist.«

»Redet nit wie ein Pfaff daher, erklärt mir lieber, wie Ihr Euch und Euer Weib durchbringen wollt.«

»Nun wohl. Ich will in einer Stadt mich niederlassen – mag sein in Frankfurt – und eine Schule gründen –«

»Potz Blut und tausend Teufel, eine Schul? Narrenpossen! Einen Schreiber hätt ich noch geschluckt. Aber einen Schulmeister?«

»Mit Verlaub, Herr Hauptmann, es muss auch Schulmeister geben. Viele Menschen konnten lesen vor dem Krieg, sogar die Bauern haben es hie und da gelernt. Und wie arg ist in diesen dreißig Jahren die Unwissenheit gestiegen. Kaum ein junger Mensch ist heute noch des Lesens mächtig. Vom Schreiben will ich gar nicht reden. Wie soll denn Wohlstand in das teutsche Vaterland einkehren, wenn niemand sich findet, der die Ziffern kennt, geschweige denn einen Kaufmannsbrief kann schreiben? Betrachtet Euch doch die verwilderten, unwissenden Kinder – es sind ihrer genug im Tross. Wenn niemand sie lehrt, nimmt es nicht wunder, dass sie nichts weiter wissen als andere totzuschlagen und zu berauben …«

»Mäßigt Euren Ton, Magister«, ruft der Vater. Dann wendet er sich an mich:

»Mariezebill, du siehst wohl selbst, du muss ihn fahren lassen. Sein Sparren ist noch größer, als ich dachte. Du kannst doch nit wohl eines Schulmeisters Frau werden.«

»Ich kann gewiss, Herr Vater. Es wird nämlich unsere gemeinsame Schul werden. Er wird die Buben lehren, ich die Mädgen. So haben wir es miteinander abgemacht.«

Dem Vater verschlägt es schier die Sprache. Kopfschüttelnd wendet er sich an die Eva.

»Was sagst du dazu, Weib? So hilf mir doch, setz ihr den Kopp zurecht.«

»Meiner Meinung nach sollten auch die Landsknechte lesen können und erst recht ein Offizier«, erwidert die Eva und guckt dem Vater geradewegs in die Augen. Da wendet er den Blick ab. Er kann nämlich mehr schlecht als recht lesen, der Vater.

»Lass die zwei ziehen, lass sie ihre Schule gründen. Und noch eins sag ich dir: Ist unser Fränzchen eines Tages sechs Jahre alt geworden, dann bring ich ihn selber zu ihnen hin, damit er in ihre Schule geht. Er soll nit unwissend bleiben wie das Vieh, nur weil er als Soldatenkind geboren.«

Einen allerletzten Pfeil holt der Vater noch aus seinem Köcher. »Woher nehmt Ihr aber das Kapital für Eure Schul, Herr Magister? Glaubt Ihr, die Frankfurter schmeißen es Euch nach? Ein Haus mit Hausrat ist vonnöten, gar nit zu reden von Tischen, Bänken, Büchern, Tintenfässern und Papier.«

»Nun wohl«, entgegnet David, »man schuldet mir den Sold von zweieinhalb Jahren. Außerdem steht mir geradeso wie jedem Landsknecht die Abfindung zu für Sold von drei Monaten.«

»Mit dem bisschen Sold werdet Ihr nit weit kommen«, knurrt der Vater.

In diesem Augenblick begreife ich: Dieser da, mein David, wird nicht das Maul aufmachen und etwas für uns verlangen. Dafür muss ich jetzt selber sorgen.

»Herr Vater«, fahre ich dazwischen, »Ihr habt Euch in Prag das Säckel reich gefüllt. Ihr werdet Eurer Tochter nit die Ehesteuer versagen, die ihr zusteht.«

Der Vater schlägt mit der flachen Hand auf den Tisch. »Potz Sackerment, du bist meine Tochter! Du verstehst dich aufs Plündern!«

Die Eva reicht ihm die Kanne. Sie kommt im richtigen Augenblick. Er gießt den roten Wein in den Becher und stürzt ihn hinunter. Dann gießt er aufs Neue ein. »Tut mir Bescheid, Herr Eidam!«

David tut ihm wacker Bescheid. Dann lässt der Vater den Becher kreisen, aber den meisten Wein trinkt er selbst.

Je mehr er trinkt, umso mehr leuchtet ihm ein, dass ich eine Frau Schulmeisterin werden muss. Zum Schluss hält er es für einen Mordsspaß. »Frau Schulmeisterin, Potz Blitz. Und eine Mitgift sollst du bekommen wie eine Prinzessin, Potz Donner und Hagelschlag.«

Als die Stunde noch weiter vorgerückt, stößt der Vater gewaltig auf und sagt: »Wie tut es weh, ein Töchterlein herzugeben, das man just erst kennen gelernt. Da ist es wohl ein Glück, dass wenigstens die Els noch mit uns weiterzieht. Du reitest doch mit uns gen Russland, mein Elschen?«

Die Els schüttelt den Kopf. »Herr Hauptmann«, sagt sie, »der Krieg ist aus. Ich muss heim in unser Dorf. Muss nachsehen, ob mein Vater zurückgekommen ist und die Brüder.«

»Ist denn euer Haus nit zerstört?«

»Freilich, wir müssen es wieder aufbauen. Und das Land roden, damit wieder Felder werden.«

Alles ist beschlossen. Übermorgen werden der David und ich in Prag getraut. Von dem Pfarrer, der den schönen Dankgottesdienst gehalten zum Friedensschluss. Und den Tag darauf brechen wir auf. Zusammen mit Prager Kaufmannsleuten werden wir in einem Geleitzug nach Frankfurt reisen, der David, die Els und ich. Es ist ein Glück, dass wir mit ihnen ziehen können. Ohne Schutz hätten wir nicht reiten können. Noch sind die Straßen voller Marodeure.

Wie bin ich froh, dass die Els mit uns kommt. Bis ihre Leute wiederkehren, lebt sie bei uns. Und sollte keiner wiederkehren, bleibt unser Heim das ihre. Doch darüber kann ich noch nicht mit ihr reden, ich will ihr die Hoffnung nicht zerstören. Mag sein, der eine oder andere kommt ja doch zurück.

Ich freue mich auf das Leben mit meinem David. Und auf unsere Schul. Siehst du, Großmutter? Jetzt hat mich doch einer gefreit.

Wohl will mir bange werden, wenn ich an mein erstes Kindbett denke, aber dann sage ich mir: Der Pest habe ich widerstanden, dem Scheiterhaufen bin ich entkommen, Hunger und Kälte habe ich getrotzt. Da werde ich mich doch nicht fürchten, ein Kindlein zu gebären? Gott helfe mir dabei, Amen.

Worterklärung

Absolution	Vergebung der Sünden
Akkord	Übereinkunft. Wenn eine Stadt mit dem Feind akkordierte, ergab sie sich unter festgelegten Bedingungen. Entweder sie zahlte eine hohe Gebühr, dass man sie unbehelligt ließ. Oder man vereinbarte – wenn die Stadtväter so viel nicht zahlen konnten –, wie lange geplündert werden durfte.
Alkoven	Bett in einer Wandnische
Altmunsteren	So wurden die Zisterziensernonnen im Altmünster zu Mainz genannt.
Augsburgisch	Im sog. Augsburgischen Bekenntnis (Confessio Augustana) legten die Lutheraner 1530 die Grundsätze ihres Bekenntnisses dar. Die lutherische Konfession wurde deshalb auch als augsburgische bezeichnet.
Badehr	Ein rechteckiges Tuch, das die Frauen sich beim Baden in öffentlichen Badehäusern vorne umhingen. Die Kehrseite blieb nackt.
Batzen	Kleine Münze, etwa 14 Pfennige wert
Brevier	Gebetbuch mit Stundengebeten
Delinquentin	Übeltäterin
Dinkel	Anspruchslose Weizenart, damals eine der wichtigsten Getreidesorten
Edikt	siehe Restitutionsedikt
Ehesteuer	Vermögen, das die Brauteltern einem Mädchen bei seiner Heirat mitgaben bzw. an den Ehemann zahlten
Eidam	Schwiegersohn
Fähnlein	Militärische Einheit, die von einem Hauptmann geführt wurde und etwa vierhundert Mann betrug. Ein Regiment bestand aus zehn bis sechzehn Fähnlein.
Feldscher	Wundarzt beim Heer

Festmachen	Man glaubte allgemein daran, dass man durch bestimmten Zauber, mit Hilfe des Teufels, Menschen gegen feindliche Kugeln »festmachen« könne. Es bestand ein lebhafter Handel mit Geheimbriefen, Amuletten oder Kleidungsstücken, die ihre Träger angeblich feiten. Offiziell war dieser Handel verboten. Kaum einer der Söldner und Offiziere hielt sich an das Verbot.
gefroren	Ein anderes Wort für »festgemacht«
Heymlichkeit	Abtritt, Toilette
Hinkel	Hühner
Hurenwaibel	Im Rang eines Hauptmanns, zuständig für den Tross. Im Tross befanden sich gewöhnlich viele Prostituierte, deshalb der Name. Unterstützt wurde der Hurenwaibel vom Rennfähnrich und Rumormeister.
Inquisitin	Angeklagte, Befragte
Kräuse	Hohe, gestärkte Halskrause, die von Männern, manchmal auch von Frauen, im 16. und Anfang des 17. Jahrhunderts getragen wurde. Diese Mode kam ursprünglich aus Spanien und lebt mancherorts bis heute in Amts- und Richtertrachten fort.
Led	Werkstatt (Laden)
Kappes	Kohl
Knärzchen	Das knusprige Ende eines Brotes
Konversion	Glaubenswechsel, Übertritt zu einer anderen Konfession
Kuhmäuler	Eckig geschnittene, bequeme Schuhe, wurden im 16. Jahrhundert getragen, im 17. Jahrhundert fast nur noch von den Landsknechten.
Malleus Maleficarum	Zu Deutsch »Hexenhammer«, im 15. Jahrhundert verfasst von Jakob Sprenger und Heinrich Institoris, galt als das »Handbuch der Hexenverfolgung«.
Marketender	Händler beim Heer

Marodeure	Plünderer; so wurden auch die Landsknechte genannt.
Miasmen	Krankheitsausdünstungen. Man nahm an, Miasmen befänden sich in der Luft, im Boden oder auch im kranken Menschen und verursachten Krankheiten und Seuchen.
myop	kurzsichtig
Nachrichter	Henker
Plunzer	zeitgenössische Verballhornung für Pluderhose
Profos	Polizist, Ankläger, oft auch Richter im Heer
Quarantena (Quarantäne)	vierzigtägige Absonderung von Seuchenkranken zur Verhinderung von Ansteckung
Retina	Netzhaut
Restitutionsedikt	Am 6. 3. 1629 hatte der Kaiser die Rückgabe der von den protestantischen Landesherren eingezogenen Kirchengüter an die katholische Kirche angeordnet und den katholischen Fürsten die Zwangskatholisierung evangelischer Untertanen freigestellt.
Rick	Kleidergestell
Sophisterei	Spitzfindigkeit
Schleckbisslein	Zeitgenössischer Frankfurter Ausdruck für Leckerbissen
Schnäpp	Kante
Schnapphahn	Räuber. In jener Zeit häufig entlaufene Landsknechte, auch Marodeure genannt.
Stadtphysikus	von der Stadt angestellter Arzt
strunzen	prahlen
treideln	Das Ziehen von Booten und Schiffen gegen den Strom vom Ufer aus. Größere Schiffe wurden von Pferden, kleine Boote von Menschen getreidelt. Die entsprechenden Pfade hießen Leinpfade nach der Leine, an der die Boote gezogen wurden.
uzen	necken
Vaganten	Fahrendes Volk
Waibel	Feldwebel

Zeittafel

1618–1623 Böhmisch-Pfälzischer Krieg

1625–1629 Niedersächsich-Dänischer Krieg

1630–1635 Schwedischer Krieg

Am **17. 11. 1631** wird die Stadt Frankfurt von Gustav Adolf besetzt. Der in schwedischen Diensten stehende Hauptmann Kuno Vogel lernt die schöne Marie, Mariezebills Mutter, kennen. Sie heiraten.

Am **25. Oktober 1632** wird Mariezebill geboren, ihre Mutter stirbt bei der Geburt. Mariezebill bleibt bei ihren Großeltern und der Bas in Frankfurt.

In den Jahren **1634–36** herrscht in Frankfurt die Pest. Viele Menschen sterben, möglicherweise fast die Hälfte der Einwohner. Im Haus von Mariezebills Großeltern bleiben alle gesund. Es herrscht Hungersnot, Handelsmessen finden keine mehr statt.

1635–1648 Schwedisch-Französischer Krieg

Von **1639 bis 1644** geht Mariezebill zur Schule. Die Stadt erholt sich von den vergangenen Notzeiten, auch werden in den vierziger Jahren wieder Messen abgehalten. Ringsum im Land tobt der Krieg.

Im **Februar 1645** kommt die Els ins Haus, nachdem Landsknechte ihr Heimatdorf verwüstet und Vater und Brüder mitgenommen haben.

Im **Herbst 1646** erkrankt Mariezebills Familie an der Pest. Die Großeltern und die Bas sterben.

Im **Januar 1647**, nachdem sie die Quarantäne überstanden haben, machen Mariezebill und Els sich ins französisch besetzte Mainz auf und werden von den Zisterzienserinnen im Kloster Altmünster aufgenommen.

Ende **März 1647** werden die Mädchen beschuldigt, Hexen zu sein. Sie fliehen mit Hilfe der Nonnen. Sie treffen auf einen Waibel und Musketiere, die zum schwedischen Lager nach Schweinfurt unterwegs sind. Mariezebill und Els marschieren mit ihnen und finden im schwedischen Lager Kuno Vogel, Mariezebills Vater.

Vom **Frühjahr 1647 bis** zum Ende des Krieges im **Herbst 1648** bleiben Mariezebill und Els beim Heer in der Obhut Kuno Vogels und seiner zweiten Frau Eva.

Im **Mai 1647** bricht das schwedische Heer unter dem Feldherrn Wrangel auf und erreicht am 15. Juni Eger. Die Schweden belagern Eger erfolglos bis zum **Spätsommer 1647**, dann müssen sie vor den wieder in den Krieg eingetretenen Bayern fliehen.

Mariezebill und Els ertragen mit den Soldaten Hunger und Kälte auf der Flucht. Zunächst wenden sie sich nach Norden, marschieren durch Sachsen, dann weiter nach Nordwesten und Westen. Im **Winter 47/48** wenden sie sich nach Südosten, bis sie schließlich einen großen Kreis geschlagen haben und wieder Schweinfurt erreichen, wo die Schweden ein Waffendepot unterhalten. Am **1. Mai 1648** verlassen die Mädchen mit dem Heer das Schweinfurter Winterquartier, nachdem das schwedische Heer sich mit dem französischen vereinigt hat. Sie ziehen zur Donau.

Am **7. Mai 1648** werden bei Zusmarshausen a. d. Donau in der letzten großen Schlacht die Kaiserlichen besiegt. Obwohl in Münster und in Osnabrück seit Jahren Friedensverhandlungen geführt werden, die jetzt vor ihrem Abschluss stehen, senden die Schweden den Feldherrn Königsmarck mit 2000 Reitern und 1000 Musketieren nach Prag, um die Stadt durch einen Handstreich einzunehmen.

Kuno Vogel reitet mit Königsmarck, auch Mariezebill und Els sind dabei.

Der Handstreich gelingt, **Mitte Juli 1648** wird die Kleinseite von Prag eingenommen. Die Schätze Prags werden geplündert.

Im **Herbst 1648** kommt der Pfalzgraf Karl Gustav mit einem Heer von 6000 Mann, um auch die rechte Moldauseite zu erobern. Die Kämpfe gehen den Herbst über weiter.

Am **24. Oktober 1648** wird in Münster der Friede unterzeichnet. Die Nachricht davon erreicht Prag erst Tage danach. Die Freude über den Frieden ist groß, die Kämpfe werden eingestellt. Freund und Feind fallen einander in die Arme …

Mariezebill heiratet den Regimentsschreiber David Schäuble, den sie seit langem heimlich liebt, und kehrt mit ihm und der Els heim nach Frankfurt, wo sie eine Schule zu eröffnen hoffen.

Inhalt

Paderborn
Göttingen
Kassel
Gotha
Eisenach
Erfu
THÜR
Marburg
Gießen
Wetzlar
Fulda
HESSEN
Frankfurt am Main
Wiesbaden
Eltville
Mainz
Aschaffenburg
Schweinfurt
Darmstadt
Würzburg
Worms
Fürth
Kaiserslautern
Mannheim
Heidelberg
BADEN-
Ansb
Heilbronn
Karlsruhe
Pforzheim
Baden-Baden
Schwäbisch Gmünd
Esslingen
Straßburg
Tübingen
Reutlingen
Zusmarsha
Ulm
WÜRTTEMBERG